Gene Stanford

Gruppenentwicklung im Klassenraum und anderswo

*Praktische Anleitungen
für Lehrer und Erzieher*

Herausgegeben, überarbeitet
und kommentiert von
Günter Schreiner

hv
Hahner
Verlagsgesellschaft

Titel der amerikanischen Originalausgabe:
Developing Effective Classroom Groups
A Practical Guide for Teachers
Hart Publishing Company, Inc.
New York 1977

© Hahner Verlagsgesellschaft mbH
Aachen-Hahn
3. Aufl. 1993
Einbandgestaltung: Volker Jürgens, Wolfgang Reul
Druck und Einband: Bercker Graphischer Betrieb, Kevelaer

Die Deutsche Bibliothek – CIP-Einheitsaufnahme

Stanford, Gene:
Gruppenentwicklung im Klassenraum und anderswo :
praktische Anleitungen für Lehrer und Erzieher / Gene
Stanford. Hrsg., überarb. und kommentiert von Günter
Schreiner. – 3. Aufl. – Aachen-Hahn: Hahner Verl.-Ges., 1993
  Einheitssacht.: Developing effective classroom groups ⟨dt.⟩
  ISBN 3-89294-155-6

Inhaltsverzeichnis

Vorwort des Verfassers		6
1	**Die Schulklasse als Gruppe**	11
1.1	Gruppendynamik	12
1.2	Wie eine effektive Gruppe entsteht	13
1.3	Die Stadien der Gruppenentwicklung	14
1.4	Vorteile bei der Entwicklung effektiver Gruppen	20
1.5	Wie fange ich mit der Gruppenentwicklung an?	26
2	**Erstes Stadium: Orientierung**	29
2.1	Merkmale des Orientierungsstadiums	30
2.2	Hilfreiches Lehrerverhalten im Orientierungsstadium	32
2.3	Strukturierte Übungen für das Orientierungsstadium	35
2.3.1	Übungen für das Lernen von Namen	36
2.3.2	Übungen zum Sich-Kennenlernen	39
2.3.3	Vertrauensübungen	54
3	**Zweites Stadium: Die Einführung von Normen 1**	57
3.1	Erstes Ziel: Die Selbstverantwortlichkeit der Gruppe	57
3.2	Merkmale des Stadiums der Normenbildung	58
3.3	Hilfreiches Lehrerverhalten für die Einführung der 1. Norm: Selbstverantwortlichkeit der Gruppe	61
3.4	Strukturierte Übungen zur Bildung der 1. Norm: Selbstverantwortlichkeit der Gruppe	69
3.4.1	Durchschnittsalter	69
3.4.2	Erzwungene Beiträge	70
3.4.3	Rätsel-Spiele	72
3.4.4	Einen Sprecher ermutigen	87
3.4.5	Ermutigen in Gruppendiskussionen	88
3.4.6	Rhythmus-Wechsel	89
3.4.7	Neue Rollen	90
3.4.8	Ein Maskottchen wählen	91
3.4.9	Rollen spielen	94
3.4.10	Spezielle Rollen	95
4	**Zweites Stadium: Die Einführung von Normen 2**	96
4.1	Zweites Ziel: Eingehen auf die anderen	96
4.2	Hilfreiches Lehrerverhalten zur Erreichung der 2. Norm: Eingehen auf die anderen	97
4.3	Prinzipien des guten Zuhörens	102
4.4	Strukturierte Übungen zur Bildung der 2. Norm: Eingehen auf die anderen	108

4.4.1	Demonstration aktiven Zuhörens	108
4.4.2	Einer anderen Person aktiv zuhören	109
4.4.3	Aktives Zuhören in einer Gruppe	110
4.4.4	Die Menschenmaschine	111
4.4.5	In der Gruppe Geschichten erfinden lassen	111
4.4.6	Eingehen auf den vorherigen Sprecher	112
4.4.7	Kontrollierter Dialog in Dreiergruppen	112
4.4.8	Kontrollierter Dialog in Gruppen üben	114
4.4.9	Wahrnehmung von Ähnlichkeiten und Unterschieden	114
5	**Zweites Stadium: Die Einführung von Normen 3**	115
5.1	Drittes Ziel: Zusammenarbeit	115
5.2	Hilfreiches Lehrerverhalten für die Bildung der 3. Norm: Zusammenarbeit	119
5.3	Strukturierte Übungen für die Bildung der 3. Norm: Zusammenarbeit	126
5.3.1	Unvollständige Quadrate	126
5.3.2	Verworrene Sätze	129
5.3.3	Verschaff' dir so viel Punkte, wie du kannst!	130
5.3.4	Über etwas schreiben - Ein Szenarium für Gedichte	134
5.3.5	Kooperative Spiele für jüngere Schüler	141
6	**Zweites Stadium: Die Einführung von Normen 4**	153
6.1	Viertes Ziel: Entscheidung durch Konsensbildung	153
6.2	Hilfreiches Lehrerverhalten zur Erreichung der 4. Norm: Entscheidung durch Konsensbildung	156
6.3	Strukturierte Übungen zur Einführung der 4. Norm: Entscheidung durch Konsensbildung	162
6.3.1	Die zwölf Geschworenen	162
6.3.2	Überleben im Gebirge	163
6.3.3	Andere Konsensaufgaben	168
7	**Zweites Stadium: Die Einführung von Normen 5**	169
7.1	Fünftes Ziel: Sich Problemen stellen	169
7.2	Hilfreiches Lehrerverhalten für die Bildung der 5. Norm: Sich Problemen stellen	172
7.3	Strukturierte Übungen für die Konfrontation mit Problemen	176
7.3.1	Erkennen des Problems	176
7.3.2	Lösen des Problems	184
8	**Drittes Stadium: Der Umgang mit Konflikten**	187
8.1	Eigenschaften und Ursachen des Konfliktstadiums	188
8.2	Hilfreiches Lehrerverhalten im Konfliktstadium	193
8.3	Strukturierte Übungen zum konstruktiven Umgang	

	mit Konflikten	197
8.3.1	"Ich"-Botschaften vermitteln	197
8.3.2	Lösungen, bei denen keiner verliert	199
8.3.3	Die Vier-Stufen-Strategie	200
8.3.4	Rollentausch	201
8.3.5	"Du sagst / ich sage" (Kontrollierter Dialog)	202
8.3.6	Die Strategie der 3 Schritte	204
8.3.7	Vermittlung durch einen Dritten	205
8.3.8	Treffen zwischen zwei Gruppen	207
9	**Viertes Stadium: Produktivität**	**209**
9.1	Eigenschaften des Produktivitätsstadiums	210
9.2	Hilfreiches Lehrerverhalten im Produktivitätsstadium	213
9.3	Lernaktivitäten für eine produktive Gruppe	215
9.3.1	Kleine Gruppenprojekte	215
9.3.2	Kurze Kleingruppendiskussionen	216
9.3.3	Simulationsspiele	217
9.3.4	Rollenspiele	218
9.3.5	Adaptionen von Übungen zur Gruppenentwicklung	219
9.3.6	Projekte außerhalb der Schule	219
10	**Fünftes Stadium: Die Auflösung**	**221**
10.1	Eigenschaften des Auflösungsstadiums	222
10.2	Hilfreiches Lehrerverhalten während des Auflösungsstadiums	225
10.3	Strukturierte Übungen für das Auflösungsstadium	228
10.3.1	Weißt du noch, als...?	228
10.3.2	Das beste Ereignis des Schuljahres	228
10.3.3	Nikolaus	228
10.3.4	Veränderte Eindrücke	229
10.4.5	Erinnerungskiste	229
10.3.6	Übertragungen	230
10.3.7	Rollen, die die Schüler gespielt haben	230
10.3.8	Positive Botschaften	231
10.3.9	Wir stellen und das Ende des Schuljahres vor	231
Anhang I: Janets Epilog		**233**
Anhang II: Begründung für das in diesem Buch dargestellte Modell der Gruppenentwicklung		**237**
Nachwort des Herausgebers:		
Der Ansatz der Gruppenentwicklung im Vergleich zu anderen gruppenintegrativen Methoden		**241**
Anmerkungen		**257**
Literatur		**263**

Vorwort des Verfassers

Ein Klassenraum voller junger Menschen ist nicht unbedingt eine Gruppe. Wenn sich die einzelnen Schüler nicht wohl miteinander fühlen, wagen sie es oft nicht, viel zu sagen – aus Angst, sich lächerlich zu machen, oder aus Schüchternheit. Normalerweise konkurrieren sie verbissen miteinander. Wenn man ihnen die Möglichkeit gibt, miteinander zu kooperieren, sind ihre Bemühungen häufig ineffektiv, weil ihnen die notwendigen Fähigkeiten fehlen, um miteinander zu arbeiten.

Um eine Gruppe zu werden, muß dieser Klassenraum voller Individuen bestimmte Wandlungen durchmachen. In der Tat müssen sie zu einer Gruppe reifen. Manchmal entwickelt sich eine Klasse zu einer Gruppe. Manchmal findet diese Entwicklung ganz glatt und mühelos statt; eine Klasse wird fast wie durch Zauberei zu einer effektiven Arbeitsgemeinschaft.

Die meisten Klassen entwickeln sich jedoch niemals zu Gruppen. Es ereignet sich einfach nichts, woran sie reifen könnten. Sie bleiben eine Ansammlung von Individuen, denen die notwendigen Einstellungen und Fähigkeiten fehlen, um effektiv miteinander zu arbeiten. Die Folge davon ist, daß Klassendiskussionen selten gelingen und Gruppenobjekte kläglich scheitern. Die Schüler lehnen Gruppenarbeit ab. Niemand von ihnen fühlt sich dabei wohl, jeden Tag mit den anderen zusammenzusein.

Die meisten Lehrer haben einige vage Vorstellungen von den grundlegenden Prinzipien der Gruppendynamik. Sie wissen etwas über die Notwendigkeit eines Zusammenhalts zwischen den Schülern; über die Wichtigkeit, daß sich alle Mitglieder einer Gruppe einbringen können, und sie kennen den Gegensatz von demokratischem und autoritärem Lehrerverhalten. Sie begreifen, daß eine Ansammlung von Individuen ein Wir-Gefühl entwickeln muß.

Aber normalerweise wissen sie sehr wenig darüber, wie eine Lehrkraft bewußt Einfluß nehmen kann, um einer Gruppe bei ihrer Fortentwicklung zu helfen. Die meisten Bücher über Gruppendynamik erklären sehr genau, was in den Gruppen passieren *sollte*, sie machen jedoch selten praktische Vorschläge, wie ein Lehrer den erwünschten Zustand erreichen kann.

Dieses Buch soll praktisches Anweisungsmaterial über gruppendynamische Methoden liefern, die ein Lehrer im Klassenraum verwenden kann. Ich habe die theoretischen Prinzipien, die zum Verständnis der Nützlichkeit solcher Übungen notwendig sind, nicht außer acht gelassen. Mein primäres Ziel sehe ich jedoch nicht darin, den Lehrer zu ermahnen, bestimmte Veränderungen vorzunehmen, sondern ihm Möglichkeiten vorzuschlagen, mit deren Hilfe er die erwünschten Veränderungen tatsächlich erreichen kann. Ich habe in gewissem Sinne versucht, eine Technologie zu entwerfen, die die Wissenschaft des Gruppenverhaltens praktisch werden lassen kann. Der Kern dieser Technologie besteht aus *strukturierten* Übungen. Diese sind sorgfältig konstruierte Lernaktivitäten, die der Lehrer einführt, um bei den Schülern neue Fähigkeiten oder Einstellungen zu entwickeln oder um das Klassenklima zu verbessern. Ich glaube nicht, daß eine Gruppe sich einfach dadurch entwickeln kann, daß der Lehrer das erwünschte Verhalten als Modell vorlebt. Das Verhalten der Gruppenmitglieder muß sich verändern, und dieses erreicht man am effektivsten durch die Anwendung von sorgfältig geplanten, strukturierten Lernaktivitäten und Übungen. Meine Ansichten über Gruppenentwicklung basieren zum größten Teil auf meinen Erfahrungen als Englischlehrer an der Horton-Watkins High School in Ladue, Missouri. Anfangs dachte ich, daß einzig die Persönlichkeit des Lehrers für die Qualität der Schülerinteraktionen in der Klasse verantwortlich sei. Ich glaubte, daß konstruktive Gruppenprozesse immer dann entstehen würden, wenn der Lehrer aufgeschlossen, ehrlich, sensibel, verständnisvoll und bereit sei, den Schülern die Freiheit zu geben, sie selbst zu sein. Wenn ich diese Eigenschaften zeigte, ermutigte ich die Schüler dazu, sich mehr zu öffnen und freier miteinander umzugehen.

Viele Schwierigkeiten blieben jedoch nach wie vor ungelöst. Obwohl die Schüler z.B. im allgemeinen froh darüber waren, daß sie auf eine offene Weise mit mir interagieren konnten, verhielten sie sich gegenseitig weiterhin defensiv. Sie hatten Probleme, wenn es darum ging, über ein Thema zu diskutieren und ich nicht als Gruppenleiter dabei war. Auch hörten sie nicht richtig zu, wenn andere in der Klasse etwas sagten.

Daher kam ich zu der Einsicht, daß mehr als nur die persönlichen Eigenschaften des Lehrers das Gruppengeschehen in einer Klasse beeinflussen. Die Schüler müssen das erwünschte Verhalten üben. Ich begann in meiner Klasse strukturierte Übungen durchzuführen, um das Verhalten der Schüler zu ändern. Während eines Schuljahres untersuchte ich die Wirkung dieser Übungen, indem ich sie systematisch in einigen Gruppen durchführte und in anderen nicht. Das Ergebnis dieses Experimentes überzeugte mich, daß die Durchführung gruppendynamischer Übungseinheiten maßgeblich dazu beitragen kann, eine Klasse in eine effektive Gruppe umzuwandeln.

Während meines Experimentes hatte ich die Schüler gebeten, ein Protokollheft zu führen, worin sie ihre Eindrücke darüber festhalten sollten, was sie persönlich erlebten und was der Klasse insgesamt widerfuhr. Die meisten Schüler fertigten nur skizzenhafte Berichte an, eine Schülerin jedoch, *Janet Madden,* schrieb ein aufrichtiges detailliertes Tagebuch über ihre Reaktionen auf die Erfahrungen während der Gruppenentwicklung. In diesem Buch habe ich mit ihrer Erlaubnis reichlich daraus zitiert, da ich glaube, daß es einen lebendigen Eindruck davon gibt, wie ein Schüler Gruppenentwicklung im Klassenraum erlebt.

Durch meine Ergebnisse ermutigt, fuhr ich fort, Übungseinheiten zu entwickeln und sie in Klassengruppen durchzuführen. Dennoch hatte ich Zweifel. Wie konnte ich sicher sein, daß die Gruppen aufgrund der Übungseinheiten und nicht aufgrund meiner persönlichen Eigenschaften weiterentwickelten? Könnte jeder Lehrer mit diesem Ansatz Erfolg haben oder nur jene mit besonderen individuellen Qualitäten?

Um diese Frage zu beantworten, habe ich 30 sehr wichtige Übungen zusammengestellt und 19 Lehrer der Sekundarstufe mit verschiedenen Fächern herangezogen, die bereit waren, diese Übungen mit ihren Klassen durchzuführen. Der von den Lehrern berichtete Erfolg weist darauf hin, daß die Entwicklung von effektiven Gruppen nicht von irgendwelchen besonderen Charakterzügen des Lehrers abhing, sondern von der Bereitschaft des Lehrers, bestimmte Vorgehensweisen und Übungen in der Klasse anzuwenden.

Die in diesem Buch enthaltenen Vorschläge sind das Ergebnis meiner persönlichen Erfahrungen und der Erfahrungen von anderen Lehrern, mit denen ich gearbeitet habe. Ich habe viele dieser Ideen erfolgreich angewendet lange bevor mir theoretisch klar wurde, warum sie funktionierten. Ich weiß, daß die Übungen in sehr verschiedenen Situationen funktionieren können und von Lehrern mit unterschiedlicher Persönlichkeitsstruktur erfolgreich durchgeführt werden können. Ich glaube fest daran, daß jeder, der den Willen dazu hat, diesen Anweisungen folgen und seiner Klasse helfen kann, als Gruppe effektiver zu werden.

Natürlich wird der Lehrer, der von seinem natürlichen Habitus her demokratisch ist, voraussichtlich mehr Erfolg haben, als einer, der autoritär ist. Ein Lehrer, der junge Menschen mag und akzeptiert, wird erfolgreicher sein als einer, der kritisch und mißtrauisch ist. Ebenso wird der Lehrer, der einige Erfahrungen mit Gruppendynamik hat, erfolgreicher sein. Dieses Buch wurde jedoch nicht für einen Ideallehrer geschrieben, sondern für den Durchschnittslehrer mit ganz normalen menschlichen Grenzen und ohne besondere Tugenden; der aber das kommunikative Klima einer Klassengruppe verbessern will. Obwohl das meiste, was ich auf diesen Seiten zu sagen habe, auf meinen eigenen Erfahrungen basiert, habe ich einen großen Teil meines Wissens über Gruppenentwicklung aus anderen Quellen. Über die Art und Weise, wie Gruppen sich mit der Zeit verändern, sind bereits eine Menge Untersuchungen durchgeführt worden, obwohl nur wenige Untersuchungsergebnisse zu meiner eigenen Konzeption von Gruppenentwicklung im Klassenraum beitragen. Mein Freund und Lehrer, *Albert E. Roark* von der Universität in Colorado, war der erste, durch den ich etwas über die Wichtigkeit von Gruppenentwicklung lernte. Er wird in nahezu jedem Abschnitt dieses Buches seinen Einfluß auf mein Denken erkennen können.

Barbara Stiltner und ich haben zusammen Untersuchungen über Gruppenentwicklung im Klassenraum durchgeführt. Sie war eine der ersten, die sich bemühte, Themen der Gruppenentwicklung in Klassen der Sekundarstufe empirisch anzuwenden.

Ich habe nicht nur mit ihr zusammen Untersuchungen durchgeführt, sondern auch durch den Umgang mit ihr viel gelernt, und mich in mehrfacher Hinsicht weiterentwickelt.

Ebenso bin ich *John Jones* und *William Pfeiffer* von den University Associates verpflichtet, die zu den ersten gehören, die strukturierte Übungen systematisch zusammengestellt und für Kommunikationstrainings veröffentlicht haben. Viele der Übungen in diesem Buch stammen aus ihrem Handbuch, und ich bin ihnen dankbar für den Zugang, den ich zu ihrer vorzüglichen Arbeit hatte.

Besonderen Dank schulde ich *Janet Madden*, die mir erlaubte, umfassend aus ihrem persönlichen Tagebuch zu zitieren, das sie während ihres Schülerdaseins in meiner Klasse führte. Sie schrieb ihre Kommentare, ohne jemals daran zu denken, daß sie veröffentlicht würden, und da diese Aufzeichnungen sie selbst oder mich nicht immer von der besten Seite zeigen, hat es sie sicherlich Mut gekostet, mir zu erlauben, daraus zu zitieren.

Mein Dank gilt auch *Richard* und *Patricia Schmuck* für ihre Beiträge zu diesem Projekt. Sie haben dieses Manuskript sorgfältig geprüft und Vorschläge zur Verbesserung gemacht. Obwohl sie in keiner Weise für den Inhalt dieses Buches verantwortlich sind, war ihre Hilfe unschätzbar.

Die wichtigsten Anregungen erhielt ich von meiner Frau *Barbara,* da sie die erste war, durch die ich über die Möglichkeit hörte, Übungseinheiten durchzuführen, um den Schülern dabei zu helfen, die für effektive Gruppenarbeit notwendigen Fähigkeiten zu erlernen. Wenn sie mich nicht in ihre kreative Arbeit einbezogen hätte, während sie ihren Sekundarstufenschülern Fähigkeiten im Diskutieren beibrachte, hätte ich wahrscheinlich niemals mein Buch über Gruppendynamik entwickelt. Ihr Beitrag zu diesem Buch geht über die übliche Würdigung unendlicher Geduld, von gutem Kaffee und von Hilfe beim Manuskript-Tippen hinaus, das die meisten Autoren so an ihren Frauen schätzen. Wenn ich darüber nachdenke, muß ich sagen, daß sie tatsächlich ziemlich gräßlichen Kaffee zubereitet und sich nicht ein einziges Mal angeboten hat, ein Manuskript zu tippen.

Gene Stanford

Utica, New York
im Januar 1977

1 Die Schulklasse als Gruppe

"Ich habe gehört, Sie machen Gruppendynamik im Unterricht", sagte Marianne Lasky freundlich zu mir. "Ich würd' mir ganz gern irgendwann 'mal Ihre Unterrichtspläne ausleihen und sie ausprobieren. Ich suche immer nach Möglichkeiten, um etwas Abwechslung in die Routine zu bringen."

Bevor ich antworten konnte, unterbrach Bill Haywood, ein Kollege, der auch Englisch unterrichtet, das Gespräch. "Ich habe gehört, daß er Kinder auffordert, über ihre persönlichen Probleme zu sprechen", sagte er zu Marianne. "Ich warte nur noch darauf, daß er mir eines Tages erzählt, sie hätten angefangen, sich auszuziehen – wie in einer von diesen Encountergruppen", sagte er grinsend und zwinkerte dabei mit den Augen.

Wir saßen während einer sogenannten "Planungsstunde" im Lehrerzimmer. Normalerweise hatten wir kaum mehr Zeit, als eine Tasse Kaffee zu trinken, unser Schubfach zu inspizieren und uns für den Rest des Tages zu stärken.

Ich war schon an Bills Sticheleien über meine Klassen gewöhnt. Er wußte recht gut, was ich tat, und kannte auch die Gründe dafür; dennoch ließ er nicht davon ab, mich als eine Art Verführer oder Schlimmeres darzustellen. Mit seinen Witzen konnte ich jedoch leben – wenn sie mich auch zeitweise ärgerten. Dagegen gab es etwas an Mariannes Auffassung von Gruppendynamik, was mich ausgesprochen störte.

Geduldig fing ich an, zu erklären, daß Gruppendynamik nicht so eine Art Trick sei, den man anwenden kann, um Abwechslung zu schaffen, wenn die Kinder die Nase voll haben vom Lernen und nicht mehr dem Lehrer zuhören wollen. Ich versuchte klarzumachen, daß Gruppendynamik nicht eine Lehrmethode sei wie etwa Vorträge, Rollenspiele, Diskussionen oder Abfragen und Wiedergeben, sondern aus einer Reihe von Grundsätzen bestehe, die es zu beachten gilt, unabhängig von der Methode, die der Lehrer sonst anwendet.

Ich muß mich wirklich ganz schön erhitzt haben, denn mindestens vier Lehrer waren zu uns herübergekommen, als sie meine Rede hörten und neugierig wurden, was hier los sei. "Ist dieses Gruppendynamik-Zeugs dasselbe wie Kleingruppenunterricht?" fragte Clarence Metthews. "In Parkway, wo ich letztes Jahr unterrichtet habe, haben wir viel in Richtung

Kleingruppenarbeit gemacht. Die Devis hieß, wir sollten nicht mehr so viele Vorträge halten."

"Nun ja," begann ich, "Kleingruppenarbeit im Unterricht knüpft sicherlich an gruppendynamische Prinzipien an."

"Warum gibst du nicht einfach zu", unterbrach Bill mich wieder, "daß dein primäres Ziel darin besteht, die Kinder dazu zu kriegen, über ihr Sexualleben zu sprechen?"

Er mag nur Spaß gemacht haben, aber es machte mich trotzdem wütend. Und daß Edna Watson (die mich nie vergessen ließ, daß ihre 15 Jahre Lehrererfahrung sie kompetenter machten, als ich es war mit nur zwei Jahren) noch hinzufügte: "Ja, was ist das nun eigentlich für ein Sensitivitätstraining, das Sie da immer machen", hatte mir gerade noch gefehlt.

Ich zwang mich zu einem Lächeln und antwortete so ruhig wie möglich: "Ich mache kein Sensitivitätstraining; die Kinder sprechen bei mir nicht über ihr Sexualleben; und ich experimentiere auch nicht mit irgendeiner neumodischen Lehrmethode herum. Ich versuche lediglich, einige grundlegende Prinzipien von Gruppenprozessen in die Praxis umzusetzen, um eine angenehmere Atmosphäre im Klassenraum zu schaffen und Lernen effektiver zu gestalten."

Bill konnte nicht widerstehen, ein weiteres Beispiel seines Humors zu liefern: "Darf ich vorschlagen, daß es ein sehr guter erster Schritt in Richtung einer Verbesserung deiner Klassenatmosphäre wäre, wenn du Jed Ostrow davon überzeugen könntest, hin und wieder ein Deodorant zu benutzen."

Die anderen lachten herzlich und bevor ich meine Antwort an Marianne abschließen konnte, klingelte es und wir mußten alle zu unserer dritten Stunde eilen.

1.1 Gruppendynamik

Die Fragen, die von meinen Kollegen an jener Schule angesprochen wurden, sind dieselben, die ich von anderen Lehrern höre, mit denen ich auf Konferenzen und Fachtagungen zusammenkomme. Viele nehmen an, daß Gruppendynamik eine neue Lehrmethode sei, die Lernenden Möglichkeiten verschafft, viel miteinander zu reden und in Gruppenprojekten an selbst ausgesuchten Themen zu arbeiten. Einige Lehrer glauben, Gruppendynamik sei irgendwie dasselbe wie diese Selbsterfahrungsgruppen, "in denen man sich berührt und darüber quatscht." Andere denken, Gruppendynamik bestehe aus ständigen Kleingruppendiskussionen oder schülerzentriertem Lernen und bedeute das Ende von individualisiertem Unterricht. Nichts davon trifft jedoch wirklich zu.

Gruppendynamik untersucht die Art und Weise wie sich Menschen in Gruppen verhalten, und versucht, die Umstände zu verstehen, die eine Gruppe produktiver machen. Gruppendynamik untersucht verschiedene Arten von Leiterverhalten und Beeinflussungsmustern, ferner Entscheidungsprozesse in der Gruppe, sowie Gruppennormen – d. h. Vorstellungen darüber, was angemessenes Verhalten und angemessene Verfahrensweisen sind, ferner Kommunikationsmuster innerhalb der Gruppe und Tatbestände wie Offenheit und Zusammenhalt in der Gruppe. Seit den frühen 50er Jahren haben uns zahllose Forschungsarbeiten mit neuen Informationen versorgt, die jene Charakteristika herausgefunden haben, die Gruppen produktiver machen und den Teilnehmern größtmögliche Befriedigung verschaffen. Diese Informationen können von Lehrern verwendet werden, um Lernvorgänge zu verbessern, Disziplinprobleme zu vermeiden und die persönliche Entwicklung jedes einzelnen Schülers zu fördern (1).

1.2 Wie eine effektive Gruppe entsteht

Erfolgreiche Klassengruppen haben folgende Merkmale gemeinsam:
1) Die Gruppenmitglieder verstehen und akzeptieren sich gegenseitig.
2) Die Kommunikation ist offen.
3) Die Mitglieder fühlen sich für ihr Lernen und Verhalten verantwortlich.
4) Die Mitglieder kooperieren miteinander.
5) Müssen Entscheidungen getroffen werden, gibt es festgelegte Verfahrensregeln.
6) Die Mitglieder sind fähig, sich offen mit Problemen auseinanderzusetzen und ihre Konflikte auf konstruktive Weise zu lösen.

Erfolgreiche Klassengruppen sind – kurz gesagt – produktive Arbeitsgemeinschaften.
Solche Gruppen entstehen nicht von allein. Sie müssen mit großer Sorgfalt entwickelt werden. Um eine effektive Gruppe zu schaffen, muß der Lehrer die Probleme verstehen, mit denen

die Gruppenmitglieder normalerweise während der Dauer ihres Zusammenseins konfrontiert werden. Der Lehrer braucht Geschick und Geduld, um die Gruppe durch den Irrgarten von Entwicklungsprozessen zu führen, mit denen sie konfrontiert sein wird. Der Prozeß, bei dem eine Ansammlung von Individuen (die manchmal von mir auch als Aggregat bezeichnet wird) sich in eine Gruppe verwandelt, ist bekannt als *Gruppenentwicklung*. Eine Anzahl von einzelnen Schülern in eine effektive Klassengruppe zu verwandeln, ist nur möglich, wenn die Interventionen des Lehrers eine Gruppenentwicklung fördern. In diesem Prozeß lernen die einzelnen, produktiver miteinander zu arbeiten, entwickeln gegenseitiges Vertrauen, werden offen für neue Erfahrungen, verbessern ihre Kommunikationsweise und fühlen sich freier, um aktiv am Klassengeschehen teilzunehmen.

Die Entwicklung von einem Aggregat in eine Gruppe entspricht weitgehend dem Entwicklungsprozeß von einem Kind zum reifen Erwachsenen. So wie auch einige Autoren, z. B. *Erikson* (2) und *Havighurst* (3), betont haben, durchläuft der Mensch mehrere aufeinanderfolgende Entwicklungsstadien. In jedem Stadium muß er lernen, mit neuen Problemen umzugehen, und er muß neue Fähigkeiten und Einstellungen entwickeln. Nachdem es jedes dieser Stadien erfolgreich bewältigt hat, kann das Individuum in das Stadium des reifen Erwachsenen eintreten.

So ähnlich muß eine Ansammlung von Individuen in einem Klassenraum aufeinanderfolgende Stadien bewältigen, um schließlich die Endstufe einer produktiven Arbeitsgemeinschaft zu erreichen.

Die Klasse muß sich offen mit auftretenden Problemen auseinandersetzen und dabei neue Fähigkeiten und Einstellungen entwickeln. Viele Menschen bleiben sozial und emotional unterentwickelt und auch vielen Klassen gelingt es niemals, sich zu einer effektiven Arbeitsgemeinschaft zu entwickeln.

1.3 Die Stadien der Gruppenentwicklung

Das Folgende ist ein kurzer Überblick über die fünf Stadien (siehe das Diagramm auf Seite 18), die eine Gruppe im Idealfall durchläuft, wenn der Lehrer die Gruppenentwicklung optimal fördert (4). Jedes dieser Stadien wird in den folgenden Abschnitten dieses Buches detailliert beschrieben.

Erstes Stadium: Orientierung

Wenn Schüler den Klassenraum am ersten Tag betreten, fragen sie sich, was auf sie zukommen wird ("Werden wir Nacherzählungen schreiben müssen?" "Wieviele Einsen vergeben Sie gewöhnlich?" "Müssen wir ein Protokollheft führen?") und wer die anderen wohl sind. Die Schüler wollen wissen, wie die Lehrer und die anderen Schüler sich ihnen gegenüber verhalten werden und wie sie in die Klassengruppe passen. Die Intervention in dem Gruppenprozeß wird sich während der ersten Tage darauf konzentrieren klarzustellen, was die Schüler in der Klasse erwarten können, und Gelegenheit zu geben, sich gegenseitig kennenzulernen.

Zweites Stadium: Die Einführung von Normen

Nach ein paar Tagen oder Wochen der Orientierung beginnen die Schüler damit, Normen für zukünftiges Verhalten auszuarbeiten. Diese Normen stellen gemeinsame Erwartungen dar, wie sich die Mitglieder in der Gruppe verhalten sollen. Der Lehrer kann sich hier einschalten, um sicher zu stellen, daß die aufgestellten Normen auch für die Gruppe hilfreich sind.

1. Selbstverantwortlichkeit der Gruppe
Die erste dieser Normen lautet: *Die Gruppe ist für sich selbst verantwortlich.* Die einzelnen Mitglieder erklären sich bereit, selbstverantwortlich am Gruppengeschehen teilzunehmen. Sie übernehmen auch die Verantwortung dafür, die anderen zur Mitarbeit anzuhalten. Die Mitglieder übernehmen in verschiedenen Situationen unterschiedliche Führungsfunktionen. Die Gruppe beginnt, ohne direkte Anleitung durch den Lehrer zu arbeiten.

2. Eingehen auf die anderen
Eine zweite Norm, die früh eingeführt werden muß, schreibt vor, daß *die Schüler sich gegenseitig aufmerksam zuhören und aufeinander eingehen sollen.* In den meisten Klassen beschränken sich Diskussionen auf den Gedankenaustausch zwischen Lehrer und einzelnen Schülern. Die Schüler mögen zwar auf die Kommentare des Lehrers reagieren, aber es wird erwartet, daß auf ihre Äußerungen praktisch nur der Lehrer reagiert. Beziehen sich die Schüler aufeinander, wird es oft als Unterrichtsstörung angesehen. Daher kommt es, daß Schüler einfach ab-

schalten oder nicht weiter darüber nachdenken, wenn andere etwas sagen. Es ist wichtig, die Schüler füreinander zu öffnen und sie dazu zu erziehen, sich direkt aufeinander zu beziehen und die Kommentare und Ideen der anderen zu achten.

3. Kooperation

Eine dritte Norm, die man beachten sollte, ist die Erwartung, daß die *Gruppenmitglieder mehr kooperieren als konkurrieren*. Da jedoch die Schulpraxis meist davon ausgeht, daß Konkurrenzkampf förderlich ist, ist es nicht leicht, diese neue Norm einzuführen. Eine Klasse kann jedoch keine Gruppenidentität entwickeln, bevor die Mitglieder nicht fähig sind, in einer reifen und produktiven Weise zusammenzuarbeiten.

4. Entscheidungen treffen durch Konsensus

Konsensusfindung bedeutet, daß alle Schüler sich bemühen, *zu einer Entscheidung zu gelangen, die alle Gruppenmitglieder unterstützen können*. Traditionellerweise sind Mehrheitsentscheidungen üblich. Das schließt ein, daß die Minderheit, die unter Umständen ziemlich groß sein kann, sich mit einem Entschluß oder einer Verfahrensweise abfinden muß, für die sie sich nur wenig begeistern kann. Wenn man sich einen Konsensus als Ziel setzt − selbst wenn man diesen nicht in jedem Fall erreicht −, werden die Schüler ermutigt, die Bedürfnisse aller Gruppenmitglieder zu berücksichtigen. Das bedeutet, sich auch *die* Meinungen aufmerksam anhören zu müssen, mit denen man zunächst nicht übereinstimmt; die eigenen Ansichten sorgfältig zu prüfen und zu lernen, bei Meinungsverschiedenheiten Kompromisse zu erarbeiten.

5. Sich Problemen stellen

Ein charakteristisches Merkmal, das ein reifes Individuum von einem unreifen unterscheidet, ist *die Bereitschaft, sich Problemen zu stellen und sie zu bewältigen versuchen*. Dasselbe gilt für eine Gruppe. In einer reifen Gruppe ignorieren die Mitglieder die Probleme nicht einfach, sondern versuchen herauszubekommen, was schiefläuft, um ihre Schwächen auszugleichen und ihre Probleme zu lösen.

Drittes Stadium: Umgang mit Konflikten

Wenn die Klasse erst einmal begonnen hat, offener und direkter miteinander zu kommunizieren, ist es völlig normal, daß die zwischenmenschlichen Konflikte zunehmen. Hierfür gibt es viele Gründe, die ausführlicher in einem späteren Kapitel besprochen werden. Wichtig ist dabei jedenfalls, daß der Lehrer darauf vorbereitet ist, mit den wachsenden Konflikten umzugehen. Die meisten von uns fühlen sich bei Meinungsverschiedenheiten oder Interessenkonflikten sehr unwohl und neigen dazu, Auseinandersetzungen zu unterdrücken. Es ist daher ausgesprochen wichtig, daß der Lehrer den Schülern dabei hilft, in solchen Situationen ihre Gefühle und ihr Verhalten zu verstehen und zu lernen, auf konstruktive Weise Konflikte zu lösen.

Viertes Stadium: Produktivität

Während dieses Stadiums entsteht ein eindeutiges Wir-Gefühl und die Gruppe arbeitet äußerst effektiv, sowohl was die Bewältigung der Sachaufgaben angeht als auch in der Art und Weise, wie sie den emotionalen Bedürfnissen der Mitglieder entgegenkommt. Der Zusammenhalt der Gruppe ist sehr stark. Den Schülern wird bewußt, daß etwas Besonderes mit ihnen geschieht: Sie sind eine *Gruppe* geworden. Natürlich kommen immer wieder Probleme auf, aber die Gruppe gebraucht und verbessert ihre Fähigkeiten, um sowohl mit zwischenmenschlichen als auch mit sachlichen Problemen fertig zu werden.

Fünftes Stadium: Auflösung

Jede Klasse weiß, daß ihr Leben begrenzt ist. Das Semester oder Schuljahr wird zu Ende gehen und die einzelnen Gruppenmitglieder gehen ihre verschiedenen Wege. Wenn die Klasse ein Aggregat (Ansammlung von Individuen) geblieben ist, dann mag die Auflösungsphase mit Erleichterung oder Gleichgültigkeit erlebt werden – eine relativ unangenehme Erfahrung geht zu Ende. Aber wenn sich die Klasse zu einer reifen Arbeitsgemeinschaft entwickelt hat, werden die engen emotionalen Bindungen, die dabei entstanden sind, diese Auflösung zu einer äußerst schmerzlichen Erfahrung machen. Mitglied in einer reifen Klassengruppe zu sein ist eine intellektuell und emotional stimulierende Erfahrung, und die Vorstellung, daß die Gruppe sich auflöst, ist für Lehrer und Schüler gleichermaßen schmerzlich. In diesem Stadium muß der Lehrer den Schülern helfen, sich mit den Trennungsproblemen auseinanderzusetzen, damit sie das Gruppenerlebnis hinter sich lassen können und sich neuen Erfahrungen zuwenden können.

Zeitliche Aufeinanderfolge
Von der Beschreibung in diesem Überblick her mag der Eindruck entstanden sein, daß die Stadien der Gruppenentwicklung völlig voneinander getrennt sind und sich gegenseitig ausschließen. In Wirklichkeit überlappen sie zum größten Teil. Zum Beispiel kann der Lehrer sich entscheiden, die Orientierungsaktivitäten einige Wochen fortzusetzen, aber zu gleicher Zeit den Prozeß der Normenfindung beginnen zu lassen. Genauso kann eine Gruppe, die gerade in das Produktivitäts-Stadium eintritt, auch weiterhin mit gelegentlichen Konflikten konfrontiert werden. Es ist somit – um es kurz zu fassen –

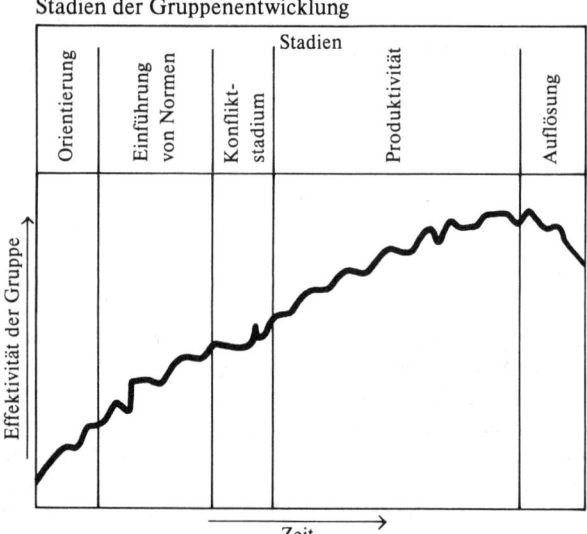

schwierig, genau festzulegen, wie lange es dauern sollte, bis man ein Stadium abschließt bzw. wann eine Klasse von einem Stadium zum nächsten überwechseln sollte.

Es ist wichtig zu beachten, daß die Zeitdauer, die eine spezifische Gruppe für jedes Stadium brauchen wird, nicht vorgeschrieben werden kann. Einige Klassen entwickeln sich insgesamt gesehen schneller als andere. Die Zeitdauer, die eine Klasse für jedes Stadium aufbringt, wird ebenfalls verschieden sein und davon abhängen, wie lange die Klasse zusammenbleibt. Eine Klasse, die für ein volles Jahr zusammenbleibt, könnte etwa zwei Wochen in der Auflösungsphase verbringen, während Teilnehmer eines 3-Wochen-Kurses vielleicht an einem einzigen Tag durch diese Phase gehen.

Das Diagramm "Stadien der Gruppenentwicklung" gibt die Aufeinanderfolge der Stadien und den Grad der Gruppeneffektivität in den aufeinanderfolgenden Stadien an. Die Zeitspannen sind relativ zu verstehen und zeigen das normale Zeitverhältnis von einem Stadium im Vergleich zu einem anderen auf. Der Lehrer sollte – über den Daumen gepeilt – etwa damit rechnen, die Klasse innerhalb von sechs bis acht Wochen durch die ersten drei Stadien zu bringen, wenn man davon ausgeht, daß die Klasse sich im Schnitt etwa eine Stunde am Tag trifft. Ich habe kaum eine Gruppe erlebt, die weniger Zeit brauchte, um zum Stadium der Produktivität zu gelangen; für gewöhnlich braucht sie länger dazu. Obwohl es natürlich wünschenswert ist, den größten Teil des Schuljahres im Stadium der Produktivität zu verbringen, machen die Schüler auch in den anderen Stadien notwendige und befriedigende Lernerfahrungen.

Man soll aus dem Diagramm oder dem Überblick jedoch nicht schließen, daß der Prozeß der Gruppenentwicklung immer so sauber und ordentlich verläuft. Gruppenentwicklung erfordert, daß der Lehrer ungefähr in der dargestellten Reihenfolge in den Gruppenprozeß eingreifen soll. Das bedeutet, daß bestimmte Dinge schon recht früh in der Klasse passieren sollten, andere sollten erst später erwartet werden. Einige Fähigkeiten müssen vor anderen vermittelt werden, weil diese auf den vorher entwickelten aufbauen. Das bedeutet jedoch nicht, daß eine Klasse nach Vollendung eines Entwicklungsstadiums nie wieder mit Problemen zu tun haben wird, die dieses Stadium kennzeichnen. Tatsächlich hören gute Gruppen nie wirklich damit auf, sich mit früheren Problemen zu beschäftigen; sie kommen in regelmäßigen Abständen zu ihnen zurück, wobei sie jedoch in der Lage sind, sich jedesmal effektiver mit ihnen auseinanderzusetzen.

Eine wichtige Frage im Stadium der Orientierung ist zum Beispiel: "Was sind das hier für Leute?" Die Schüler werden nach Wochen oder sogar Monaten, nachdem die Klasse das Kennenlern-Stadium hinter sich gelassen hat, auf diese Frage zurückkommen und sich noch intensiver kennenlernen. Das Problem "Welchen Platz nehme ich in dieser Gruppe ein?" stellt sich für jeden Schüler zunächst auf der Stufe der Orientierung, aber es taucht in dem Stadium der Normenfindung auch wieder auf, wenn die Gruppe verschiedene Führungsstile und Strukturen gegenseitiger Beeinflussung entwickelt hat.

Der Prozeß der Gruppenentwicklung ist somit sowohl kreisförmig als auch sequentiell. Im Grunde genommen spielt jedes Problem oder Anliegen der Gruppe bzw. alle Fähigkeiten, die die Gruppenteilnehmer entwickeln, in einem späteren Stadium wieder eine Rolle. Die Schüler kommen zu denselben Problemen — wenngleich jedesmal auf einem höheren Niveau — zurück, als ob sie ein spiralförmiges Treppenhaus hinaufsteigen würden. Die Vorschläge in diesem Buch sind in einer ungefähren zeitlichen Aufeinanderfolge angeordnet. Diese Reihenfolge muß nicht unbedingt eingehalten werden. Sie sollten sich nicht entmutigt fühlen, wenn Sie es für notwendig erachten, noch einmal zu Vorschlägen eines vorigen Stadiums zurückzukehren, weil die Gruppe immer noch mit früheren Problemen beschäftigt ist.

1.4 Vorteile bei der Entwicklung effektiver Gruppen

Ist der Prozeß der Gruppenentwicklung wirklich so viel Zeit und Mühe wert? Warum sollte sich ein Lehrer eigentlich darum kümmern, daß die Schüler sich gegenseitig kennenlernen? Tun sie das nicht von selbst zwischen den Unterrichtsstunden, beim Mittagessen oder auf dem Schulhof? Warum sollte man den Dingen nicht ihren natürlichen Lauf lassen?

Man könnte versucht sein, zu behaupten, daß Gruppenentwicklung die Erziehung revolutionieren kann, aber jeder weiß, daß **eine** pädagogische Maßnahme allein keinen hundertprozentigen Erfolg garantieren kann. Dennoch kann man getrost von den möglichen Wohltaten der Gruppenentwicklung sprechen. Wenn es einem Lehrer möglich ist, durch seinen Einfluß die Umwandlung von einer Klasse mit lauter Individuen in eine produktive Gruppe zu erleichtern, kann das für das Leben der Schüler in dieser Klasse einen entscheidenden Unterschied ausmachen. Es kann Vorteile bringen, die von besseren Zensuren bis zu besseren persönlichen Beziehungen reichen.

Verbesserte Aneignung von Fachwissen
Ohne Zweifel lernt eine Klasse, die Hilfe bekommen hat, um sich in eine reife Gruppe zu verwandeln, mehr als andere. Und zwar aus mehreren Gründen.

Zum einen reduziert Gruppenentwicklung die Anzahl möglicher Bedrohungen im Klassenraum, indem sie bewirkt, daß die Schüler sich wohler miteinander fühlen und offener zueinander sind. Bedrohungen – ob sie sich nun in der Angst ausdrücken, verlegen zu werden oder sich lächerlich zu machen, Angst vor einer schlechten Zensur oder der Sorge darum, wie die Anerkennung des Lehrers erlangt werden kann – all diese Gefahren bringen die Schüler dazu, sich zu schützen. Die häufigste Schutzmaßnahme besteht darin, sich voreinander zu verschließen. Schüler, die solche Bedrohungen abwehren, sind aber für Lernprozesse nicht offen. Nur wenn sie sich wohl genug fühlen, um ihre Abwehrmaßnahmen aufzugeben, können sie frei und konstruktiv miteinander umgehen und sich auf neue Anregungen einlassen.

Zum anderen fördert Gruppenentwicklung die Aneignung von Fachwissen, indem sie die Schüler freimacht, aktiver an Lernaktivitäten teilzunehmen. Wir wissen alle, daß der Lernerfolg sich erhöht, wenn der Schüler aktiv am Lernprozeß beteiligt ist. Wenn die Schüler sich wohl genug fühlen, um aktiv am Unterrichtsgeschehen teilzunehmen, so ermutigt das auch den Lehrer, weniger Gebrauch von Vorträgen und anderen passiven Methoden zu machen und mehr Diskussionen anzuregen, sowie Rollenspiele und Kleingruppendiskussionen durchzuführen. Untersuchungen, die ich in einer Junior High School (5) durchgeführt habe, weisen darauf hin, daß die Beteiligung an Diskussionen in Klassen, die den Gruppenentwicklungsprozeß durchlaufen haben, bedeutend stärker war, als in vergleichbaren Klassen ohne bewußt geförderte Gruppenentwicklung.

Obwohl wir überzeugt sein mögen, daß Lehrmethoden, die Schüler aktiv einbeziehen, viele Vorteile haben, wenden viele von uns sie nur widerwillig an, weil wir unangenehme Erfahrungen mit ihnen gemacht haben – Diskussionen, die sich nicht von der Stelle bewegten, Rollenspiele, die nicht geklappt haben, Gruppenobjekte, die mißglückten, weil die Schüler keine Verantwortung übernehmen wollten. Ich glaube, daß wir mit diesen Methoden oft scheitern, weil die meisten von ihnen eine bereits gut entwickelte Klassengruppe voraussetzen. Rollenspiele etwa, die mit Schülern, die nur ein Aggregat und keine Gruppe darstellen, durchgeführt werden sind nahezu zum Scheitern verurteilt.

Erst wenn die Schüler ungezwungen miteinander umgehen können, wenn sie auf die Beiträge der anderen eingehen, wenn sie offen und direkt miteinander kommunizieren und wenn sie Verantwortung übernehmen, um den Gruppenprozeß selbst zu steuern, dann werden Rollenspiele und andere Methoden, die die aktive Teilnahme der Schüler anstreben, erfolgreich sein. Gruppenentwicklung ist in der Tat eine Voraussetzung für die Durchführung von Lehrmethoden, die versuchen, durch aktive Einbeziehung der Schüler den Lernerfolg zu erhöhen. Schließlich steigert Gruppenentwicklung den Lernerfolg durch verstärkte Schüler-Schüler-Interaktionen. Obwohl wir alle wissen, wie stark der Einfluß von Gleichaltrigen ist, nutzen wir diesen Einfluß nur selten, um die Lernmotivation zu steigern. Schüler sind vermutlich mehr bereit, das zu akzeptieren, was ihre Mitschüler sagen, als das, was der Lehrer ihnen erzählt. Zum Beispiel wenn Tims Argumente logische Fehler enthalten, wird er diese wahrscheinlich eher einsehen, wenn ein Mitschüler ihn darauf hinweist, als wenn der Lehrer versucht, ihn zu korrigieren. Dies erfordert jedoch ein relativ fortgeschrittenes Stadium der Gruppenentwicklung. Ohne die systematische Einflußnahme auf die Gruppenentwicklung wird die Schüler-Schüler-Interaktion bestenfalls eingeschränkt werden und im schlimmsten Falle störende und schädliche Auswirkungen haben.

Meine Annahme, daß gesteuerte Gruppenentwicklung die Aneignung von Fachwissen fördern kann, wurde durch Untersuchungen bestätigt, die ich in meinen eigenen Klassen durchgeführt habe. In einem Semester mußten alle Schüler der Stufe 10 bis 12 einen standardisierten Test schreiben und jeder, der eine bestimmte Punktzahl nicht erreichte, wurde aufgefordert, an einem neunwöchigen Kursus in traditioneller Grammatik teilzunehmen. Ich teilte meine Grammatikklasse nach dem Zufall in zwei Lerngruppen ein. Eine Gruppe unterrichtete ich auf die traditionelle Weise, während ich in der anderen eine Reihe von gruppendynamischen Übungen durchführte. Am Ende des Semesters schrieben alle Schüler erneut einen standardisierten Test. Alle Schüler habe ihren Leistungsstand beträchtlich verbessert, aber die eine Hälfte der Klasse, die *während der neun*

Wochen gruppendynamische Übungen durchgeführt hatte, erreichte erheblich bessere Resultate als die Klasse, die auf konventionelle Weise unterichtet wurde (6).

Verbesserte Klassenführung
Unaufmerksamkeit und störendes Verhalten sind Probleme, mit denen jeder Lehrer geplagt wird. Wir sind gezwungen, auf disziplinäre Maßnahmen zurückzugreifen, wenn die Lernsituation in der Klasse gestört ist. Die meisten von uns versuchen mit Störungen umzugehen, indem sie sich an den einzelnen Schüler richten: Wir setzen dann ein finsteres Gesicht auf, wir schimpfen, wir strafen, wir appellieren und wir reden gut zu. Indem wir uns auf den einzelnen Störenfried konzentrieren, übersehen wir die Tatsache, daß die Klasse ein soziales System darstellt und daß jedes Verhalten eines einzelnen Schülers andere aus der Klasse beeinflußt und auch von diesen beeinflußt wird. Aus der Perspektive der Gruppenentwicklung kann "Disziplin" oft als Symptom dafür angesehen werden, daß in der Gruppe etwas nicht stimmt. Ein Thema oder eine Unterrichtsstunde wirken zu bedrohlich; es findet ein Wettkampf um Führer- und Rangpositionen statt; ein Schüler, der ständig vom Rest der Klasse abgelehnt wird, reagiert darauf; die offene Kommunikation ist zusammengebrochen. Vorhaltungen und Strafen richten in einer solchen Situation herzlich wenig aus, was solche zugrunde liegenden Prozesse betrifft. Dagegen werden durch die Maßnahmen, die die Gruppenentwicklung fördern, Fähigkeiten aufgebaut, um solche Probleme direkt anzugehen.

Lehrer, die gruppendynamische Methoden einsetzen, stellen gewöhnlich fest, daß Störungen stark abnehmen. Im folgenden habe ich einige Kommentare von Oberstufenlehrern aufgeführt, die an einem Forschungsprojekt teilnahmen (siehe Anmerkung 5), um die Effektivität gruppendynamischer Methoden im Klassenraum zu untersuchen. Jeder Lehrer hatte eine *Versuchsklasse,* die gruppendynamische Übungen durchgeführt hat und eine *Kontrollklasse,* die nach der herkömmlichen Methode unterrichtet wurde. Hier sind einige Unterschiede, die sie aufgezeichnet haben:
0 Meine Versuchsklasse ist spontaner und verhält sich zwangloser, die Schüler haben engere Beziehungen zueinander, sie sind *selbstdisziplinierter* und fähiger, Diskussionen zu führen. (Eigene Hervorhebung.)

0 Die Atmosphäre ist in beiden Klassen gut, in meiner Versuchsklasse existiert jedoch ein besseres Gemeinschaftsgefühl und es gibt weniger Spaltungen unter den Schülern. Die Versuchsgruppe kann besser Diskussionen durchführen.
0 Die Versuchsgruppe: Soweit ich das beurteilen kann, ist ihr Diskussionsverhalten für eine siebte Klasse ausgezeichnet. Auch die Beziehungen der Schüler untereinander sind sehr gut. Kontrollgruppe: Wenig Diskussionsfähigkeiten — sie kooperieren nicht miteinander, um zu einem Ziel zu gelangen. Die Atmosphäre ist zwar auch dort im allgemeinen recht gut, aber während der Diskussion kommen manchmal Feindseligkeiten auf.
0 Die Versuchsgruppe ist besser fähig, als Team auf ein Ziel hinzuarbeiten, sie ist stärker ziel- und aufgabenorientiert, braucht weniger Anleitungen. Meine Kontrollklasse ist eine gute Gruppe, aber bei ihnen ist kein Gemeinschaftsgeist, den meine Versuchsklasse aufgrund der gruppendynamischen Übungen entwickelt hat. Die Veränderung in bezug auf ihre Fähigkeiten, effektiv am Unterrichtsgeschehen teilzunehmen, und ihre erhöhte Sensibilität den anderen als Personen gegenüber, ihre Fähigkeit, ohne Anleitungen vom Lehrer auf ein Ziel hinzuarbeiten, all das gab mir das Gefühl, daß der Zeitaufwand sich gelohnt hatte.
0 Alle Schüler meiner Versuchsklasse haben zumindest einiges Geschick im Diskutieren gezeigt. Zu den Schülern in der Kontrollklasse habe ich keine so offene Beziehung, manchmal gibt es sogar Spannungen. In meiner Versuchsklasse gehen wir freier miteinander um. Die Schüler der Versuchsklasse akzeptieren und tolerieren mehr ihre gegenseitigen Probleme, Fähigkeiten und persönlichen Eigenarten. In meiner Kontrollklasse tauchen häufig negative Gefühle auf, Feindseligkeiten kommen vielfach offen zum Ausdruck. Die Gruppe zersplittert und kann nicht als Einheit zusammenarbeiten.

Soziales Lernen
In pädagogischen Zielvorstellungen kommen in der letzten Zeit neben kognitiven vermehrt die affektiven Bedürfnisse der Schüler selbst zum Ausdruck. Gruppenentwicklung beinhaltet die Analyse und Verbesserung der Kommunikation sowie der zwischenmenschlichen Beziehungen. Die oben aufgeführten Kommentare der Lehrer weisen darauf hin, daß Gruppenentwicklung das Lernen von sozialen Verhaltensweisen günstig beeinflußt.

Aus der Sicht eines Schülers, der sich in einer vom Standpunkt der Gruppenentwicklung aus gesehen recht fortschrittlichen Klassengruppe befindet, können die Veränderungen im Beziehungsbereich recht aufregend sein. Janet Madden war eine intelligente, aber ziemlich schüchterne Schülerin der zehnten Klasse. Als gegen Ende Januar das Semester begann, kam sie in eine Gruppe von Schülern, von denen ihrem Gefühl nach viele die Schule nicht mochten, sowohl dem Lehrer als auch den anderen Schülern feindlich gegenüberstanden und sich allgemein unkooperativ und destruktiv verhielten. Der folgende Eintrag vom 8. Mai in Janets Tagebuch zeigt den enormen Fortschritt, den sie in bezug auf das Verhältnis und die Kontaktaufnahme gegenüber ihren Klassenkameraden gemacht hat, die sie vor kurzem noch so beunruhigt hatten:
0 Heute hat Mr. Stanford herausgefunden, daß Shari, Bruce, Mark und ich außerhalb der Klasse miteinander diskutiert haben. Er war sehr erfreut und beeindruckt, aber ich weiß eigentlich nicht warum. Wir wollen uns doch nur besser anfreunden und mehr voneinander erfahren. Das ist doch noch gar nichts; am Dienstag habe ich Mark H. und Mike P. sogar zum Sportplatz in Clayton gebracht, um Hockeyschläger abzuholen. Es hat wirklich Spaß gemacht. Ich bin mit allen Klassenkameraden gern zusammen und wir haben viel Spaß miteinander.

Sechs Monate nach Ende des Schuljahres schrieb Janet mir einen Brief, der deutlich ihre neuen sozialen Fähigkeiten zeigt:
0 Shari ist in Ordnung und wir verstehen uns besser als je zuvor. Auch Bruce ist einfach toll. Er ruft mich etwa einmal die Woche an, einfach nur so, um ein bißchen mir mir zu klönen. Wir verstehen uns wirklich gut. Mark und Lee sehe ich hin und wieder. Aber mit dem Rest der Klasse habe ich völlig den Kontakt verloren. Das ist wirklich traurig und ich vermisse sie. Wissen Sie, jedesmal, wenn ich an letztes Jahr und das "Experiment" denke, kriege ich ganz tolle Gefühle. Sie haben mir soviel geholfen, zu den anderen Konatakt zu finden. Ich habe dieses Jahr durch alles, was ich letztes Jahr gelernt habe, so viele verschiedene und tiefere Beziehungen erlebt. Ich verdanke es Ihnen, daß ich jetzt allgemein so gut zurechtkomme mit anderen Leuten.

Mehr als ein Jahr später nach ihren Erfahrungen in der Klasse, die eine Gruppe geworden war, war Janet nicht weniger von ihrer Bedeutung überzeugt. In einem Brief an mich schrieb sie:

O Nach dem letzten Jahr haben die Klassenmitglieder versucht, sich nach Ihren Ansichten über die Menschen zu richten. Wir haben versucht, etwas über andere zu lernen und neue Beziehungen mit ihnen einzugehen. Wir waren nach dem "Experiment" so froh über das, was abgelaufen ist. Wir haben gelernt, uns an anderen mehr zu freuen.

Zumindest in diesem speziellen Fall sind die positiven Auswirkungen der Gruppenentwicklung sehr viel weiter gegangen, als nur einer einzigen Klasse ein schönes Erlebnis zu verschaffen oder ihren Lernerfolg in einem Semester zu erhöhen. Gruppenentwicklung vermittelt darüber hinaus grundlegende soziale Fähigkeiten und Einstellungen, die die Schüler noch lange danach anwenden können und es auch tun.

1.5 Wie fange ich mit der Gruppenentwicklung an?

Es gibt zwei grundlegende Methoden, mit denen man die Entwicklung von einer Klasse in eine Gruppe fördern kann, und beide Ansätze sind unentbehrlich. Die eine Methode besteht darin, sein eigenes Verhalten als Lehrer zu ändern. Man kann zum Beispiel während des Stadiums der Normenfindung die Rolle des Diskussionsleiters aufgeben, damit die Schüler selbst sie übernehmen können. Indem man im Klassenraum bestimmte Verfahrensweisen einführt, werden in der Gruppe bestimmte Erfahrungen maßgebend und die Schüler erhalten die Möglichkeit, die neuen Fähigkeiten, die sie jetzt brauchen, zu erwerben.

Man kann Schülern auch durch das eigene Verhalten Modelle für wünschenswertes Verhalten in der Gruppe zeigen. Wenn man zum Beispiel möchte, daß die Schüler sich angewöhnen, die Person, die gerade spricht, direkt anzusehen, dann sollte man sich vergewissern, daß man sich auch so verhält, wenn ein Schüler spricht.

Die zweite Methode der Gruppenentwicklung besteht darin, bestimmte Übungen durchzuführen, die dazu bestimmt sind, Einstellungen der Schüler zu verändern und ihre Fähigkeiten zu verbessern. Tatsächlich muß man Schüler direkt das Verhalten einüben lassen, von dem man sich wünscht, daß sie es ausüben. Man könnte zum Beispiel ein detailliertes Verfahren beschreiben, um Konflikte zu lösen, und sie dieses dann im Rollenspiel ausprobieren lassen. Oder man könnte anhand eines Simulationsspiels den Schülern die Einsicht vermitteln, daß kooperatives Verhalten für die Erreichung von Gruppenzielen unentbehrlich ist.

In diesem Buch werden beide methodische Ansätze detailliert beschrieben. Es werden Methoden dargestellt, wie man im Klassenraum neue Verfahrensweisen einführen und hilfreiches Gruppenverhalten über Modellernen vermitteln kann. Ebenso werden strukturierte Übungen dargestellt, die Schülern helfen sollen, neue Einstellungen und Fähigkeiten zu erwerben. Für jedes Stadium in der Gruppenentwicklung wird ein neues Lehrerverhalten beschrieben und neue Schülerübungen werden vorgestellt.

Angenommen, Sie sind vom Wert der Gruppenentwicklung überzeugt, wie können Sie nun vorgehen, um die Anregungen in diesem Buch anzuwenden? Zunächst bietet es sich an, das ganze Buch einmal durchzulesen, um ein allgemeines Verständnis von jedem Stadium der Gruppenentwicklung zu erhalten. Denken Sie dabei an das Diagramm auf Seite 18, das den relativen Zeitaufwand für jedes Stadium anzeigt.

Betrachten Sie danach jedes Kapitel im Detail. Ich habe jeweils einem Stadium der Gruppenentwicklung ein Kapitel gewidmet, ausgenommen das Stadium der Normenbildung, das so komplex und so zentral ist, daß ich es in fünf Kapitel aufgeteilt habe, und zwar eines für jede zu entwickelnde Norm.

Jedes Kapitel beginnt mit einer Beschreibung der Eigenschaften und Bedürfnisse der Gruppe in dem betreffenden Stadium. Danach folgt eine Beschreibung von bzw. Vorschläge für verschiedene Formen des Lehrerverhaltens, die in dem speziellen Stadium am nützlichsten sind.

Schließlich wird eine Reihe von strukturierten Übungen dargestellt, die dazu bestimmt sind, Veränderungen in den Einstellungen und Verhaltensweisen der Schüler hervorzurufen. Diese Aktivitäten reichen von Spielen bis zu ausgesprochenen Übungseinheiten und bilden den Grundbestandteil des Gruppenentwicklungsprogramms. Sie werden ausführlich genug dargestellt, um sie ohne vorheriges gruppendynamisches Training durchführen zu könnnen. Wenn es sich machen ließ, habe ich versucht, solche Methoden vorzuschlagen, die es ermöglichen, den im Unterricht vermittelten Stoff als Ausgangspunkt für die Gruppenentwicklung zu nehmen. Indem man die Form der strukturierten Übungen dem Kursinhalt anpaßt, kann man gruppendynamische Ziele erreichen und gleichzeitig Fachwissen vermitteln. Schüler und Lehrer fühlen sich offensichtlich gleichermaßen wohler, wenn die Beziehung zwischen gruppendynamischen Übungen und den speziellen sachlichen Lernzielen des Unterrichts für sie erkennbar ist.

Übungen zur Gruppenentwicklung sollte man am besten als integrativen Bestandteil des Unterrichts durchführen und nicht als eine Sache, die man im nachhinein, wenn es einem einfällt, anhängt. Das setzt voraus, daß man die Übungen zur Gruppenentwicklung sorgfältig sowohl bei der täglichen Stundenplanung als auch bei der Planung von ganzen Unterrichtseinheiten berücksichtigt. Die Berücksichtigung des Erfolges einer Klasse als Gruppe sollte ebenso selbstverständlich ein Lernziel werden wie es die individuelle Aneignung von fachlichen Fähigkeiten ist.

2 Erstes Stadium: Orientierung

"Englisch 10 – Stanford – Zimmer 104," las Janet auf ihrem Stundenplan. "Was werden wir wohl dieses Jahr machen? Hoffentlich keine mündlichen Nacherzählungen oder Vorträge. Das wäre für mich das Allerschlimmste, wenn ich vor der ganzen Klasse reden müßte wie letztes Jahr."

Janet ging den Flur entlang in Richtung Zimmer 104. "Ich möchte gern wissen, was Herr Stanford für ein Typ ist," überlegte sie. "Wenn ich ihm im Gang begegne, scheint er ja in Ordnung zu sein, aber mir wurde gesagt, daß seine Schüler ziemlich viel Zeit mit Labereien verbringen. Hoffentlich werden einige meiner Freunde dabei sein, damit ich nicht so viel Angst vor dem Reden habe. Wenn er meint, daß Diskussionen so wichtig sind, kriege ich vielleicht eine schlechte Note, wenn ich mich nicht traue zu reden...
Letztes Jahr war Leslie in seiner Klasse. Sie erzählte mir, daß sie sich mit vielen aus der Klasse anfreundete. Das wäre schön."

In diesem Moment erreichte Janet Zimmer 104. "So ein Mist!" dachte sie als sie 'reinguckte. Sie drehte sich sofort wieder um und ging stattdessen zu den Getränkeautomaten auf der anderen Seite des Flurs. "Da sitzt Mike P. schon im Klassenraum. Hoffentlich wird er mich nicht ständig belästigen wie letztes Jahr in der Mathestunde. Ich suche mir lieber einen Platz in der anderen Ecke des Klassenzimmers. Dann kann er ja jemand anderem auf die Nerven gehen."

Schließlich mußte sie das Zimmer doch betreten. Die Stühle waren alle in einem großen Kreis aufgestellt. Und sie kannte keinen von den Anwesenden näher. "Ach, Mensch, wo soll ich denn Platz nehmen," überlegte sie. "Es ist was frei neben Shari Dings-Bums, die ich von der Sportstunde letztes Jahr her kenne. Sie ist die einzige, die ich halbwegs kenne und mag. Aber was passiert, wenn ich mich neben sie setze, und dann einer ihrer engeren Freunde hereinkommt? Ach, da sitzt Bruce H. Wenn ich mich bloß trauen würde, neben ihm zu sitzen. ...Ich muß schnell Platz nehmen, bevor Mike mich sieht. Na, was solls, ich setze mich zu Shari."

Shari schaute nicht hoch, als Janet zu ihr hinüberkam und sich neben sie setzte. Janet wollte sie begrüßen, aber stattdessen guckte sie sich im Zimmer um. Sie fühlte sich irgendwie unwohl in so einem Kreis. Man konnte sich so schlecht verstecken. Zwei Jungen – die sich später als Mark H. und Lee N. vorstellten –

fingen an, ohne scheinbaren Grund zu lachen. "Lachen die beiden etwa über mich? fragte sich Janet und wurde ganz rot im Gesicht.

Die Schüler in dieser Klasse gefielen Janet nicht sonderlich. Sie sah keinen von ihrer Clique. Die Klasse bestand aus vielen Leuten, die sie als Unruhestifter kannte, und vielen Schülern, die sie blöd fand. Und da saß Susan N., schon verwickelt in eine heiße Auseinandersetzung mit jemandem. "Ich werde nie den Mut haben, in dieser Klasse meinen Mund aufzumachen," dachte sich Janet. Janet tat so, als ob sie sich sehr für ihr Geschichtsbuch interessieren würde, während sie auf den Beginn des Unterrichtes wartete.

2.1 Merkmale des Orientierungsstadiums

Ähnlich wie Janet, spüren die meisten Leute in einer neuen Gruppensituation Gefühle der Angst und Unsicherheit. Sie suchen Antworten auf drei grundlegende Fragen:

1) Was wird passieren? Welche neuen Erfahrungen werde ich hier machen?
Obwohl Schüler manchmal zu schüchtern sind, Fragen dazu zu stellen, wollen sie vieles wissen — über die Lernanforderungen, das Benotungssystem, die Lehrmethode des Lehrers, ob der Lehrer 'streng' oder 'weich' ist, welcher Lehrstoff durchgenommen werden soll. Sie suchen nach verbalen und nonverbalen Hinweisen vom Lehrer, um seine Erwartungen deutlicher zu erkennen. Die Schüler wollen sich vergewissern, daß sie mit der neuen Situation fertig werden können und daß diese Situation für sie in keiner Weise bedrohlich ist. Aber was für den einen Schüler sehr leicht ist, kann für den anderen sehr schwer sein. Janet z. B. war gehemmt, vor Gruppen zu reden; aber Susan N. genoß es richtig, an einer Diskussion über kontroverse Themen teilzunehmen. Es ist nicht möglich, die Befürchtungen aller Schüler ganz zu zerstreuen, aber je mehr Informationen der Lehrer der Klasse über die oben genannten Fragen geben kann, desto mehr werden ihre Anfangsängste verschwinden.

2) Wer sind die anderen Leute hier? Wie sind sie eigentlich?
Wenn Schüler eine neue Klasse betreten, schauen sie sich wie Janet sofort danach um, aus welchen Leuten die Gruppe besteht. Sie möchten wenigstens ein paar bekannte Schüler finden,

mit denen sie sich zusammentun können, und sie versuchen, Quellen möglicher Konflikte oder Ängste ausfindig zu machen. Janet z. B. sah die Gruppe genau an und erkannte Shari als einzige Person, die sie gut genug kannte, um neben ihr Platz nehmen zu können. Und sie war sich gleichzeitig darüber im klaren, daß es möglicherweise mit Mike, Susan, Lee und Mark problematisch werden könnte. In ihr Schultagebuch schrieb sie über den ersten Schultag:
0 Was mich am meisten davon abhalten wird, Diskussionbeiträge zu liefern, ist Susan N.. Sie ist Mitglied des Debattierclubs und argumentiert bloß um des Argumentierens willen, ob sie nun recht hat oder nicht. Um was es auch geht, sie behält immer recht. Ich weiß genau, daß sie von allem eine andere Meinung hat als ich.

Der Prozeß des gegenseitigen Kennenlernens in einer Klasse dauert einige Tage und Wochen an, während die Schüler sich langsam aneinander gewöhnen. Das Ausmaß, inwieweit Schüler miteinander vertraut werden, hängt nicht nur von ihren sozialen Fähigkeiten ab, sondern auch vom Verhalten des Lehrers. Viele Lehrer überlassen den Prozeß des Kennenlernes ganz dem Zufall, und es vergehen oft Monate, bevor viele Schüler auch nur die Namen der meisten Klassenkameraden kennen. Als ich einmal einen Kollegen am Ende eines Schuljahres vertreten mußte, wollte ich wissen, warum so viele Schüler einander nicht mit Namen anreden. Es stellte sich heraus, daß die überwiegende Mehrheit der Schüler einander mit Namen nicht kannte. "So ist es in allen Kursen," erzählte mir eine Schülerin. Ich fragte sie, wie sie den Namen eines Klassenkameraden, den sie noch nicht kannte, herausfinden würde. Sie antwortete:"Ich würde bei Gelegenheit in seinem Schulbuch nachschlagen und seinen Namen auf der Innenseite suchen." Stumm bewunderte ich diese indirekte Art und Weise, aber ich stellte mir die peinliche Konsequenz dieses Verhaltens in dem Falle vor, daß er das Buch gerade an diesem Tage von einem anderen ausgeliehen hätte!
Um ein Wir-Gefühl zu entwickeln und eine produktive Gruppe aufzubauen, müssen die Mitglieder so schnell wie möglich einander kennenlernen. Der Lehrer muß geeignete Möglichkeiten und Aktivitäten für ein rasches gegenseitiges Kennenlernen schaffen.

3) Wie komme ich wohl mit diesen Leuten zurecht? Wie werden sie mit mir umgehen?
Schüler wollen deswegen auch wissen, wie die anderen sind, weil diese Information zur Beantwortung einer weiteren Frage beitragen kann: werden diese Leute mich mögen, oder werden sie mich nicht leiden können und mich verletzen? Janet war besorgt wegen der "Unruhestifter" und "blöden Typen" in der Klasse, denn sie war bisher mit solchen Leuten nie gut ausgekommen. Vielleicht spotteten diese wiederum über Janet, weil sie sie als eine mitarbeitswillige, erfolgreiche Schülerin kannten. Das Lachen von Mark und Lee bestätigte Janet in der Annahme, daß sie vielleicht mit Spott oder Ablehnung in dieser Klasse rechnen müsse; sie ahnte auch, daß Susan sie von einer aktiven Teilnahme an Klassenaktivitäten abhalten würde, und daß sie sich nicht für ihre Beiträge interessieren würde.

Unglücklicherweise erkennt Janet – wie viele von uns – den Einfluß anderer auf sich selbst, aber nicht ihren eigenen Einfluß auf andere. Janet war es nicht bewußt, daß ihre eigene Schüchternheit von anderen (z. B. von Shari) wiederum so faßten Janet als kühl und verschlossen auf und hatten Angst, sie anzusprechen. Damit bestätigten sie Janets schlimmste Befürchtungen, daß sie von den anderen nicht akzeptiert werde.

Es besteht die Notwendigkeit, daß alle Gruppenmitglieder sich darüber unterhalten, wie sie sich innerhalb der neuen Gruppe fühlen und wie sie von den anderen gerne wahrgenommen würden. Der Lehrer, der die Gruppenentwicklung besonders fördern will, kann dadurch eine große Hilfe leisten, daß er Möglichkeiten schafft, sich direkt mit der Frage des gegenseitigen Akzeptierens auseinanderzusetzen. Dadurch kann er solche Mißverständnisse, die das gegenseitige Kennenlernen und Miteinander–Vertrautwerden verhindern könnten, beseitigen.

2.2 Hilfreiches Lehrerverhalten im Orientierungsstadium

Die gruppendynamischen Aktivitäten, die der Lehrer für die ersten Schultage plant, sollten direkt auf die Informationsbedürfnisse der Schüler ausgerichtet sein, welche sind:
was wird in der Klasse geschehen, wer sind die anderen und wie werden wir in der Gruppe zusammen klar kommen?

Erklären Sie, was die Schüler in ihrer Klasse zu erwarten haben!
Beginnen Sie die Stunde mit einer klaren Beschreibung des durchzunehmenden Stoffes, der Anforderungen und des methodischen Vorgehens. Erklären Sie den Schülern, mit welchem Stoff Sie sich auseinandersetzen müssen, welche Anforderungen an sie gestellt werden und welches Verhalten von ihnen in der Klasse erwartet wird, und erklären Sie Ihr Benotungssystem. Lassen Sie Ihren Schülern genügend Zeit zum Fragen, und beantworten Sie die Fragen geduldig, auch wenn Sie sich öfter wiederholen müssen. Denken Sie daran, daß diese Fragen von einer gewissen Angst herrühren, die die ungestörte Aufnahme von Informationen erschwert.

Beantworten Sie alle Fragen sofort, egal wie unwichtig oder unpassend sie zu sein scheinen. Verschieben Sie keine Erklärung auf später ("Ich werde die Benotung erst nach dem ersten Test erklären" oder "Warte mit der Frage, bis ich die Schulbücher verteilt habe"). Versuchen Sie die Gefühle, die diese Fragen auslösen, nachzuempfinden und reagieren Sie auf diese Gefühle.

Helfen Sie den Schülern dabei, Sie und sich untereinander kennenzulernen!
Eine kurze Beschreibung Ihrer eigenen Person sollte am Beginn der Einführung stehen. Aspekte des außerschulischen Bereichs, wie z. B. Hobbies, Familienverhältnisse, die Namen und das Alter des Ehepartners und der Kinder sollten genannt werden. So werden Sie als Mensch angesehen und nicht bloß als Phantom, das nach Schulschluß in der Kreidekiste verschwindet. Sie werden auch mehrere strukturierte Übungen (siehe folgenden Abschnitt) für das weitere gegenseitige Kennenlernen der Gruppenmitglieder anbieten, und Sie selbst sollten auch an diesen Übungen teilnehmen, damit die Gruppe noch mehr über Sie erfährt.

Seien Sie ein Modell für das Verhalten, das Sie erwarten!
Durch Ihr eigenes Verhalten und die Art und Weise, wie Sie die Klasse anleiten, liefern Sie Ihren Schülern einige Hinweise, wie Sie mit ihnen umzugehen gedenken und was Sie hinsichtlich des Verhaltens der Schüler untereinander erwarten. Ihr Verhalten wird z. B. vermitteln, ob und auf welcher Basis Diskriminierung oder mangelndes gegenseitiges Akzeptieren zu den Gruppennormen gehören werden. Nicht so sehr das, was Sie sagen, als das, was Sie tun, macht es den Schülern klar, ob Sie mit Gastarbeiterkindern anders umgehen als mit deutschen; mit un-

ordentlich angezogenen Schülern anders als mit ordentlichen; mit gutaussehenden Schüler(inne)n anders als mit nicht so gut aussehenden; mit klugen Schülern anders als mit langsam lernenden.

Ihre Schüler werden Ihr Verhalten genau beobachten, um herauszufinden, ob Sie sich in Ihrer Klasse natürlich geben können, oder ob sie aus irgendeinem Grund von Ihnen abgelehnt werden. Wenige von uns würden einen Schüler absichtlich und offen zurückweisen, aber die meisten praktizieren eine versteckte, subtile Art der Diskriminierung. Die Schüler in Janets Klasse z. B. warfen mir vor, ich würde die Jungen den Mädchen vorziehen, denn ich würde in der Stunde viel mehr mit Jungen reden als mit Mädchen. Schüler sind sensibel hinsichtlich der Aufnahme nonverbaler Mitteilungen und kommen ziemlich schnell dahinter, wenn bestimmte Arten von Schülern besser behandelt werden als andere, auch wenn dies dem Lehrer selbst nicht bewußt ist. Zum Beispiel neigen wir alle unbewußt dazu, dichter neben einer uns sympathischen Person zu stehen, und sie öfter körperlich zu berühren.

Sie sollten einen Schüler niemals abschätzig behandeln, in Verlegenheit bringen, lächerlich machen, hänseln oder auslachen. Und wenn ein Schüler so etwas mit einem anderen macht, sollten Sie sofort einschreiten. Sagen Sie entschlossen zu dem Betreffenden: "Die Äußerung war beleidigend, und diese Art von Bemerkungen werden in meiner Klasse nicht geduldet werden. Denn es würde mich auch sehr verletzen, wenn andere sich über mich lustig machen würden." Wenn der betreffende Schüler über Ihren Standpunkt genau im klaren ist, wird die Norm verdeutlicht, sich nicht über andere lustig zu machen. Und es zeigt den Opfern solcher Angriffe, daß sie sich auf Ihre Unterstützung verlassen können. Dadurch wird auch anschaulich gemacht, was offene Kommunikation bedeutet. Einige Lehrer überlegen sich: "Wird es nicht die Verlegenheit des Opfers vergrößern, wenn der Lehrer so ein großes Theater daraus macht?" Dies mag zutreffen für solche Gruppen, in denen sich eine offene Kommunikation noch nicht durchgesetzt hat. Wahrscheinlich wird sich das Opfer aber mehr durch die beleidigende Äußerung verletzt fühlen, als daß es durch Ihre Bemerkung, solch ein Angriff sei beleidigend und in Ihrer Klasse unerwünscht, in Verlegenheit gebracht wird. Die Unterstützung des Opfers verstärkt das Verhalten, das Sie als Norm in Ihrer Klasse fixieren wollen.

Der räumliche Aufbau des Klassenmobiliars kann auch einige Antworten zu der Frage "Wie werden die anderen mit mir umgehen?" liefern. Die Aufstellung der Stühle in einem Kreis zeigt, daß alle Schüler gleichberechtigt behandelt werden sollen und gleichermaßen wert sind, gesehen und gehört zu werden. Wenn Sie die Schüler. nach dem Zufall in kleine Gruppen aufteilen, kann das darauf hinweisen, daß sie demokratisch behandelt werden und daß ihre Beiträge als gleichwertig angesehen werden.

Die Art und Weise, wie Sie mit neuen Klassenmitgliedern umgehen, ist von höchster Wichtigkeit. Sie haben die gleichen Orientierungsbedürfnisse wie die anderen Schüler. Wenn Sie es versäumen, ihnen die verpaßten Informationen zu liefern, werden die anderen Schüler denken, daß Ihnen die Bedürfnisse und Rechte aller Mitglieder nicht gleich wichtig sind. Und das verlangsamt auch die Integrierung der neuen Schüler in die Klasse.

Während des Orientierungsstadiums ist es erforderlich, daß Sie sich selbst ständig kontrollieren, um sicher zu sein, daß Ihr persönliches Verhalten mit Ihren Zielvorstellungen hinsichtlich der Gruppe übereinstimmt. Zum Beispiel, wenn Sie erwarten, daß die Schüler Offenheit und Ehrlichkeit in bezug auf Gruppenkommunikation entwickeln, müssen Sie auch unangenehme Fragen offen beantworten. Völlige Übereinstimmung zwischen Verhalten und Zielvorstellungen ist natürlich nie möglich. Nur wenige von uns tun immer das, was sie sagen. Aber je mehr wir unser verbales und nonverbales Verhalten zur Kenntnis nehmen, desto mehr können wir die Kluft zwischen unserem Handeln und den Prinzipien, die wir für unsere Schüler anzielen, verringern.

2.3 Strukturierte Übungen für das Orientierungsstadium

Der erste Schritt, um den Bedürfnissen der Schüler nach Informationen über die anderen Gruppenmitglieder entgegenzukommen, ist der, die einzelnen Namen gegenseitig zu lernen. Vorgehensweisen, wie die nun folgenden, führen dazu, daß die Namen schneller, einfacher und lustiger gelernt werden. Ein oder zwei von den Übungen können jeden Tag innerhalb der ersten Woche durchgeführt werden.

2.3.1 Übungen für das Lernen von Namen

1) Namensschilder

Jeder Schüler erhält eine Karteikarte und einen Farb- oder Filzstift. Die Schüler bekommen dann die Anweisung, den Namen, mit dem sie genannt werden wollen, in großen Blockbuchstaben auf die Karte zu schreiben. In die obere Ecke rechts schreiben sie die zwei Adjektive auf, durch die sie sich am besten beschrieben fühlen (neugierig, energisch, aufrichtig, sportlich usw.). In die obere Ecke links schreiben sie mehrere Lieblingstätigkeiten (Segeln, Lesen, Schlafen, Schwimmen usw.). Unten auf die Karte schreiben sie einen Ort, den sie gern besuchen würden; oder irgendwelche anderen Informationen, die Sie für Ihre Gruppe geeignet halten, z. B. den Namen eines Filmidols; den Titel eines Buches, oder etwas, worauf sie besonders stolz sind; oder etwas, bei dem sie sehr geschickt sind; oder einen Gegenstand, den sie für DM 100,– kaufen würden; oder ein schönes Erlebnis in den Sommerferien.

Sie sollen die Namensschilder mit Tesafilm oder einer Stecknadel an der Kleidung befestigen und dann durch das Zimmer gehen und die Schilder gegenseitig ansehen. Schlagen Sie vor, dies zu tun, ohne gleichzeitig miteinander zu reden. Die Schüler können die Namensschilder im Klassenzimmer für die ersten Tage tragen.

Wenn die Schüler meinen, daß Namensschilder zu kindisch seien (das kam schon häufig in meiner Klasse vor), sollten sie kleine Schilder für ihre Arbeitstische (wie bei Fernsehdiskussionen) anfertigen, die aus dicker, fester Pappe in Dachform gefaltet werden.

2) Selbstvorstellungen

Die Schüler sollen einzeln ihre Namen an die Tafel schreiben. Danach erzählen sie der Gruppe irgendetwas Persönliches über sich, damit sie sich besser kennenlernen. Alle Schüler schreiben die verschiedenen Namen auf ein Stück Papier und daneben etwas über die entsprechende Person, was ihnen hilft, sich an diese Person zu erinnern.

Obwohl Sie sich vielleicht vor der Klasse schon vorgestellt haben, sollten *Sie* mit dieser Übung anfangen. Gehen Sie zur Tafel und schreiben Sie Ihren Namen, und zwar Vor- und Nachname. Drehen Sie sich zur Klasse und sagen Sie etwas wie "Ich heiße Günter Schreiner. Mein zweiter Vorname ist Adolf, aber den liebe ich nicht so sehr, weil auch Hitler so geheißen hat. Ich unterrichte seit drei Jahren Gemeinschaftskunde hier, an der Lichtenbergschule. Davor habe ich in Göttingen studiert. Zu meinen Hobbies gehören Schachspiel, Tischtennis und Filmaufnahmen von meiner dreijährigen Tochter Katja."

Fangen Sie auf einer Seite des Klassenzimmers an; jeder Schüler kommt einzeln zur Tafel und stellt sich vor. Dies soll der Reihe nach geschehen, und *nicht* nach freiwilliger Meldung. Wenn Schüler nicht genau wissen, was sie über sich erzählen sollen, schlagen Sie bestimmte Themen vor, wie z. B. Hobbies, Interessen, Geschwister, Freizeitunternehmungen. Die anderen Schüler sollen während dieser Selbstvorstellung keine Fragen stellen; die Schüler, die sich gerade vorstellen, sollen darüber selbst entscheiden, wieviel sie über sich bekannt geben wollen. Nachdem alle Schüler sich vorgestellt haben, schlagen Sie vor, daß sie die Namenslisten mit den Erinnerungsstützen behalten sollen.

Nach dieser Übung schrieb Janet in ihr Tagebuch:
Die Übungen, die wir heute gemacht haben, waren ziemlich ungewöhnlich. Am Anfang stellte jede Person sich vor, auch Herr Stanford, und erzählte einiges über sich. ...Es war schon etwas peinlich, über sich selbst zu sprechen.

3) Wer sitzt neben dir?

Für dieses Kennenlernen-Spiel sitzen die Schüler zusammen in einem großen Kreis. Der Lehrer darf als erster X anfangen, oder ein Schüler kann sich freiwillig melden. X steht in der Mitte des Kreises (ohne Stuhl). Die Schüler sollen die Namen von den zwei Leuten lernen, die direkt neben ihnen sitzen. Dann geht X zu irgendeinem Mitspieler und fragt ihn, "Wie heißen deine Nachbarn?" Derjenige, der diese Frage nicht richtig beantworten kann, muß das nächste X spielen, wobei das vorherige X seinen Platz übernimmt, die Namen der zwei Schüler neben ihm lernt, und so geht das Spiel weiter.

Wenn der angesprochen Mitschüler die Frage richtig beantwortet, fragt ihn X weiter, "Willst du neue Nachbarn haben?" Wenn der Spieler mit "ja" antwortet, muß die ganze Gruppe aufstehen und jeder irgendwo anders Platz nehmen, wobei X auch für sich einen Stuhl zu schnappen versucht. Derjenige ohne Stuhl wird das nächste X.

Wenn der Befragte mit "nein" antwortet, fragt X, "wer denn sollte neue Nachbarn bekommen?" Der Befragte gibt die Namen zweier Mitspieler an. Diese zwei müssen dann die Plätze tauschen, wobei X einen der beiden freiwerdenden Stühle zu erwischen versucht und dadurch ein neues X ohne Stuhl entsteht.

Immer wenn die Plätze gewechselt werden, müssen die Schüler die Namen der beiden neuen Nachbarn lernen; dann geht die nächste Runde des Spieles los.

4) Die Namenskette

Die Gruppenmitglieder bilden einen großen Kreis; Sie selbst sitzen auch in diesem Kreis als Gruppenmitglied. Geben Sie die folgenden Anweisungen:"Wir haben in den letzten Tagen gegenseitig alle unsere Namen gelernt. Jetzt wollen wir das Ergebnis überprüfen. Ich werde damit anfangen, indem ich meinen Namen sage." Sagen Sie demjenigen, der links von Ihnen sitzt: "Wiederhole meinen Namen und sage dann deinen Namen." So geht es im Uhrzeigersinn in Kreis weiter. — Wer dann dran ist, sagt die Namen von allen, die vorher dran waren, und fügt seinen eigenen Namen an. — Wird ein Name vergessen, muß bei dem Betreffenden nachgefragt werden.

Diese Übung, obwohl sie ziemlich mechanisch sein mag, ist die schnellste Art und Weise, die vielen verschiedenen Namen zu lernen. Ein zusätzlicher Vorteil dieser Übung ist, daß alle Gruppenmitglieder reden und die anderen Mitglieder ansehen müssen, wobei die Schüler sich mit den Anfängen eines Gespräches von Schüler zu Schüler vertraut machen.

5) Duelle mit Namen

Die Schülertische werden an die Wand geschoben, oder man sucht eine größere freie Ecke, wo sich die Schüler frei bewegen können. Geben Sie die folgenden Anweisungen:"Ihr sollt einfach so 'rumspazieren, ohne dabei zu reden, aber doch die anderen direkt ansehen, wenn sie vorbeigehen. Stellt euch mal vor, ihr seid Revolverhelden aus dem Wilden Westen auf der Suche nach einer Schießerei. Sobald ihr einem anderen ins Auge schaut, stellt euch vor, daß ihr eine Pistole zieht und den anderen 'niederschießt', indem ihr seinen Namen laut ruft. Derjenige, der den Namen des anderen zuerst laut ruft, gewinnt den Zweikampf. Der Verlierer fällt 'tot' um oder verläßt 'verletzt' das Spiel. Der Revolverheld, der als Letzter noch am Leben ist, gewinnt das Spiel."

Nach einer Weile müssen Sie unter Umständen darauf aufmerksam machen, daß einige Schüler schon 'schießen' bevor sie ihrem Gegenüber in die Augen schauen. (Die Schüler werden sich oft von hinten anschleichen und den Namen rufen, wobei dann der andere kaum eine Chance hat, "seinen Revolver zu ziehen"). Schlagen Sie vor, daß alle wieder "ins Leben zurückkehren" und noch eine Runde spielen; diesmal sollen sie die Regeln besser beachten.

6) Selbst-Zuordnung von Eigenschaftswörtern

Abwechselnd im Kreise herum soll jeder Schüler seinen Namen sagen, wobei er ein Adjektiv davorsetzt. Das Adjektiv muß mit dem Anlaut seines Namens anfangen, und sollte eine positive Eigenschaft darstellen (wie etwa "großzügiger Gerhard"). Das Adjektiv kann einfach deskriptiv sein, kann aber auch eine Lieblingsbeschäftigung des Schülers beschreiben.

2.3.2 Übungen zum Sich-Kennenlernen

Der nächste Schritt des sich näher Kennenlernens ist der, Möglichkeiten zu schaffen für einen gegenseitigen Austausch von Informationen übereinander. Dieser Schritt verstärkt das Gefühl gegenseitigen Vertrauens innerhalb der Gruppe, da er den Schülern hilft zu verstehen, was sie voneinander zu erwarten haben. Die Gruppenmitglieder werden dabei vielleicht auch entdecken, daß sie vieles miteinander gemeinsam haben, und sie werden sich vielleicht wohler miteinander fühlen. Dieser Austausch von Informationen hat schon in den oben aufgeführten Übungen angefangen. Aber das war eben nur der Anfang, und die nun folgenden Übungen sollten in den ersten Tagen und Wochen des Gruppenlebens eingeführt werden, um die Gruppenmitglieder erfolgreich durch das Orientierungsstadium zu führen. Nicht alle Übungen müssen durchgeführt werden, aber je mehr Aktivitäten eine Gruppe erprobt, desto wahrscheinlicher ist es, daß ihre Bedürfnisse im Orientierungsstadium befriedigt werden, und sie so ins nächste Entwicklungsstadium "hineinwachsen".

Die folgenden Spiele zum Sich-Kennenlernen setzen ein gewisses Maß an Bereitschaft zur Selbstdarstellung voraus, also die Preisgabe persönlicher Informationen über sich selbst. Die meisten von uns mögen es nicht, fremden Leuten Persönliches über sich zu erzählen. Wir vermuten, daß der andere über bestimmte Dinge lachen oder spotten würde, oder daß er uns wegen dieser Informationen nicht mehr mögen würde. Psychologisch gesehen, sind solche Dinge für uns *bedrohlich* – wir vermuten, daß etwas Unangenehmes passiert, wenn wir jemandem davon erzählen. Zum Beispiel zögern viele von uns, einem neuen Bekannten über eine persönliche Fähigkeit zu berichten, denn er könnte es vielleicht für bloße Angeberei halten. Eine junge Dame würde zum Beispie nicht gern zugeben, daß es ihr Spaß macht, nackte Männer in Zeitschriften anzuschauen, nicht nur, weil solche Informationen zu ihrer Privatsphäre gehören, sondern, weil sie die Reaktionen des anderen fürchtet.

Aus diesem Grunde ist für die meisten von uns die Entwicklung der Selbst-Darstellung ein langwieriger Prozeß. Ähnlich, wie man langsam in kaltes Wasser steigt, ist die Preisgabe von persönlichen Informationen eine allmähliche. Wir erzählen nach und nach immer mehr über uns, stets wachsam (ob wir uns nun dessen bewußt sind oder nicht) den Reaktionen der anderen gegenüber. Fällt die Reaktion positiv aus, geben wir ein bißchen mehr über uns preis. Letztendlich vertrauen wir der Person, die über bedeutsamere Informationen über uns verfügt.

Dieser Prozeß des Sich-Öffnens, oder technischer ausgedrückt, das Verringern unserer Angst, uns selbst preiszugeben, dauert monate- oder jahrelang, wenn er dem Zufall überlassen wird. Wir müssen viele, viele Erfahrungen durchlaufen, wobei wir zuerst unwichtige, oberflächliche Informationen über uns austauschen, und später immer mehr solche, die uns bedrohlich erscheinen. Um nicht verletzt zu werden, weil wir zu viel von uns preisgegeben haben, beachten wir ständig die Reaktionen des anderen. In vielen Situationen vermeiden wir es sogar, wegen dieser Ängste, über wichtige Dinge zu reden. Die meisten Schulsituationen entsprechen diesem Muster. Schülern wird selten die Gelegenheit gegeben, genügend gegenseitiges Vertrauen zu entwickeln, um Persönliches austauschen zu können. Wenn der Lehrer dann einmal eine Frage stellt (z. B. "Fühlst du dich jemals einsam?"), ist sie zu bedrohlich für den Schuler, als daß er mit ihr umgehen könnte.

Die meisten Pädagogen sind sich darüber einig, daß der Unterricht des Schülers von Bedeutung für sein Alltagsleben sein sollte, Wenn die Schüler eine Verbindung zwischen Unterrichtsstoff und eigenem Lebenszusammenhang außerhalb der Schule herstellen sollen, müssen sie Gelegenheit haben, über ihren Alltag miteinander reden zu können. Dieser Austausch setzt ein höheres Maß an Selbst-Preisgabe voraus, als es in der Schule sonst üblich ist. Es ist daher von höchster Wichtigkeit, daß wir die Schüler für diese höhere Ebene der Selbst-Preisgabe vorbereiten. Um die Ängste der Schüler zu vermindern und den Prozeß des Sich-Öffnens zu beschleunigen, können wir Übungen in der Weise vorstrukturieren, daß die Schüler von einer niedrigen Stufe zu einer höheren Stufe der gegenseitigen Selbst-Darstellung fortschreiten; dieser Prozeß geht zwar so langsam voran, daß für die Schüler ein Gefühl von Bedrohlichkeit ausgeschlossen wird, ist aber doch schneller, als wenn er ganz dem Zufall überlassen würde.

Die unten beschriebenen Übungen zum Sich-Kennenlernen können angewendet werden, um diese höhere Stufe der Selbst-Darstellung zu erreichen. Die folgenden Prinzipien sollten bei der Auswahl, der Reihenfolge und der Durchführung der Übungen beachtet werden.

Zunächst einmal sollte die Abfolge der Übungen dort beginnen, wo die Ebene der Selbst-Darstellung für die Schüler in keiner Weise beängstigend ist, und sollte dann in einer Weise zu höheren Ebenen voranschreiten, die die Schüler nicht verängstigt. Zwei Faktoren bestimmen den Grad der Bedrohlichkeit einer Übung: *was* der Schüler sagen soll, und *wem* er es sagen soll, d.h. der *Inhalt* und die *Struktur* der Übung.

Je mehr eine Übung in die Privatsphäre reicht, desto bedrohlicher ist sie. Eine Frage danach, wofür ein Schüler DM 100,- ausgeben würde, ist für ihn weniger bedrohlich als die Frage nach dem Verhältnis zu seiner Mutter. Eine Frage ist in dem Maße bedrohlich, in dem der Befragte fürchtet, der andere könnte ihn der Antwort wegen nicht mehr mögen. Fragen, die sich auf unsere persönlichen Wertvorstellungen, Gefühle und Meinungen beziehen, sind potentiell bedrohlich und müssen mit großer Vorsicht gestellt werden.

Eine Übung, die das Reden vor vielen Leuten erfordert, ist bedrohlicher, als eine entsprechende, die in einer Kleingruppe durchgeführt wird. Es ist für die meisten von uns leichter, mit einer einzelnen Person oder in einer Kleingruppe über sich selbst zu reden als in einer Klasse mit über 30 Leuten. Es ist einfacher, mit Leuten zu reden, die wir kennen und mögen als mit Fremden. Auch ist es leichter, Persönliches über uns preiszugeben vor Leuten, die das gleiche vor uns gemacht haben. Es ist bedrohlicher, wenn ein Lehrer einen einzelnen Schüler individuell auffordert oder um freiwillige Meinungen bittet, als wenn er mit der gleichen Frage nach der Reihe vorgeht (wie z. B. "Wann hast du dich zum letzten Mal einsam gefühlt?"). Ebenso wird eine Übung von Schülern als weniger bedrohlich empfunden, wenn der Lehrer mit dem Spiel anfängt, um den Schülern zu zeigen, daß sie vor diesem Thema keine Angst zu haben brauchen. Schließlich wird die Übung weniger bedrohlich, *wenn die Schüler wissen, daß sie eine Frage nicht zu beantworten oder an einer Übung nicht teilzunehmen brauchen, wenn sie es nicht wollen.*

Bei der Planung der Übungen zum Sich-Kennenlernen und Sich-Darstellen, können Sie die Inhalte und Strukturen auswählen, die zum allmählichen Erreichen einer höheren Ebene für Ihre Klasse am besten geeignet sind. Die Inhalte vieler Übungen können uneingeschränkt geändert werden, je nach nach dem, welches Maß an Bedrohlichkeit die jeweilige Klasse zu tolerieren in der Lage ist. In dem "Doppelkreis-Spiel" z. B., in dem die Schüler jeweils nur mit einem einzelnen sprechen, aber ständig den Partner wechseln, kann das Thema variieren von der Frage nach der Größe des Schülers bis hin zu der Frage nach seinen Gefühlen beim Tode eines Klassenkameraden — je nach der Fähigkeit der Gruppenmitglieder, sich füreinander zu öffnen.

Die Übung "Erzwungene Wahl" ist in der Regel für Schüler weniger bedrohlich, denn persönliche Meinungen werden nonverbal ausgedrückt (die Schüler gehen lediglich in einem bestimmten Teil des Klassenzimmers) und müssen nicht begründet werden. Wenn aber der *Inhalt* dieses Spiels höchst bedrohlich ist (z. B. "Würdest du gleichgeschlechtlichen Geschlechtsverkehr haben wollen?"), erfordert es ein hohes Maß an Selbst-Preisgabe und sollte deswegen erst viel später eingeführt werden.

"Rundherum" ist im allgemeinen insgesamt ein höchst bedrohliches Spiel, da jeder Schüler vor der ganzen Gruppe reden muß, der Inhalt jedoch ist nur wenig bedrohlich (z. B. "Hast du irgendwelche Haustiere?"). Dieses Spiel kann daher relativ früh in die Abfolge der Übungen eingeführt werden.

Aus all diesen Überlegungen wird es deutlich, daß es nicht notwendig ist, die Reihenfolge der Übungen, wie sie hier im Buch erscheinen, einzuhalten. Die Inhalte und/oder die Strukturen können zu jeder Zeit so geändert werden, daß die Übungen das Ausmaß an Selbstoffenbarung erfordern, das noch möglich erscheint. Sie müssen nur die Reaktionen der Schüler hinsichtlich der Inhalte und Strukturen genau beobachten, und darauf vorbereitet sein, sie variieren zu können. Wenn die Schüler zu viel kichern oder aggressiv werden, wenn es zu Raufereien oder anderem Störverhalten kommt, ist es gut möglich, daß es für die Schüler zu schnell vorangeht. Dann sollten Sie zu einem Inhalt oder einer Struktur von weniger bedrohlichem Charakter übergehen.

Übungen zur Selbst-Darstellung können oft vom eigentlich zu vermittelnden Lehrstoff ablenken. In dem "Doppelkreis-Spiel" z. B. können die folgenden Anweisungen gegeben werden: "Erzähl deinem Partner, welche Person in dem Roman, den wir gelesen haben, du am liebsten magst und nenne die Gründe dafür" (eine wenig bedrohliche Frage), oder: "Erzähl deinem Diskussionspartner, welcher Person im Roman du am meisten gleichst und warum" (diese Frage ist schon bedrohlicher). Die "Erzwungene Wahl" kann dazu verwendet werden herauszufinden, welche Meinungen die Schüler zu bestimmten gesellschaftlichen Themen haben. Eine Frage wie "Sollen alle Arten von Schädlingsbekämpfungsmitteln wegen ihrer umweltschädlichen Wirkung verboten werden?" könnte z. B. in Verbindung mit dem "Abstimmungs-Spiel" in einer Biologiestunde Verwendung finden.

1) Wer -ist-in-der-Gruppe?

Jeder Schüler und der Lehrer füllen ein Formular, ähnlich wie das unten abgebildete, aus. Jeder Schüler soll Klassenkameraden herausfinden, die zu jeweils einer Kategorie passen und diese dann dort unterschreiben lassen. Es sollte empfohlen oder zur Regel gemacht werden, daß jeder Name nur einmal aufgeführt werden soll. Nachdem alle damit fertig sind, sollen die Schüler wieder im Kreise sitzen. Fragen Sie: "Für welche Merkmale war es schwierig, eine Unterschrift zu bekommen? Was habt ihr Neues über eure Klassenkameraden erfahren? Habt ihr irgendetwas Überraschendes dabei endeckt?"

1) Wer-ist-in-der-Gruppe-Formular

1) Ein Gruppenmitglied, das niemals außerhalb unseres Bundeslandes gewesen ist, heißt   .
2) Ein Gruppenmitglied, dessen Vorname mit demselben Buchstaben anfängt wie der meine, heißt   .
3) Ein Gruppenmitglied, das dieselben Sportarten mag wie ich, heißt   .
4) Ein Gruppenmitglied, das nicht in unserem Bundesland geboren wurde, heißt   .
5) Ein Gruppenmitglied mit der gleichen Haarfarbe wie ich heißt   .
6) Ein Gruppenmitglied mit der gleichen Augenfarbe wie ich heißt   .
7) Ein Gruppenmitglied, das das gleiche Buch gelesen hat wie ich, heißt   .
8) Ein Gruppenmitglied, das kleiner ist als ich, heißt   .
9) Ein Gruppenmitglied, das im selben Monat geboren ist wie ich, heißt   .
10) Ein Gruppenmitglied mit der gleichen Schuhgröße wie ich heißt   .
11) Ein Gruppenmitglied, das größer ist als ich, heißt   .
12) Ein Gruppenmitglied mit dem gleichen Hobby wie ich heißt   .
13) Ein Gruppenmitglied, das dieselbe Fernsehsendung mag wie ich, heißt   .
14) Ein Gruppenmitglied, das gerne zur Schule geht, heißt   .
15) Ein Gruppenmitglied ohne zweiten Vornamen heißt   .
16) Ein Gruppenmitglied, das ein Pferd hat, heißt   .
17) Ein Gruppenmitglied, das schon ins Ausland gereist ist, heißt   .
18) Ein Gruppenmitglied, das ich besser kennenlernen möchte, heißt   .
19) Ein Gruppenmitgleid, dessen Nachname mit demselben Buchstaben anfängt wie der meine, heißt   .
20) Ein Gruppenmitglied, das sein ganzes Leben lang in demselben Haus / in derselben Wohnung gewohnt hat, heißt   .
21) Ein Gruppenmitglied, das genauso viele Brüder und Schwestern hat wie ich, heißt   .
22) Ein Gruppenmitgleid, das lieber Mathe macht als Englisch, heißt   .

23) Ein Gruppenmitglied, dessen Lieblingsfarbe rot ist, heißt .

24) Ein Gruppenmitglied, das die gleiche Lieblingsfarbe wie ich hat, heißt .

25) Ein Gruppenmitglied, das ich sofort mochte, als ich es kennenlernte, heißt .

2) Interviewen und Sich-Kennenlernen

Jeder Schüler soll sich irgendeinen Klassenkameraden aussuchen, den er nicht so gut kennt. Die Partner interviewen sich gegenseitig, um sich besser kennenzulernen. Sie können unter Umständen irgendeine Struktur einbringen, indem Sie z. B. vorschlagen, daß jeder Partner fünf Dinge über den anderen herausbekommen soll, die von Äußerlichkeiten nicht ohne weiteres abzuleiten sind. Oder sie sollen danach fragen, was der Partner in seiner Freizeit gern unternimmt. Nach ca. 10 Minuten sollen die Partner sich gegenseitg vor der Gruppe vorstellen, indem sie darüber berichten, was sie übereinander erfahren haben.

3) Symbolische Selbstdarstellung

Die Schüler sollen eine von den unten vorgeschlagenen symbolischen Selbstdarstellungen herstellen und Sie anschließend einem Gruppenmitglied (wenig bedrohlich) oder der ganzen Gruppe (mehr bedrohlich) erklären:
a) Ein persönliches "*Warenzeichen*", auf dickes Papier mit Farb- oder Filzstiften gezeichnet oder gemalt.
b) Eine *Collage*, die verschiedenen Aspekte der eigenen Person widerspiegelt, angefertigt mit ausgeschnittenen Zeitschriften- oder anderen ausgewählten Gegenständen, die auf Papier geklebt werden.
c) Ein "*Wappen*" aus einem Stück dicker Pappe, in Form eines Schildes und in kleineren Sektionen aufgeteilt, die verschiedene Aspekte der eigenen Person abbilden. Jeder Teil kann einen Aspekt anhand einer Zeichnung, eines Bildes oder eines Symbols darstellen — z. B. eine persönliche Bestleistung, eine persönliche Eigenschaft, ein Hobby, einen Interessensbereich, Lebensziele oder charakteristische Merkmale.

4) "Ich bin ..."

Die Gruppe sitzt in einem Kreis. Sie selbst sitzen als Mitglied dabei. Jeder bekommt ein Blatt Papier mit auf der linken Seite untereinander aufgeschriebenen (Abstand ca. 2 cm) Nummern von eins bis zehn. Hinter jeder Nummer steht "Ich bin ..."
Geben Sie die folgenden Anweisungen: "Jeder soll selbst diese Satzanfänge vervollständigen, indem er jedem "Ich bin ..." eine kurze Information über seine Person hinzufügt. Ihr könnt vielleicht schreiben"...das älteste Kind in der Familie" oder "...der Besitzer eines Afghanen" oder"...ein Typ, der nicht gern früh ins Bett geht" oder sonst irgendetwas über euch, von dem die Gruppe nichts weiß."
Nachdem alle ihre Listen fertiggestellt haben, soll jeder der Reihe nach — wobei Sie selbst anfangen — einen Satz von seiner Liste vorlesen, bis alle Sätze vorgelesen sind. Wenn das Spiel weniger bedrohlich sein soll, können die Schüler in kleineren Gruppen oder zu zweit die Informationen austauschen.

5) Der Doppelkreis

Fordern Sie die Schüler auf, die Tische so wegzuräumen, daß ein großer freier Platz in der Mitte des Raumes entsteht. Teilen Sie die Klasse durch Abzählen von "eins, zwei, eins, zwei" in zwei Gruppen auf. Die Schüler mit der Nr. 1 bilden den inneren Kreis und die mit der Nr. 2 den äußeren, wobei jeder Schüler vom Kreis Nr. 1 einem Schüler vom Kreis Nr. 2 gegenübersteht. Wenn die Klasse aus einer ungeraden Anzahl von Schülern besteht, müssen Sie auch am Spiel teilnehmen. Geben Sie nun die folgenden Anweisungen:" Kennt ihr den Namen eurer Partner? Wenn nicht, fragt danach. (Kurze Pause.) Nun erzählt euren Partnern, was ihr für 100 DM kaufen würdet. (Kurze Pause.) Jetzt werden diejenigen im äußeren Kreis einen Schritt nach rechts machen, so daß jeder einen neuen Partner hat."
Im weiteren Verlauf des Spiels lernen die Schüler bei jedem Schritt nach rechts die Namen ihrer neuen Partner kennen und beantworten eine andere Frage. Das Spiel endet, wenn die ursprünglichen Partner sich wieder gegenüberstehen. Gebrauchen Sie etwa die folgenden Fragen, wobei die weniger bedrohlichen zuerst gestellt werden sollten:

Wer ist dein Vorbild und warum?
In welchem Schulfach bist du am besten?
Wenn du eine Stunde mit einer berühmten Persönlichkeit reden könntest, wer würde das sein?
Was macht dich glücklich?
Was ist deine liebste Fernsehsendung (Lieblingsessen, Musikgruppen, Freizeitunternehmung, Farbe, Jahreszeit, usw.)?
Wenn du ein Jahr woanders leben müßtest, wo sollte das sein?
Welche Sache magst du an der Schule und welche nicht?
Nenne etwas, was du an dir gut findest. (bedrohlich!)
Was ist deine größte Stärke oder dein größter Erfolg? (bedrohlich!)
Was möchtest du an dir ändern? (bedrohlich!)

Um einen geplanten Themenbereich vorzustellen und gleichzeitig das Sich-Kennenlernen der Schüler zu ermöglichen, können Sie auch fachorientierte Fragen stellen. Wenn Sie z. B. eine Unterrichtseinheit über "Kultur und sozialer Wandel" planen würden, könnten Sie die folgenden Fragen stellen:
Beschreibe den Ort, wo du gelebt hast, als du fünf Jahre alt warst.
In welcher Weise bist du deiner Ansicht nach nicht "typisch" für die Mitbewohner deiner Heimatstadt?
In welcher Weise bist du deiner Ansicht nach "typisch" für die Mitbewohner deiner Heimatstadt?
Wenn du das nächste Jahr nach Saudi-Arabien fahren müßtest, was würde dir dann von deinem jetzigen Wohnort am meisten fehlen?
Welche Gesellschaftsveränderung würdest du am meisten begrüßen?
Welche Gesellschaftsveränderung seit deiner Geburt findest du am besten?
Welche Gesellschaftsveränderung seit deiner Geburt magst du am wenigsten?

6) Abstimmung (7)

Die Gruppenmitglieder sitzen im Kreis. Stellen Sie eine Reihe von Fragen, die mit "Wie viele von euch ...?" beginnen. Die Meinungen der Schüler zu den einzelnen Fragen sollen in folgender Art und Weise kundgetan werden:

Ja, sehr – Arme heben und heftig winken.
Ja, mäßig – Arme heben.
Unentschieden, möchten nichts sagen – mit verschränkten Armen sitzen.
Nein, mäßig – den Daumen nach unten halten.
Nein, überhaupt nicht – den Daumen nach unten halten und dabei die Hand stark auf und ab bewegen.

Die Fragen können sich auf alle möglichen Meinungsbereiche der Schüler beziehen oder sich auch mit fachorientierten Themen befassen, zu denen die Schüler eine Meinung äußern können. Zum Beispiel:
Wie viele von euch sind in der letzten Woche so wütend gewesen, daß sie jemanden hätten schlagen können?
Wie viele von euch würden am liebsten den Wehrdienst verweigern?
Wie viele von euch finden Ladendiebstahl nicht richtig?
Wie viele von euch finden es gut, Freunde einer anderen Rasse oder aus einem anderen Land zu haben?
Wie viele von euch glauben, daß die Kreuzkriege der Verbreitung der christlichen Religion gedient haben?
Wie viele von euch glauben, daß die Bundesrepublik Deutschland große Mengen von Nahrungsmitteln an verhungernde Menschen in armen Nationen liefern sollte?
Neuere Forschungen zeigen, daß die Schulen nicht genug gegen die Diskriminierung von Gastarbeiterkindern unternehmen. Wie viele von euch stimmen damit überein?
Viele Menschen in unserer Gesellschaft vertreten die Auffassung, daß Frauen sich vor allem dem Haushalt und der Kindererziehung widmen und es den Männern überlassen sollten, "hinaus ins feindliche Leben" zu gehen. Wie viele von euch sind auch dieser Auffassung?
Psychologen vertreten die Auffassung, daß der Trauergottesdienst für die emotionalen Bedürfnisse der Hinterbliebenen wichtig sein kann. Wie viele von euch würden bei einem Trauergottesdienst für einen Freund dabei sein wollen?

Die Gruppenmitglieder sollen ihre Hände so lange oben (oder unten) halten, bis jeder über das Meinungsbild des anderen im klaren ist. Wie es bei den anderen Selbstdarstellungsübungen der Fall ist, sollte man auch hier mit weniger bedrohlichen Fragen anfangen und zu mehr bedrohlichen ganz allmählich übergehen. Diese Übung eignet sich als eine ausgezeichnete

Einführung in das Sachgebiet, wenn die Fragen es den Schülern ermöglichen, ihre Meinungen zu den ausstehenden Themen zu äußern. Nachdem alle Fragen gestellt worden sind, kann sich eine Gruppendiskussion über eine oder mehrere Fragen anschließen. Am besten dafür geeignet wäre eine von den Fragen, die ein breites Spektrum von Meinungen hervorgerufen hat. Die Diskussion kann in der Großgruppe oder in mehreren Kleingruppen stattfinden, in denen jeweils die verschiedenen Meinungen vertreten werden.

7) Erzwungene Wahl

Fordern Sie die Schüler auf, die Tische wegzuräumen, so daß ein großer freier Platz in der Mitte des Raumes entsteht. Dann stellen Sie den Schülern Alternativfragen, bei denen nur eine Antwort möglich ist (z. B. "Würdest du am liebsten in die Vereinigten Staaten oder nach Afrika reisen?"). All diejenigen Schüler, die sich für eine Möglichkeit entscheiden, gehen zu der einen Seite des Klassenzimmers, und die anderen zur gegenüberliegenden Seite. Keiner darf sich seiner Stimme enthalten; erwähnen Sie, daß wir oft mit solchen Entscheidungen konfrontiert werden, bei denen keine der beiden Alternativen uns überzeugt. Nachdem die Abstimmung "mit den Füßen" stattgefunden hat, sollen sich die Schüler umschauen, um zu sehen, wie sich die anderen entschieden haben. Zusätzlich können sich die Schüler mit einem Schüler auf derselben Seite des Klassenzimmers über die Gründe für ihre gemeinsamen Entscheidungen kurz unterhalten.
Die Fragen können sich auf Meinungen und Eigenschaften der Schüler oder auch auf Unterrichtsthemen beziehen. Zum Beispiel:
Würdest du lieber in einer Großstadt mit hoher Luftverschmutzung oder in einem ländlichen Gebiet arbeiten, wo die nächste Stadt 60 km entfernt ist?
Würdest du lieber fernsehen oder ins Kino gehen?
Wärest du lieber Chef von VW oder Bundestagsabgeordneter?
Bist du lieber mit vielen anderen Leuten zusammen oder bist du lieber allein?
Würdest du lieber ins Konzert gehen oder zu einer Boxkampfveranstaltung?
Bist du eher eine Führernatur oder ein Mitläufer?
Hättest du eher während des Krieges 1973 auf der Seite der

Araber oder der Israelis gekämpft?
Was hälst du eher aus, ein Klassenzimmer, in dem es 10 °C zu kalt oder 10 °C zu heiß ist?
Würdest du lieber ein Drogensüchtiger oder ein praktizierender Homosexueller sein?
Wenn deine Freundin schwanger wäre, würdest du für eine Abtreibung plädieren oder das Kind zur Adoption freigeben wollen?

8) Die Meinungslinie

Die Schüler sollen die Arbeitstische wegräumen, so daß ein großer freier Raum entsteht. Stellen Sie eine Frage oder nennen Sie ein Thema, das möglichst viele unterschiedliche Meinungen und alternative Standpunkte hervorruft. Die eine Seite des Klassenzimmers ist für die eine extreme Ansicht, die andere Seite für die andere reserviert. Die Schüler sollen sich vorstellen, daß es eine unsichtbare Linie zwischen den beiden Seiten gibt, und sie sollen sich je nach Stärke ihres Standpunkts zu jeder dieser Fragen auf diese gedachte Linie stellen. Beispielsweise könnte die Frage so lauten: "Sollte die Bundesrepublik Deutschland Waffen an Diktaturen verkaufen, wenn dadurch neue Arbeitsplätze finanziert werden können?" Eine Wand des Zimmers ist bestimmt für die Antwort "ja, immer", die gegenüberliegende Wand für die Antwort "nein, niemals", und der Raum dazwischen ist frei für die verschiedenen Positionen zwischen den beiden extremen Ansichten.

Nachdem sich alle Schüler an dieser Linie aufgereiht haben, sollen sie sich umsehen, um den Umfang der Meinungsverschiedenheit innerhalb der Gruppe zu erfahren. Dann können die Schüler wieder Platz nehmen und an einer Gruppendiskussion hinsichtlich der eben gestellten Frage teilnehmen. Oder sie können mit einem anderen Thema in der gleichen Weise fortfahren. Oft ist es hilfreich, Meinungslinien zu den verschiedenen Themen bilden zu lassen, so daß die Schüler sehen können, wie ihre Mitschüler sich je nach Thema unterschiedlich an dieser Meinungslinie aufreihen.

9) Beschreibung aus zweiter Hand

Entweder suchen die Schüler sich einen Partner aus (wenig bedrohlich) oder die ganze Gruppe bildet wieder einen Kreis (bedrohlich). Jeder Schüler soll an eine Person denken, die ihn sehr gut kennt – z. B. ein Familienmitglied, ein Freund, ein Verwandter, ein Lehrer. Dann muß er sich so beschreiben, wie er denkt, daß diese Person ihn beschreiben würde. Als Beispiel sagt Andy, der sich so beschreibt, wie er denkt, daß sein Bruder ihn beschreiben würde: "Mein Bruder Andy ist ein dufter Typ. Er hat schon bei mehreren Wettbewerben Auszeichnungen bekommen, und er hat eine tolle Sammlung von Schlangen und allen möglichen Reptilien. Aber manches was er tut, mag ich nicht, z. B. wenn ich für ihn den Rasen mähen muß, nur weil er lieber etwas anderes machen will. Aber sonst finde ich ihn schwer in Ordnung."

10) Unvollendete Sätze

Vervielfältigen und verteilen Sie eine Liste von angefangenen Sätzen, die die Schüler nun vervollständigen sollen. Nachher können die Antworten mit einem Partner, in einer Kleingruppe oder mit der ganzen Klasse ausgetauscht werden.
a) Ich mag ...
b) Manchmal wünsche ich mir, daß ...
c) Wenn ich eine schlechte Zensur bekomme, ...
d) Ich kann nicht ...
e) Als ich jünger war ...
f) Die meisten Leute, die ich kenne, ...
g) Ich möchte unbedingt wissen ...
h) Wenn ich in eine neue Gruppe hineinkomme ...
i) Ich bereue ...
j) Mein Ziel ist ...
k) Ich habe Angst ...
l) Ich bin stolz, wenn ...
m) Etwas schönes, was mir neulich passiert ist, war ...

11) Der Zauberladen

Die Gruppe setzt sich in Kreisform. Geben Sie die folgenden Anweisungen: "Stellt euch vor, daß ich der Inhaber eines Zauberla-

dens bin — ein Laden, wo ihr einen weniger angenehmen Persönlichkeitszug gegen einen von euch erwünschten umtauschen könnt. Zum Beispiel könnt ihr bei mir eure Angewohnheiten, hinter dem Rücken der anderen über diese zu reden, gegen die Fähigkeit eintauschen, euch im Zaum halten zu können."
So geht es der Reihe nach, wobei jeder die Möglichkeit hat, im Laden einen Tausch zu tätigen. Erlauben Sie weder Fragen noch Diskussionen, bis alle durch sind.

12) Schauspielern

Jeder Schüler soll eine persönliche Eigenschaft, ein Hobby oder einen Interessenbereich pantomimisch darstellen, wobei die anderen raten müssen, was er vorspielt.

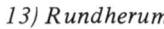

13) Rundherum

Die Gruppe sitzt in einem Kreis. Stellen Sie ähnliche Fragen, wie in dem Spiel "Doppelkreis" (S. 46). Fangen Sie selbst zuerst an, dann beantwortet jeder Schüler der Reihe nach dieselbe Frage. Lassen Sie keine Unterbrechungen zu, bis jeder dran war. Schüler sollten bei diesem Spiel nicht gezwungen werden, eine Frage zu beantworten. Die Fragen können weniger oder mehr bedrohlich sein, und können sich auf Persönliches oder auf fachorientierte Themen beziehen. Wenn die Klasse schon das Stadium erreicht hat, mit bedrohlichen Fragen umgehen zu können, versuchen Sie die nun folgenden:
Nenne eine Sache, die andere Leute an dir mögen.
Beschreibe eine Situation, in der deine Gefühle verletzt wurden (oder als du ängstlich, glücklich, stolz, wütend oder besorgt usw. warst).
Wenn du in einer neuen Gruppe bist, wann fühlst du dich am wohlsten?
Wie unterscheidest du dich von anderen in deinem Alter?
Worauf legst du am meisten Wert?
Was meinst du, wie du in zehn Jahren sein wirst?
Wie hast du dich im letzten Jahr am meisten verändert?
Worüber redest du lieber nicht?
Welchem Gruppenmitglied gleichst du am meisten?
Welches Gruppenmitglied magst du am liebsten?
Welches Gruppenmitglied schätzt du besonders?

Nenne etwas, was von dir eine große Portion Mut erfordert.
Was magst du an dir am meisten?

Nachdem jedem Schüler die Möglichkeit gegeben wurde, die gleiche Frage zu beantworten, können Sie eine Gruppendiskussion über diese Frage beginnen, wobei alle ihre Meinungen austauschen können. Oder wenn es nur darauf ankommt, den Umfang der Meinungsverschiedenheiten innerhalb der Gruppe aufzuzeigen, können Sie gleich mit einer weiteren Frage fortfahren.

14) Prominenteninterview

Erklären Sie den Schülern, daß das nächste Spiel ähnlich wie die Fernsehsendungen "Jounalisten fragen Politiker" oder "Was bin ich?" sein wird. Ein Freiwilliger spielt den Prominenten, und die anderen Gruppenmitglieder sind die "Journalisten". Sie stellen abwechselnd Fragen, um Informationen über den Befragten herauszubekommen. Der Befragte aber darf zu jeder Zeit antworten:"Kein Kommentar".

Zu dieser Übung schrieb Janet in ihr Tagebuch:
0 Heute spielten wir ein neues "Spiel", wie das in unserer Klasse genannt wird. Wir nahmen uns jeweils eine Person vor, und stellten ihr alle möglichen Fragen. Sie durfte mit "Kein Kommentar" antworten, falls ihr eine Frage unangenehm war. Als ich den Prominenten spielte, hat es mir am meisten Spaß gemacht. Denn es gefiel mir, im Mittelpunkt zu stehen. Als ich als Journalist Fragen stellen sollte, wußte ich nicht, was ich sagen sollte. Ich hatte einfach keine Fragen an diejenigen, die ich schon kannte. Und bei denen, die ich nicht gut kannte, fühlte ich mich halt aufdringlich. Nur Herr Stanford hatte für mich überraschende Antworten gegeben. Ich dachte, er wäre als Englischlehrer glücklicher, als er tatsächlich ist. Ich hatte keine Ahnung, daß er am Schuljahresende diese Schule verlassen wird. Es hat heute tatsächlich sehr viel Spaß gemacht. Ich mag dieser Art, "experimentell" Englisch zu lernen, viel lieber als nomalen Englischunterricht, denn wir probieren ständig neue Sachen aus, die uns viel Überlegungen kosten. Aber das Endergebnis ist es immer wert. "

2.3.3 Vertrauensübungen

Um dem dritten Bedürfnis der Schüler im Orientierungsstadium entgegenzukommen ("Wie werden die anderen mit mir umgehen?"), ist es hilfreich, die Schüler untereinander einiges bereden zu lassen: wie sie sich innerhalb der Gruppe integriert sehen; wie sie sich vorstellen, wie sich die Gruppe ihnen gegenüber verhalten wird; und wie sie gern von der Gruppe behandelt werden würden. Übungen, die nun folgen, können als Sprungbrett für Gespräche dieser Art dienen.

1) Verbündete suchen

Die Schüler werden im Kreis der Reihe nach gefragt, welchem Gruppenmitglied sie ihrer Meinung nach am meisten gleichen. Diese Übung ist schon bedrohlich. Wenn die Gruppe schon gefestigt ist und ein hohes Maß an gegenseitigem Vertrauen besteht, können die Schüler möglicherweise gefagt werden, in welcher Hinsicht sie einem anderen Gruppenmitglied gleichen. Sonst brauchen sie die speziellen Merkmale zu nennen.

2) Sich Reaktionen vorstellen

Die Gruppe bildet einen Kreis und der Lehrer setzt sich als Gruppenmitglied dazu. Erzählen Sie den Schülern: "Denkt an euer tiefstes, innerstes Geheimnis, das allerletzte, war ihr den anderen hier erzählen würdet. Seid nicht besorgt, ich werde nicht verlangen, daß ihr es uns auf irgendwelche Weise verratet. Ich will, daß ihr selbst darüber nachdenkt. (Kurze Pause). Hat jeder an sein Geheimnis gedacht? Na gut. Nun stell' dir einfach vor, daß du dein Geheimnis jetzt eben, hier, vor der Gruppe offenbart hast. Wie würden die anderen hier deiner Meinung nach reagieren? Würden sie darüber lachen? Würden Sie dafür Verständnis haben? Würden sie darüber traurig sein? Würden sie dich nicht mehr gern haben? Würden sie sich davon abschrecken lassen und nie wieder mit dir reden? Wie würden sie denn überhaupt reagieren? Könntest du dir die Gesichtsausdrücke vorstellen, wenn du das Geheimnis erzählt hättest? Was würden sie dir sagen? Wie würden sie z. B. nach der Schule mit dir umgehen?" Freiwillige sollen beschreiben, wie sie sich die Reaktionen der Klasse nach dieser gedachten Offenbarung ihres Geheinmisses vorstellen.

3) Aufführungen (8)

Jeder Schüler bekommt ein Exemplar der folgenden Liste:
Mache das Krähen eines Hahns nach.
Halte einen 2-minütigen Vortrag über deine besten Eigenschaften.
Führe eine Pantomime von einer sehr schläfrigen Person vor, die sich morgens wäscht.
Halte einen 2-minütigen Vortrag über das, was du an deinen Klassenkameraden am besten findest.
Trage einen Kinderreim aus deiner Kindheit vor.
Gehe durch das Zimmer und balanciere dabei ein Buch auf deinem Kopf.
Wähle einen kurzen Absatz aus irgendeinem Buch, den du laut vorliest.

Sagen Sie den Schülern: "Ihr sollt die auf der Liste stehenden Aufforderungen in der Reihenfolge durchnumerieren, wie ihr sie vor der Gruppe aufführen möchtet. Was ihr am ehesten vorführen wollt, wird mit der Nummer 1 bezeichnet, was ihr am wenigsten gern bringen wollt, bezeichnet mit der Nr. 7. Jeder von euch könnte tatsächlich aufgefordert werden, eine von euren ersten Übungen vorzuführen, also überlegt euch die Auswahl gründlich."

Nachdem alle Schüler die Übungen durch Numerierung in die Rangfolge gebracht haben, sollte durch Handaufheben ermittelt werden, wieviele die erste Übung mit Nr. 1 gekennzeichnet haben. Diese Überprüfung der Rangfolge soll bei jeder Übung vorgenommen werden, wobei die Ergebnisse protokolliert werden. Anschließend sollen die Schüler sich darüber unterhalten, warum einige Übungen öfter an erster Stelle genannt wurden als andere.

Die Diskussion wird mit den unten angegebenen Fragen fortgesetzt:
Hat die Vorstellung einer möglichen Aufführung Gefühle der Unruhe oder des Unbehagens bei euch hervorgerufen?
Inwiefern spiegelt eure Reihenfolge euer Vertrauen gegenüber den Gruppenmitgliedern wider?
Was ist für euch schwerer: etwas albernes (z. B. das Krähen eines Hahns nachzumachen) oder etwas ernsthaftes vor der Gruppe zu

machen (z. B. über eure positiven Eigenschaften zu reden)? Warum ist es wichtig für uns, anderen Gruppenmitgliedern vertrauen zu können?

Was können wir in der Klasse zusammen unternehmen, um leichter Dinge zu tun, die uns normalerweise schwierig oder peinlich vorkommen?

4) Ideale Reaktionen

Jeder Schüler im Kreis soll die Frage beantworten:"Was könnten die einzelnen Gruppenmitglieder machen, um es dir zu erleichtern, vor ihnen über Sachen zu reden, die dir wichtig sind?" Bringen Sie die Schüler dahin, das Verhalten genau zu beschreiben, bei dem sie sich wohler fühlen. Beispielsweise wenn die anderen aufmerksam zuhören, nicht darüber lachen, Fragen stellen, freundlich lächeln.

Bevor zum Stadium der Aufstellung von Normen übergegangen wird, müssen die Gruppenmitglieder sich in der Gruppe wohlfühlen. Die dafür notwendige Zeit variiert von Gruppe zu Gruppe. Um die angestrebten Ziele der offenen Kommunikation und des gegenseitigen Vertrauens der Gruppenmitglieder zu verwirklichen, können Sie einige oder alle der hier beschriebenen Übungen durchführen, oder Sie können ähnliche Übungen selbst konzipieren.

3 Zweites Stadium:
Die Einführung von Normen 1

3.1 Erstes Ziel: Selbstverantwortlichkeit der Gruppe

"Du weißt überhaupt nichts über Schwarze!" schrie Susan. "Du steckst nur voller Vorurteile."
"Du glaubst wohl immer, daß du besonders klug bist!" schrie Jack zurück. " Den einzigen schwarzen Menschen, den du je gesehen hast, war die Putzfrau deiner Mutter!"
Janet zuckte in ihrem Stuhl zusammen. "Warum sagt Mr. Stanford nicht, daß sie aufhören sollen?" fragte sie sich. "Sieht er denn nicht, daß diese Diskussion langsam zu weit geht? Warum sagt er nicht, Susan soll endlich den Mund halten, warum erklärt er die Erzählung nicht selber?"
Immer mehr Stimmen mischten sich in den Streit, aber Janet hörte nicht mehr zu. Sie starrte die Kurzgeschichte, die sie zusammen gelesen hatten, an und wünschte sich, all diese mißtönenden Stimmen um sie herum auszulöschen und stattdessen lieber die Fragen zu der Geschichte zu beantworten. "Die Diskussion ist wirklich sehr langweilig," dachte sie.
Susan war jedoch in Hochform. Sie hatte das Gefühl, daß sie gerade sehr schlüssig bewiesen hatte, daß die Rassendiskriminierung in St. Louis viel schlimmer sei als in New York City. Sie freute sich hämisch, als sie sich im Klassenraum umblickte. "Das war eine tolle Unterrichtsstunde!" dachte sie.
Lee teilte jedoch ihre Begeisterung nicht. Für ihn war das eine der zahllosen üblichen Diskussionen, die er in den letzten Jahren hatte über sich ergehen lassen. "Es sieht so aus, als würde das Ganze nur Susan und ihre großschnäuzigen Freunde interessieren", dachte er. Manchmal wollte er sich wohl ganz gern in die Diskussion einmischen, aber es bot sich ihm kaum die Gelegenheit – und außerdem hatte er die Geschichte sowieso nicht gelesen. Er lehnte sich daher in seinem Stuhl zurück und sah lächelnd zu, wie Jay und seine Freunde in ihrem Wortgefecht mit Susan fortfuhren.
"Kann denn nun irgendjemand die Beziehung zwischen der Rassentrennung in der Stadt und den Problemen der Hauptperson sehen?" fragte Mr. Stanford, dessen Stimme seinen Ärger darüber widerspiegelte, daß die Diskussion so weit vom Thema abgekommen war.

"Rassentrennung mag ja schlimm sein, aber im Vergleich zu der Behandlung der Juden durch die Deutschen ist sie harmlos", verkündete Jay.
"Das mag wohl sein", sagte Mr. Stanford, kurz davor, seine Geduld zu verlieren, "aber wir versuchen doch, über die Geschichte von James Baldwin zu diskutieren ..."
"Das ist aber wichtig –" unterbrach ihn Jay. Er begann, weitschweifig die grausamen Einzelheiten von Auschwitz zu erzählen, und zwar so laut und schnell, daß Susan gar nicht mehr zu Worte kam.
"Warum tut Mr. Stanford denn nichts?"dachte Janet. Bruce fertigte eine obszöne Zeichnung an und reichte sie weiter an einige von seinen Freunden. Als Lee das sah, machte er ihnen ein Zeichen, damit sie die Zeichnung zu ihm herüberreichten.

Der größte Teil der Klasse verhielt sich genauso ruhig wie Janet und fühlte sich sicherlich auch genauso gelangweilt. "Das ist sowieso eine blöde Geschichte", dachte Janet."Aber vielleicht wird Mr. Stanford jetzt, wo er sieht, wie Diskussionen so laufen, stattdessen wieder Vorträge halten – oder uns wenigstens Antworten zu den Arbeitsfragen schreiben lassen."

In den vorausgegangenen drei Wochen hatte sich Janets Klasse recht gut kennengelernt. Sie konnten nun freier und ungehemmter miteinander umgehen. Aber sie waren noch weit davon entfernt, eine produktive Gruppe darzustellen. Denn wenn sie in einer Diskussion oder einem Gruppenprojekt miteinander arbeiten sollten, war ihre Interaktion chaotisch und ineffektiv. Sie standen jetzt vor dem Problem, in einem langen und komplizierten Kampf bestimmte Verfahrensweisen einzuführen, die ihnen helfen konnten, ihre Ziele zu erreichen.
Der Prozeß, in dem man diese produktive Interaktionsmöglichkeiten schafft, findet in dem Stadium der Normenbildung statt.

3.2 Merkmale des Stadiums der Normenbildung

Dieses Stadium ist von entscheidender Bedeutung für die Entwicklung zu einer reifen Gruppe. Es umfaßt die Zeit, in der die Mitglieder lernen, sich in einem effektiven Team zu organisieren. Sie kämpfen um Machtpositionen und darum, wer neue Ideen initiieren wird, wer die Organisation der Gruppe übernimmt, wer bestimmen wird, welche Richtung die Gruppe einschlägt, wer also — kurz gesagt — die Führerschaft übernimmt. Sie beschäftigen sich auch mit der Frage, wer wichtig für die Gruppenarbeit ist, wem man zuhört und wer dagegen ignoriert wird. Die Verantwortung der Gruppenteilnehmer wird in diesem Stadium definiert und die Teilnehmer lernen, welche Verhaltensweisen von der Gruppe anerkannt werden. Die Gruppe muß auch Verfahrensweisen einführen, um Entscheidungen zu treffen und bestimmen, wie weit man abweichenden Meinungen berücksichtigt.

Wenn die Gruppe die Kennenlern- und Vertrauensübungen mehr oder weniger abgeschlossen hat, ist das Zusammengehörigkeitsgefühl in der Gruppe voraussichtlich recht hoch. Wenn die Schüler informell miteinander interagieren, werden sie sich wohler fühlen und weniger gehemmt sein als normale Klassen. Wenn man ihnen jedoch in diesem Stadium eine bestimmte Fachaufgabe gibt, die sie als Gruppe lösen sollen, so kann deren Durchführung sehr dürftig sein. Obwohl der Kennenlernprozeß für die Klasse in bezug auf größere soziale Reife durchaus hilfreich gewesen ist, reicht das Sich-gut-kennen noch nicht aus, um den Erfolg als Arbeitsgruppe zu garantieren.

Die meisten Menschen, besonders Jugendliche und Erwachsene, haben nie Gelegenheit gehabt, die für produktive Gruppenarbeit notwendigen Fähigkeiten und Einstellungen zu entwickeln. Die Normen und Verfahrensweisen, die in einer Durchschnittsklasse zur Geltung kommen, stehen in der Regel im Widerspruch zu den hierfür notwendigen Fähigkeiten und Einstellungen. So übernimmt der Lehrer zum Beispiel in den meisten Klassen die Verantwortung für alles, was in der Gruppe passiert, und beansprucht alle Führungspositionen — er setzt die Ziele, er fordert die Schüler zur Mitarbeit auf, er zieht Schlüsse über ihre Leistungsfähigkeit und bewertet ihre Leistungen.

In den meisten Klassen wird von den Schülern erwartet, daß sie sich die meiste Zeit unmittelbar an den Lehrer wenden und nur hin und wieder mit den anderen Schülern interagieren. Folglich können die meisten Schüler nicht hilfreich aufeinander eingehen, wenn sie Gelegenheit haben zusammenzuarbeiten. Sie verwechseln — wie Janets Klassenkameraden Susan und Jay — erhitzte Streitgespräche mit produktiver Gruppeninteraktion.

In den meisten Klassen bringt man den Schülern bei, gegeneinander zu konkurrieren. Aber eigentlich ist kooperatives Verhalten erforderlich, wenn eine Gruppe gut funktionieren soll. Die meisten Schüler können deshalb nicht kooperativ miteinander arbeiten, weil sie ganz einfach nie die Möglichkeit hatten, es zu lernen.

In den meisten Klassen werden Interaktionsprobleme in der Gruppe ignoriert oder bestenfalls setzt sich der Lehrer allein damit auseinander. Wenn Schüler von Anfang an lernen sollen, sich Problemen zu stellen und sie zu lösen, dann sollten sie mit der Bewältigung echter Probleme in der Klasse beginnen.

Während des Stadiums der Normenbildung sollte der Lehrer wohlüberlegte Schritte unternehmen, um der Gruppe die für eine effektive Gruppenarbeit notwendigen Fähigkeiten und Einstellungen beizubringen. Damit die Gruppe sich weiter entwickeln kann, sollten die folgenden Normen gut eingeführt sein:
1) *Selbstverantwortlichkeit der Gruppe* — die Gruppe selbst übernimmt Leiterfunktionen; jeder muß etwas zur Gruppenarbeit beitragen.
2) *Auf andere eingehen* — Gruppenmitglieder müssen sich gegenseitig genau zuhören und ihre Ideen aufeinander abstimmen, damit ein gemeinsames Produkt zustandekommen kann.
3) *Interdependenz* — Gruppenmitglieder kooperieren miteinander, um gemeinsame Ziele zu erreichen anstatt gegeneinander zu konkurrieren.
4) *Entscheidungen treffen durch Konsens* — Die Gruppen gelangen zu einer für alle befriedigenden Entscheidung, anstatt einer Minderheit die Meinung der Mehrheit aufzuzwingen.
5) *Konfrontaion mit Problemen* — Meinungsverschiedenheiten werden akzeptiert anstatt sie zu ignorieren, und Lösungen sollen gemeinsam gefunden werden.

Wenn eine Gruppe diese Normen innerhalb der ersten Wochen ihres Bestehens einführen kann, wird sie sicherlich auch produktiv arbeiten können. In diesem Buch wird jeder dieser Normen ein Kapitel gewidmet und zwar in der oben aufgeführten Reihenfolge. Dieses scheint eine logische Reihenfolge zu sein, nach der sich der Lehrer bei der Entwicklung der Normen richten kann. Die Normen schließen einander jedoch nicht aus, sondern können alle gleichzeitig eingeführt werden.

3.3 Hilfreiches Lehrerverhalten für die Einführung der 1. Norm: Selbstverantwortlichkeit der Gruppe

Obwohl es das Ziel dieses Entwicklungsstadiums ist, daß sich die Gruppe so weit wie möglich selbst leiten kann, bedeutet dies nicht, daß der Lehrer die Kontrolle über alle Lernaktivitäten aufgibt, sich ganz einfach in seinen Stuhl zurücksetzt und die Schüler fragt: "Nun, was wollt ihr heute machen?"

Zwei Bedingungen müssen gegeben sein, wenn die Gruppe Selbstverantwortung übernehmen soll: Gelegenheiten, um die erforderlichen Fähigkeiten zu erlernen, und Möglichkeiten für die Gruppe, um selbstbestimmte Tätigkeiten auch durchzuführen. Der Lehrer muß diese Möglichkeiten schaffen. Mit anderen Worten, der Lehrer muß der Gruppe nicht nur beibringen, Verantwortung zu übernehmen, sondern auch den Teilnehmern in angemessener Weise Unabhängigkeit zubilligen, damit sie das Gelernte in die Praxis umsetzen können. Somit ist der Lehrer weit davon entfernt, sein Amt völlig aufzugeben. Er spielt im Gegenteil eine sehr aktive Rolle bei der Planung und Durchführung der Klassenaktivitäten; aber es ist eine neue Rolle, und die meisten Lehrer haben hierin keine Erfahrungen machen können.

Im folgenden werden Vorschläge für Lehreraktivitäten gemacht, die eine für die Selbstbestimmung der Schüler optimale Klassenstruktur schaffen sollen.

Vom lehrerzentrierten zum gruppenzentrierten Lernen
In einer traditionellen lehrerzentrierten Lernsituaion bestimmt der Lehrer alle Zielsetzungen, stellt praktisch alle Fragen, fordert Schüler zum Antworten auf, geht auf ihre Entgegnungen ein, sorgt dafür, daß die Diskussion in der gewünschten Richtung verläuft, weist auf Parallelen zwischen den einzelnen Meinungen hin und zieht Schlußfolgerungen. Wenn ich nichts anderes als den lehrerzentrierten Ansatz kennen würde, stünde ich frontal vor der Klasse, die in Reihen sitzen würde oder (falls ich besonders mutig wäre) in der Form eines doppelten Hufeisens. Ich hätte eine Liste von konstruierten (oder abgeschriebenen) Fragen, um die Stunde auszufüllen, und ich würde diese Fragen einzeln stellen, um eine Diskussion anzuregen. Nach jeder Frage hielte ich inne, um zu sehen, ob sich in der Klasse jemand freiwillig meldet. Einige Hände würden sich heben — normalerweise — und ich würde einen der Schüler aufrufen, damit er die

Frage beantwortet. Ich würde in irgendeiner Weise auf die Ausführungen des Schülers antworten, je nachdem wie gut der Schüler seine Sache gemacht hätte. Oft würde ich die Antwort noch etwas ergänzen, wobei ich wichtige Punkte besonders betone und irgendwelche Mißverständnisse verbesserte. Oder ich würde fragen, ob irgendjemand etwas zu der Antwort ergänzen möchte. Manchmal — jedoch sehr selten — würde ein Schüler eine Frage stellen, aber meistens säßen die Schüler einfach nur ruhig da (wenn sie gelangweilt und müde wären) oder würden Krach machen (wenn sie gelangweilt und unruhig wären), bis man sie aufriefe.

Im Gegensatz hierzu richtet sich bei gruppenzentriertem Lernen die Aufmerksamkeit der Gruppe auf die zu erfüllende Aufgabe und nicht auf den vor der Klasse stehenden Lehrer. Die Verantwortung zur Lösung der Aufgabe liegt bei der Gruppe statt bei dem Lehrer. Die Gruppe arbeitet einige Organisationsformen aus — wählt manchmal einen Leiter oder geht einfach reihum vor — und versucht mit allen möglichen Hilfsmitteln, die Aufgabe zu bewältigen. Der Lehrer steht zur Verfügung, wenn jemand einen Rat braucht, aber er hat nicht die Funktion des Leiters. Alle normalen Leiterfunktionen — Schüler zu Beiträgen ermutigen, Ordnung halten, aufpassen, daß die Gruppe sich nicht zu weit vom Thema entfernt, auf Beiträge eingehen, schüchterne Gruppenmitglieder ermutigen und laute zügeln, Verbindungen zwischen den einzelnen Beiträgen herstellen, Schlüsse ziehen, usw. — werden von den Gruppenmitgliedern selbst übernommen. Und wenn diese Aufgaben nicht oder nur schlecht erfüllt werden, muß die Gruppe auch die Konsequenzen ihrer Fehler akzeptieren und die Verantwortung dafür übernehmen.

Die Verschiebung von der traditionellen lehrerzentrierten Struktur zur gruppenzentrierten ist für den Lehrer wie für die Klasse ein schwieriges Unternehmen. Nur sehr wenige Klassen sind fähig, in dieser Richtung aktiv zu werden, ohne daß es am Anfang Probleme gibt. Die Schüler brauchen hilfreiche Anleitungen beim Lernen und Praktizieren der für den Erfolg von gruppenzentriertem Vorgehen notwendigen Fähigkeiten. Ohne ein solches Training werden die gruppenzentrierten Aktivitäten wahrscheinlich chaotisch ablaufen. Aber wenn der Lehrer den Schülern geduldig beim Entwickeln der erforderlichen Fähigkeiten hilft, können gruppenzentrierte Aktivitäten befriedigend und erfolgreich verlaufen.

Wählen Sie die richtige Gruppengröße!
Die Größe der Lerngruppe sollte entsprechend den verschiedenen Aufgaben variieren. Für Diskussionen, bei denen man persönliche Meinungen über höchst problematische Themen äußert, mag es sinnvoll sein, die Gruppe auf zwei oder drei Personen zu beschränken. Um ein Problem zu entscheiden, das die ganze Klasse betrifft, zum Beispiel, welche Unterrichtseinheit als nächstes drankommen soll, ist die Diskussion mit der ganzen Gruppe notwendig, auch wenn die Klasse aus 35 oder 40 Schülern besteht.

Aber winzige und sehr große Gruppen haben Nachteile: wenn eine Gruppe zu klein ist, haben die Mitglieder vielleicht nicht genug Hilfsmittel, Fachkenntnisse und unterschiedliche Ideen, um die Aufgabe erfolgreich anzugehen. Wenn die Gruppe zu groß ist, ist die Sprechzeit für jeden Teilnehmer stark begrenzt. Infolgedessen können die Schüler unruhig werden, sich langweilen oder destruktiv verhalten.

Die ideale Größe für die meisten Aufgaben liegt irgendwo in der Mitte zwischen diesen beiden Extremen. Ich habe die Erfahrung gemacht, daß die effektivste Größe für die meisten Klassenaktivitäten aus fünf Mitgliedern besteht. Aber wenn ich möchte, daß jeder Schüler noch stärker in das Gespräch einbezogen wird, zögere ich nicht, die Zahl noch weiter zu reduzieren; und wenn ich das Gefühl habe, daß eine größere Anzahl von unterschiedlichen Meinungen und Fähigkeiten erforderlich ist, erhöhe ich die Gruppengröße. Ich führe einführende und auswertende Aktivitäten fast immer mit der ganzen Klassengruppe durch, ganz egal wie groß sie ist, denn sie ist die Gruppe, die die Klassengemeinschaft bildet.

Teilen Sie die Schüler nach dem Zufall in Kleingruppen auf!
Ich habe die Erfahrung gemacht, daß das zufällige Aufteilen der Schüler in Gruppen fast immer erfolgreich ist. Einige Fachkundige schlagen vor, die Schüler selbst wählen zu lassen, mit wem sie arbeiten wollen, aber ich habe erfahren, daß dieses Vorgehen für viele Schüler sehr angstbesetzt ist. Sowohl selbst zu wählen als auch gewählt zu werden ist höchst bedrohlich, und ich sehe keinen Grund dafür, diese Bürde noch anderen Problemen, die produktive Gruppenarbeit behindern können, hinzuzufügen.

Andere Pädagogen schlagen vor, daß der Lehrer die Schüler je nach ihren individuellen Eigenschaften einteilen soll. Einer von diesen "Tricks" besteht darin, alle dominanten Schüler in eine Gruppe zu stecken, damit sie sich miteinander auseinandersetzen müssen. Ein anderer Vorschlag ist der, alle schüchternen Schüler in einer Gruppe unterzubringen, damit sie gezwungen sind, zu reden. Wenn ein Lehrer auf diese Art Gruppen zusammenstellt, um mit Problemen wie Dominanz, Schüchternheit oder Apathie fertigzuwerden, dann unterstützt er meiner Meinung nach die Schüler in dem Glauben, daß Probleme nur durch das Eingreifen des Lehrers gelöst werden können, anstatt die Schüler dazu zu ermutigen, selbst die notwendigen Fähigkeiten zur Bearbeitung von Problemen zu entwickeln.

Ich teile Schüler lieber nach den Zufall in Gruppen auf und lasse sie dann mit allen auftretenden Problemen selbst fertigwerden. Zum einen vermittelt zufällige Aufteilung den Schülern, daß jeder in der Klasse gleich wichtig ist. Wenn Schüler sich selbst in Gruppen aufteilen dürfen, wählen sie normalerweise diejenigen aus, die sie kennen und gern mögen. Zufällige Aufteilung soll ihnen vermitteln, daß das Kennen oder Mögen einer Person diese nicht wertvoller macht für die Erfüllung einer Gruppenaufgabe. Wenn das Stadium der Orientierung zufriedenstellend abgeschlossen wurde, sollten die Schüler mit allen Mitglieder der Klasse ungezwungen umgehen können und sich nicht unbedingt aus dem Bedürfnis nach Sicherheit an besondere Freunde wenden müssen.

Die Abzählmethode bietet sich für die zufällige Gruppenaufteilung am ehesten an. Dazu muß man die Anzahl der Schüler einer Klasse durch die erwünschte Zahl der Gruppenmitglieder dividieren. Das ergibt dann die Gesamtzahl der Gruppen. Wenn die Gruppe zum Beispiel aus 30 Schülern besteht und man in jeder Gruppe fünf Mitglieder haben möchte, wird man sechs Gruppen erhalten. Dieses erreicht man dadurch, daß die Schüler durchzählen müssen "eins-zwei-drei-vier-fünf-sechs", "eins-zwei-drei-vier-fünf-sechs" usw. bis jeder Schüler eine Zahl hat. Dann bittet man die Einser, in einem Teil des Raumes eine Gruppe zu bilden, die Zweier in einer anderen und so weiter.

Ordnen Sie die Sitze im Kreis an!
Die Schüler sollten immer so gesetzt werden, daß jeder jeden sehen und hören kann. In den meisten Fällen wird dieses ein Kreis sein. Wenn Schüler sich in kleinen Gruppen treffen, sollten sie ihre Tische oder Stühle nahe aneinanderrücken zu einem engen Kreis mit reichlich Platz zwischen den einzelnen Gruppen,

damit sie sich nicht gegenseitig stören.

Geben Sie ausdrücklich an, welche Arbeitsergebnisse erwartet werden!
Der Erfolg von gruppenzentrierten Lernaktivitäten hängt zum großen Teil davon ab, wie deutlich die Anweisungen gegeben werden. In einer typischen lehrerzentrierten Lernsituation kennen die Schüler gewöhnlich nicht das Ziel oder das gewünschte Ergebnis eines Lernprozesses. Der Lehrer hat das Ziel im Kopf und übernimmt die volle Verantwortung dafür, die Schüler dorthin zu führen. Die Schüler folgen ihm einfach, ohne sich im klaren darüber zu sein, wo es lang geht.

Aber da gruppenzentriertes Lernen Leiterfunktionen und Verantwortung auf die Schüler überträgt, ist es wichtig, daß sie wissen, welche Leistung man von ihnen erwartet. Daher müssen gruppenzentrierte Lernaktivitäten aufgabenorientiert sein. Ein guter gruppen- und aufgabenorientierter Lernprozeß enthält drei Komponenten:
1) die Forderung, daß Schüler als Gruppe zusammenarbeiten;
2) ein bestimmtes Zeitlimit für die Übung;
3) ein festgesetztes Ergebnis, das aus der Gruppenarbeit hervorgehen soll.
Ein Lehrer der Sozialwissenschaften zum Beispiel, der das Thema "Sich wandelnde Funktionen der US-Präsidenten" gewählt hat, mag die Aufgabe folgendermaßen definieren: "Als Gruppe zusammenzuarbeiten, bis zum Ende einer vorherbestimmten Zeit zu einer Einigung über die wichtigsten Merkmale gelangen, in denen das Präsidium der Vereinigten Staaten sich in der Zeit von Grant bis heute verändert hat." Die Gruppenmitglieder könnten sich dann an die Arbeit machen und ihre Ideen zusammentragen, sie ordnen, kombinieren und bewerten, um schließlich gemeinsam eine Liste von fünf Statements aufzustellen, auf die sich die Gruppen geeinigt hat. Sie können für die Qualität ihres Arbeiterergebnisses dann die volle Verantwortung übernehmen.

Eine andere Möglichkeit, um gruppenzentrierte Lernprozesse zu beschreiben, ist die: Ein Problem oder eine Aufgabe soll von einer Gruppe gemeinsam gelöst oder analysiert werden. Im Idealfall soll das Problem so beschaffen sei, daß zu dessen Lösung mehr als ein Gruppenmitglied nötig ist und es gleichzeitig keiner Hilfsmittel bedarf, zu der die Gruppe keinen Zugang hat.

Lassen Sie Schüler die Lernziele bestimmen!
Lernvorgänge können manchmal erfolgreich abgeschlossen werden, auch wenn die Schüler kein persönliches Interesse an dem Ziel haben, das sie auf Wunsch des Lehrers erreichen sollen, besonders wenn extrinsische Belohnungen (so wie Zensuren oder Anerkennung des Lehrers) als Kompensation für das Fehlen von intrinsischem Interesse gegeben werden. Auf die Dauer gesehen ist es jedoch sehr zweifelhaft, ob eine Gruppe auch weiterhin aktive Verantwortung für die Erfüllung von Aufgaben übernehmen wird, wenn die Gruppenmitglieder nicht mitbestimmen können, was sie machen sollen. Die Entwicklung von Verantwortungsgefühl für die Gruppe muß eine graduelle Zunahme des Mitspracherechts der Schüler in bezug auf die Festlegung der Lernziele mit einschließen.

In einem frühen Stadium wird man vielleicht nur einige Alternativen anbieten wollen, die innerhalb der Grenzen des geforderten Curriculums durchführbar sind bzw. den eigenen Vorstellungen entsprechen. Dann wird man die Klasse die bevorzugte Alternativen wählen lassen. Zum Beispiel: "Während der nächsten drei Wochen werden wir uns mit Dichtung beschäftigen. Wir können in dieser Zeit entweder lyrische Pop-Songs mit älteren Formen der Poesie vergleichen oder wir könnten verschiedene Arten von Gedichten über spezifische Themen wie Krieg, Tod, Liebe usw. diskutieren. Was würdet ihr lieber tun?"

Sowie die Schüler mehr Verantwortung zu übernehmen in der Lage sind, möchte man vielleicht weniger vorstrukturieren: "Während der nächsten drei Wochen werden wir uns mit Dichtung beschäftigen. Habt ihr irgendwelche Ideen, wie ihr da vorgehen wollt?" Möglicherweise kann man das Vorgegebene noch mehr reduzieren: "Wir haben alle vorgeschriebene Lehrplaninhalte abgeschlossen und ich möchte nun gern wissen, was ihr in den letzten drei Wochen des Semesters machen wollt. Wer hat einen Vorschlag?"

Natürlich gibt es immer Bedingungen, die die freien Wahlmöglichkeiten der Schüler einschränken — einige, die von Umständen außerhalb des Klassenraums bestimmt werden, so wie zum Beispiel Bestimmungen von Lehrplänen und Richtlinien, von Curricula, auf die sich eine Fachkonferenz geeinigt hat, und andere, die man als Lehrer für gut hält. Aber selbst innerhalb dieser Grenzen gibt es üblicherweise mehr Freiräume, um Schüler an Zielsetzungen teilnehmen zu lassen, als die meisten von uns zugeben wollen. Ist man sich jedoch mit seinen Schülern darüber einig, was gelernt werden soll und auf welche

Weise, kann man auch von ihnen verlangen, daß sie ihren Lernprozeß selbstverantwortlich steuern.

Dienen Sie der Gruppe als Beobachter und Informator – nicht als ihr Leiter!
Nachdem das Ziel für eine Lerneinheit definiert wurde, die Gruppe sich gebildet und sich in der bestmöglichen Form zusammengesetzt hat, sollte man sich von der Gruppe entfernen. Dieses Verhalten signalisiert den Schülern, daß sie vom Lehrer nicht erwarten sollen, daß er die Gruppe leitet. Dann sollte man herumgehen, um sich zu vergewissern, daß alle Schüler optimal sitzen, um unbehindert an der Gruppenarbeit teilnehmen zu können. Es ist ratsam, darauf zu achten, daß die Gruppe alle überzähligen Tische entfernt und leere Plätze im Kreis ausfüllt.

Ich empfehle Ihnen nicht, einen Schüler als Leiter für die Lerngruppen zu bestimmen. Die Schüler sollten selbst entscheiden dürfen, ob sie einen Gruppenleiter im konventionellen Sinne haben wollen; nicht jede Gruppe möchte oder braucht einen. Und falls die Schüler tatsächlich einen haben wollen, dann müssen sie selbst – und nicht der Lehrer– entscheiden, wer das sein soll.

Während die Schüler an ihrer Aufgabe arbeiten, sollen Sie hauptsächlich die Rolle des Beobachters und Informators einnehmen. Das bedeutet jedoch nicht, daß Sie nicht aktiv einbezogen sind. Besonders in den ersten Tagen des Stadiums der Normenbildung wird es der Klasse sehr schwer fallen, selbstverantwortlich vorzugehen. Die Gruppenmitglieder brauchen Zeit, um verschiedene Verhaltensmöglichkeiten auszuprobieren. Während dieser Zeit müssen Sie sich darauf einstellen, dabei zu sein und mitansehen zu müssen, daß die Schüler ihre Aufgabe nicht gerade perfekt erfüllen. Dieses sind einige der anstrengendsten Augenblicke für den Lehrer in dem gesamten Prozeß der Gruppenentwicklung.

Janets Tagebuchnotizen geben einen Eindruck von dem Chaos, durch das die Klasse beim Versuch, Zusammenarbeit zu lernen, gegangen ist:
0 Heute war die Klassendiskussion ziemlich schlecht. Tatsächlich wurde mehr gestritten als diskutiert...Mr. Stanford hat unsere Diskossion beobachtet, und ich bin sicher, daß einer seiner Kritikpunkte sich auf das Fehlen der einfachsten Höflichkeitsformen richten wird. Es sah so aus, als ob jedesmal, wenn irgendjemand anfing zu reden, ein anderer ihn zur selben Zeit

unterbrach.

Die Diskussion hörte sich an wie eine Schreiorgie. Außerdem machte es uns immer ziemlich viel Mühe, mit der Diskussion anzufangen und sie in Gang zu halten.

Der Lehrer mischt sich während dieser mühsamen Versuche der Gruppe, sich selbst zu organisieren, bewußt nicht ein. Am Ende der Stunde sollte das Ergebnis der Gruppenarbeit jedoch aufrichtig bewertet und das methodische Vorgehen der Teilnehmer bei ihrer Zusammenarbeit offen analysiert werden. Schlechte Ergebnisse und ineffektive Interaktionen sollten erwartet, aber nicht entschuldigt oder ignoriert werden. Probleme, auf die die Gruppe stößt, sollten analysiert werden, so daß man sie beim nächsten Mal überwinden kann.

Zusammengefaßt besteht die Rolle des Lehrers in gruppenzentrierten Interaktionen darin, die Aufgabe explizit zu machen, die Schüler bei ihrem Versuch, sie zu erfüllen, zu beobachten (wobei der Lehrer der Versuchung widerstehen muß, sich einzumischen, um sicherzugehen, daß sie auch alles richtig machen) und dann, wenn sie fertig sind, die Ergebkisse mit ihnen zu diskutieren und zu überlegen, wie sie die Zusammenarbeit der Gruppe verbessern könnten.

Geben Sie eine Einheitsnote für gruppenzentrierte Aufgaben!
Wenn Sie normalerweise die Leistung einzelner Schüler benoten oder in anderer Weise bewerten, sollten Sie natürlich auch das Resultat einer gruppenzentrierten Aufgabe beurteilen. Um jedoch die Selbstverantwortlichkeit der Gruppe zu steigern, sollte sich die von Ihnen festgelegte Zensur darauf gründen, wie Sie die Qualität des Gruppenresultates einschätzen. Anstatt die individuellen Beiträge unterschiedlich zu bewerten, sollte diese Zensur allen Mitgliedern der Gruppe geben werden. Auf diese Weise teilen die Mitglieder die Verantwortung für die Gruppenleistung. In dem Kapitel über die Einführung der Kooperationsnorm wird auf diese Bewertungsmethode noch näher eingegangen.

3.4 Strukturierte Übungen zur Bildung der 1. Norm: Selbstverantwortlichkeit der Gruppe

Da die meisten von uns nur ungern mitansehen, wenn sich Schüler bei einer inhaltsbezogenen Aufgabe unsicher abmühen oder gar scheitern, ist es zumeist einfacher, Schüler anfänglich in gruppenzentrierten Übungen vorgefertigte Probleme lösen zu lassen, wie zum Beispiel jene in den Übungen von 3.4.1 und 3.4.3 unten. Diese können in der frühesten Phase des Stadiums der Normenbildung verwendet werden, so daß darauffolgende gruppenzentrierte Lernaktivitäten mit einem Schwerpunkt aus dem betreffenden Unterrichtsfach erfolgreicher durchgeführt werden können.

Die folgenden Aktivitäten sind in derselben Reihenfolge dargestellt wie sie durchgeführt werden sollten, da spätere Übungen auf Fähigkeiten und Einstellungen von früheren aufbauen.

3.4.1 Durchschnittsalter

Diese Übung kann man durchführen, um Schüler in die gruppenzentrierte Interaktion einzuführen. Es ist eine wenig bedrohliche Übung mit großen Erfolgsmöglichkeiten und sie beinhaltet dennoch alle Merkmale und Verfahrensweisen, die Schülern helfen, Selbstorganisation zu lernen.

Die Schüler sollen sich in einen Kreis setzen. Geben Sie folgende Anweisungen, während Sie außerhalb des Kreises stehen: "Ich gebe euch eine Aufgabe, die ihr als Gruppe lösen sollt, um zu sehen, wie gut und schnell ihr zusammenarbeiten könnt. Es ist eine sehr leichte Aufgabe: Ihr sollt von den Mitgliedern dieser Klasse das Durchschnittsalter in Jahren, Monaten und Tagen ausrechnen (für jüngere Schüler nur Tage). Ihr müßt als Gruppe zusammenarbeiten, und die Gruppe muß sich auf eine Antwort einigen. Wenn ihr die Antwort habt, wählt eine Person aus, die sie mir vorlegt." Wiederholen Sie die Anweisungen so lange, bis alle Schüler sie verstanden haben. Entfernen Sie sich dann etwas vom Kreis und beobachten Sie die Gruppe, jedoch ohne mit den Mitgliedern zu sprechen.

Nachdem die Gruppe ihr Ergebnis vorgelegt hat, sollten Sie es prüfen und dann eine Klassendiskussion durchführen lassen, um darüber zu sprechen, auf welche Weise die Gruppe zu ihrer Lösung gekommen ist. Stellen Sie Fragen wie: Welche organisatorischen Probleme hatte ihr? Was hat die Lösungsfindung verzögert? Brauchtet ihr einen Gruppenleiter? Hat irgendjemand die Funktion des Leiters übernommen? Wie wurde der Leiter gewählt? Wofür waren die einzelnen Gruppenmitglieder bei der Lösungsfindung verantwortlich? Wie könnte die Gruppe das Problem beim nächsten Mal effektiver lösen?

Schließen Sie die nun folgende Diskussion ab, indem Sie auf Einkaufs- oder Zeitungspapier die Schlußfolgerungen auflisten, die die Gruppe bezüglich ihrer Zusammenarbeit herausgestellt hat. Heben Sie diese Liste auf, um sie beim nächsten Mal, wenn Sie eine gruppenzentrierte Übung durchführen lassen, im Klassenraum auszuhängen. Die Effektivität dieser Übung beruht auf der Tatsache, daß sie induktiv vorgeht − d. h. die Schüler kommen durch ihre Erfahrung zu *eigenen* Prinzipien über gutes Verhalten in der Gruppe und lassen sich nicht vom Lehrer vorschreiben, wie sie ihre Gruppe organisieren müssen, um optimale Effektivität zu erreichen.

Die meisten Gruppen werden soweit sein, daß sie mit dem Versuch 3.4.2 fortfahren können, nachdem Sie den Versuch 3.4.1 durchgeführt haben, aber einige Lehrer wollen den Gruppenmitgliedern vielleicht die Möglichkeit geben, die im ersten Versuch gewonnenen Einsichten in einer ähnlichen Übung auszuprobieren. Sie können dann zum Beispiel das Gewicht oder die Größe als Grundlage für die zweite Aufgabe nehmen oder sich eine andere Aufgabe ausdenken. Der Hauptgedanke ist dabei, den Schülern ein sehr einfaches Problem zu stellen, zu dem jeder leicht etwas beitragen kann und auf das es eine definitive Antwort gibt.

3.4.2. Erzwungene Beiträge

Die Gruppe soll einen Sitzkreis bilden. Während Sie außerhalb des Kreises stehen, stellen Sie der Gruppe ein einfaches Diskussionsthema − ein Thema, zu dem jedem Mitglied ein paar Ideen einfallen können, wie zum Beispiel: "Was für Änderungen sollte man in unserer Schule durchführen?" Oder verwenden Sie einige inhaltsbezogene Fragen, die ganz sicher jeder Schüler beantworten kann, wie etwa: "Wofür brauchen wir Öl?"

Geben Sie folgende Anweisungen:"Um diese Aufgabe befriedigend zu lösen, müßt ihr die folgenden Bedingungen erfüllen: Jedes Gruppenmitglied muß zumindest einmal etwas zu dem

Geforderten beitragen (fakultativ: zweimal) und diese Beiträge sollen in zufälliger Reihenfolge gegeben werden, d.h. ihr könnt nicht nach der Sitzordnung im Kreis vorgehen. Ich werde euch nach zehn Minuten Bescheid sagen (dies kann – je nach Gruppengröße – geändert werden) und bis dahin muß jeder etwas eingebracht haben. Bitte fangt jetzt an." Um zu verfolgen, ob wirklich jedes Mitglied zur Aufgabe etwas beigesteuert hat, sollten Sie eine Liste mit allen Schülernamen anfertigen und ein Kontrollzeichen hinter den Namen desjenigen machen, der gerade etwas sagt. Oder bereiten Sie ein Sitzdiagramm vor und schreiben Sie darauf alle Namen der Schüler in einzelne Kästchen. Vermerken Sie jedesmal, wenn ein Schüler etwas sagt, ein X in dem entsprechenden Kästchen.

Reden Sie nach der festgesetzten Zeit mit der Gruppe über die Übung. Beginnen Sie mit der Frage an die Gruppe, ob wirklich jeder mitgewirkt hat.

Tragen Sie die Informationen in die Checkliste ein. Stellen Sie dann folgende Fragen:
– Wer hat die Reihenfolge bestimmt?
– Was habt ihr gemacht, wenn mehrere Personen gleichzeitig reden wollten?
– Was habt ihr unternommen, um ruhigere Gruppenmitglieder zur Teilnahme zu ermutigen?

Man könnte denken, daß diese Vorgehensweisen die Ängste der zurückhaltenden Schüler noch erhöht und es daher eher unwahrscheinlich macht, daß sie sich in Zukuft einbringen werden. Tatsächlich bewirkt diese Methode genau das Gegenteil. Offensichtlich macht die Erwartung, daß alle Schüler in einem bestimmten Zeitabschnitt etwas beitragen müssen es leichter für schüchterne Schüler, an der Übung teilzunehmen, da sie wissen, daß die Gruppe ihren Beitrag braucht, um die Bedingungen der Aufgabe zu erfüllen.

Hier lesen Sie, was Janet in ihrem persönlichen Tagebuch über diese Übung geschrieben hat:
0 Heute haben wir etwas Neues ausprobiert. Innerhalb von fünf Minuten mußte jeder in unserer Gruppe zunächst einmal und später zweimal etwas sagen, damit jeder Gruppenteilnehmer eine "1" bekommt. Auch ich mußte dieses Mal etwas sagen, damit jeder eine gute Zensur kriegt. Ich war gar nicht aufgeregt oder verlegen, weil ich 'was sagen mußte. Die Übungen, die wir machten, haben mir wirklich geholfen und ich glaube, auch den anderen in der Klasse. Sie haben es mir leichter

gemacht zu reden, ohne daß mir bewußt war, daß ich es war, der redete. Jeder hatte die gleichen Gefühle, weil wir alle unter dem gleichen Druck standen.

3.4.3 Rätsel-Spiele

Die "Rätsel-Spiele" laufen formal genauso ab wie die Übung mit dem "Durchschnittsalter". Die Schüler sollen jedoch keine einfachen, bereits bekannten Teil-Informationen einbringen, sondern neue Informationen werden an die Gruppe verteilt, und zwar erhält jedes Mitglied eine andere Schlüsselinformation. Der Prozeß der Informationskoordinierung ist wie beim "Durchschnittsalter-Spiel" zur Lösung dieser Rätsel notwendig. Daher können die Schüler durch diese "Rätsel-Spiele" zusätzliche Übung im Organisieren von Gruppen bzw. bei der Interaktion gewinnen. Außerdem erlangen sie weitere Einsichten in die verschiedenen Formen der Selbstverantwortung, die jedes Mitglied übernehmen muß, wenn die Gruppe erfolgreich zusammenarbeiten soll.

Allgemeine Anweisungen für Rätsel-Spiele
Die Schlüsselinformationen sind für jedes Rätsel-Spiel unterschiedlich, aber die folgende Vorgehensweise ist für alle Spiele gleich. Wählen Sie ein Rätsel aus, das sich am besten für die Klassengröße, die Interessen und das Niveau der Mitglieder eignet, oder denken Sie sich ein eigenes Rätsel aus, indem Sie den Vorschlägen, die später in diesem Kapitel gegeben werden, folgen.
1) Tippen Sie jede Schlüsselinformation auf ein Stück Papier oder eine Karteikarte.
2) Gehen Sie mit der Klasse die Liste mit den einzelnen Punkten über die Zusammenarbeit in der Gruppe durch, die bei der auswertenden Diskussion der Übung 3.4.2 "Durchschnittsalter" herausgekommen waren. Hängen Sie diese auf Packpapier geschriebene Liste dann im Klassenraum auf.
3) Ordnen Sie die Klasse im Kreis an und verteilen Sie die Schlüsselinformationen so, daß jeder Schüler mindestens eine bekommt. Verteilen Sie *alle* Schlüsselinformationen, so daß einige Schüler sogar mehr als eine erhalten — wenn es notwendig sein sollte. Sollte es nicht so viele Schlüsselinformationen geben, daß jeder Schüler zumindest eine erhalten kann, dann geben Sie zwei Schülern die gleiche Information. Wenn fast die

halbe Klasse keine Schlüsselinformationen hat, teilen Sie die Klasse in gwei Gruppen auf und lassen Sie diese parallel an der Rätsel-Aufgabe arbeiten.
4) Geben Sie die folgenden Anleitungen: "Jeder von euch besitzt eine Teilinformation, die zur Lösung des Rätsels beiträgt oder auch nicht. Eure Aufgabe besteht nun darin, die Informationen auf ihre Nützlichkeit hin zu untersuchen und zusammen zu der richtigen Antwort zu kommen. Ihr könnt über eure Informationen auf den Karten sprechen, aber ihr dürft sie nicht herumreichen oder jemand anderem zeigen. Ich werde die Zeit festhalten, um zu sehen, wie schnell ihr das Rätsel löst." Fügen Sie zu Ihren Anweisungen noch die spezifische Information für die von Ihnen gewählte Rätselaufgabe hinzu.
Sollten Sie diese Übung benoten wollen, sagen Sie noch folgendes:"Wenn ihr die richtige Lösung innerhalb von 10 Minuten findet, bekommt jeder in der Gruppe eine "1"; wenn ihr 15 Minuten braucht, kriegt jeder eine "2"; bei 20 Minuten eine "3", bei 25 eine "4". (Wählen Sie die Zeitangaben so, daß sie dem Entwicklungstand der Gruppe sowie dem Schwierigkeitsgrad der Aufgaben entsprechen.)
5) Sagen Sie der Gruppe, daß sie mit der Arbeit anfangen soll und ziehen Sie sich dann zurück. Fangen Sie jetzt mit der Zeitmessung an. Beobachten Sie den Gruppenprozeß sorgfältig und notieren Sie sich, welches Schülerverhalten hilfreich ist und welches weniger hilfreich. Lassen Sie die Schüler mindestens 30 Minuten arbeiten. Wenn sie bis dahin hoffnungslos durcheinandergekommen oder frustriert sind, sagen Sie die Zeit an und geben die Antwort bekannt. Wenn die Gruppe eine Lösung gefunden hat, bevor die 30 Minuten um sind, fordern Sie sie auf, noch einmal zu überprüfen, ob tatsächlich die gesamte Gruppe mit der vorgetragenen Antwort übereinstimmt. Prüfen Sie die Antwort der Schüler und sagen Sie Ihnen, wie lange sie dazu gebraucht haben.
6) Leiten Sie eine auswertende Diskussion, die sich auf die Fragen konzentriert: Wie ist die Gruppe an die Aufgabe herangegangen und wie haben sich die Schüler davon überzeugt, daß alle Informationen ausgetauscht wurden? Stellen Sie Fragen wie die folgenden:
– Wodurch habt ihr verhindert, daß alle zur gleichen Zeit reden?
– Brauchtet ihr einen offiziellen Gruppenleiter?
– Auf welche Weise habt ihr bei der Organisation Zeit verloren?
– Hattet ihr damit Probleme, daß einige Mitglieder ihre Informationen nicht weitergaben?

— Hat jemand die Schlüsselinformationen der anderen übergangen?
— Was hättet ihr tun können, um sicher zu sein, daß alle Informationen ausgetauscht wurden?
— Waren alle Mitglieder an der Lösung des Problems beteiligt?
— Haben irgendwelche Gruppenmitglieder falsch geraten, weil sie nicht alle Informationen berücksichtigt hatten?
7) Fordern Sie die Schüler anschließend auf, das Rätselspiel mit einer normalen Lernübung zu vergleichen. Führen Sie die Schüler zu der Erkenntnis, daß Gruppenmitglieder für zwei wichtige Dinge verantwortlich sind: so viel wie möglich beizusteuern, um der Gruppe zu helfen, und die anderen zur Mitarbeit zu ermutigen.
8) Lassen Sie nach demselben Verfahren an einem der darauffolgenden Tage ein zweites Rätsel-Spiel durchführen. Die Schüler sollen anschließend diskutieren, inwieweit sich ihre Interaktionsfähigkeiten in der Gruppe verbessert haben.

Janet berichtet in ihrem persönlichen Tagebuch, wie sie die Übung erlebt hat:
0 Heute war eines unserer Spiele ein "Mord-Rätsel". Es hat sehr viel Spaß gemacht. Jeder von uns erhielt einige Hinweise (zwei oder drei) über einen bestimmten Vorfall. Unsere Aufgabe bestand darin herauszufinden, wer den Mord wo, wann und womit begangen hat, sowie das Motiv des Mörders zu ergründen. Wir haben diesmal alle zusammen gearbeitet und auch einiges erreicht. Die Gruppe - ich eingeschlossen - war ganz schön aufgeregt, als wir versuchten, das Rätsel zu lösen. In unserer Gruppe gab es einige Wortführer, ich gehörte jedoch nicht zu ihnen. Ich bin immer noch etwas schüchtern in der Klasse, was mich eigentlich wundert. Ich habe mir vorgestellt, daß ich spätestens bis zu diesem Zeitpunkt das "Großmaul" der Klasse sein würde...
0 Heute haben wir ein anderes Rätsel gelöst. Dieses Mal brauchten wir nur herauszufinden, wer der Mörder ist. Die Organisation der Gruppe dauerte zu lange, so daß etwa 10 Minuten lang alle durcheinanderredeten. Wir bekamen zum Schluß eine "2", aber gerade eben so. Ich war mit der Lösung nicht ganz einverstanden, aber ich nahm mir vor zuzustimmen, wenn sich alle anderen ganz sicher waren. Wir waren weder so gut organisiert noch haben wir die Aufgabe so gut gelöst wie beim ersten Mal. Warum weiß ich eigentlich nicht. Diesmal waren

ein paar mehr Kinder in unserer Klasse. Es hat auch jeder etwas gesagt - aber alle haben eben zur gleichen Zeit geredet. Zumindest lernt man von seinen Fehlern!

Rätselspiele für große Gruppen

Das Rätsel von der Flugzeug-Entführung (9)
Dieses Rätsel umfaßt 17 Schlüsselinformationen und wird normalerweise von 17 Teilnehmern gespielt. In den meisten Klassen empfiehlt es sich daher, eine Teilung in zwei Gruppen vorzunehmen, die das Spiel gleichzeitig durchführen. (Fakultativ: Organisieren Sie das Ganze als Wettspiel, um zu sehen, welche Gruppe zuerst die richtige Antwort findet.) Nachdem Sie die Informationen verteilt und die Anweisungen gegeben haben, sollten Sie folgendes erklären: "Ein Flugzeug wird auf der Fahrt von Hawai nach Singapur entführt. Eure Aufgabe besteht nun darin, herauszufinden, welcher von den Verdächtigen, die die Polizei aufgegriffen hat, der Entführer war."
— Das Flugzeug wurde am Abend des 14. August entführt.
— Dem Flugkapitän wurde befohlen, über die Insel Fani zu fliegen, wo die Entführerin mitten in der Nacht mit dem Fallschirm absprang.
— Zwei Tage nach der Entführung machte die Polizei von Fani fünf Amerikanerinnen ausfindig, auf die die Beschreibung von der Entführerin in einigen Aspekten paßte.
— Annie Murkel interessiert sich sehr für die religösen Feste der Inselbewohner Fanis.
— Lisa Lange ist eine Archäologin, die glaubt, daß menschliches Leben erstmals auf der Fani-Insel entstanden ist und sucht nach Beweisen.
— Bettina Beng wird in den Vereinigten Staaten gesucht, weil sie 50 Pfund Marihuana verkauft hat.
— Anne Dirks hat sich in einen Fani-Insulaner verliebt, als dieser in den Vereinigten Staaten als Student war.
— Mechthild Mahler ist Bettina Bengs Sekretärin.
— Die Archäologin hat schwarzes Haar und braune Augen.
— Mechthild Mahler ist das erste Mal am 16. August auf der Insel angekommen.
— Die Polizei berichtet, daß vor einem Monat eine junge Frau mit einem großen, seltsam aussehenden Hund in einem Segelboot auf der Insel ankam. Dieses Boot hat sie von San Francisco dorthin gesteuert.

— Als die Polizei Lisa Lange fand, löste sie einen Fallschirm von einem Baum.
— Das Mädchen, das sich in den Fani-Insulaner verliebt hat, besitzt einen Mischlingsrüden zwischen Schäferhund und Collie mit dem Namen Robert.
— Die Entführerin hat hellbraunes Haar und blaue Augen.
— Die Schwester des Entwicklungshelfers und ihre Sekretärin sind von den Philippinen per Boot auf die Insel gekommen.
— Die Entführerin war aus einer Nervenheilanstalt in den Vereinigten Staaten geflohen.
— Die Schwester von Bettina Bengs ist vom Auswärtigen Amt nach Fani geschickt worden und wohnt seit einem Jahr dort.

(Die Antwort: Annie Murkel. Alle anderen Verdächtigen haben gute Alibis.)

2) Das Rätsel von der Kindesentführung
Dieses Rätsel enthält 38 Schlüsselinformationen und wurde von Mike Trujillo, einem Schüler der 7. Klasse einer Junior High School in Denver, Colorado, konstruiert. Nachdem Sie diese Schlüsselinformationen verteilt und die Regeln für die Übung festgesetzt haben, geben Sie folgende Information: "Ein Mädchen namens Susi wurde gekidnappt. Eure Aufgabe ist es herauszufinden, wer sie entführt hat, wo sie oder er Susi versteckt hält und warum sie entführt wurde."
— Die Luftverkehrslinien waren während der ganzen Woche vom 1. – 7. November außer Betrieb.
— Georg mochte das Showgeschäft nicht besonders, aber träumte unaufhörlich vom Reichwerden.
— Susis Mutter war vor vier Jahren an Krebs gestorben.
— Susi erzählte, daß man sie am letzten Tag ihrer Gefangennahme bewußtlos geschlagen hatte und daß sie später in einem Wald erwachte, kurz bevor man sie am 4. November fand.
— Herr Lange hatte fünf Jahre im Gefängnis verbracht und deshalb nicht das Fürsorgerecht für seine Kinder erhalten.
— Nur Herr Grün wußte von dem Spielhaus.
— Susi wurde einige Zeit nach Schulschluß am 1. November entführt.
— Herr Grün ist oft im Wald herumgeschlichen.
— Herr Lange kannte Herrn Grün von Kindheit an.
— Susi sagte, man hätte ihr die ganze Zeit während ihrer Entführung die Augen verbunden.

— Der einzige Weg durch den Wald führte zu Herrn Langes Haus.
— Bernd war seit seiner Entlassung aus der Armee arbeitslos.
— Herr Lange war am 2., 3. und 4. November unterwegs auf Geschäftsreisen.
— Das Lösegeld wurde am Nachmittag des 4. November bezahlt.
— Georg hatte Herrn Lange komplizierte Seilknüpftechniken beigebracht.
— Am Nachmittag des 1. November bat Frau Lange ihren Gärtner, einige Chrysanthemen umzupflanzen, und bemerkte, daß er sehr schmutzig war.
— Herr Grün hatte 25 Jahre lang für Herrn Lange gearbeitet und war nie befördert worden.
— Herr Lange war Susis Vater.
— Herr Lange besaß eine Hütte in den Bergen, zu der er oft fuhr.
— Frau Lange war sehr reich und sehr geizig.
— Herr Grün war der Gärtner von Frau Lange.
— Der Zirkus verließ die Stadt am 1. November um 3.30 Uhr und Georg war dabei.
— Die Polizei konnte Fräulein Schmitt nach Susis Entführung nicht ausfindig machen, um sie zu verhören. Sie war anscheinend verschwunden.
— Susi sagte aus, daß die Person, die sie am 1. November ergriffen habe, schmutzige Hände gehabt hätte.
— Herr Lange hatte Geldsorgen aufgrund eines fragwürdigen finanziellen Komplotts, in das er verwickelt war.
— Herr Grün hatte für Susi und ihre Freunde vor Jahren ein Spielhaus gebaut. Er baute jedoch später eine neues.
— Bernd sagte, daß er Herrn Grün am späten Nachmittag des 1. Novembers aus dem Wald hätte kommen sehen.
— Fräulein Schmitt kehrt am 5. November mit Herr Lange zurück.
— Herr Lange hatte ein Verhältnis mit Fräulein Schmitt, Susis Hauslehrerin.
— Frau Lange erhielt einen Erpressungsbrief, in dem man von ihr 100.000 DM für Susis Freilassung forderte.
— Susi lebte zusammen mit ihrer Großmutter, Frau Lange, in einem großen, alten Haus im Wald.
— Der erste November war ein heißer Tag.
— Susi hatte einen älteren Bruder namens Bernd.
— Die Polizei nahm Bernd am 1. November um 17.00 Uhr

fest weil er einen Polizisten geschlagen hatte. Er blieb fünf Tage im Gefängnis und hatte Susis Pullover bei sich.
— Als Susi am 1. November von der Schule nach Hause kam, bot Fräulein Schmitt ihr an, sie im Auto mitzunehmen.
— Susi war 14 Jahre alt.
— Georg war ein Cowboy und Seilexperte im Zirkus.
— Als man Susi fand, hatte sie an Handgelenken und Taille aufgeriebene Stellen von einem Strick sowie Einschnitte und Quetschungen an anderen Körperstellen.

(Antwort: Herr Grün war der Entführer. Er hielt Susi in dem alten Spielhaus fest, bis er sie am 4. November bewußtlos schlug und im Wald zurückließ. Während er sie gefangen hielt, war sie mit verbundenen Augen an einen Stuhl gefesselt. Herr Grün war sehr erbittert wegen des Gehalts, das Frau Lange ihm zahlte, und wollte mehr Geld haben. Fräulein Schmitt und Herr Lange kamen als Entführer nicht in Frage, weil sie gar nicht in der Stadt waren. Georg war lange vor Zahlung des Lösegelds zusammen mit dem Zirkus weggefahren und Bernd war von 1. bis zum 5. November im Gefängnis.)

Rätsel-Spiele für kleine Gruppen (10)

Damit die Schüler Übung in Kleingruppenarbeit bekommen, sollten Sie entweder eins oder beide der unten angeführten Rätsel-Spiele durchführen lassen. Das eine umfaßt sechs, das andere acht Schlüsselinformationen. Teilen Sie die Klasse in kleine Gruppen mit fünf bis sechs Mitgliedern auf, und verteilen Sie die Informationen.

3) Wer ist der Kassierer?
Geben Sie folgende Informationen: "Ein kleines Geschäftsbüro wird geleitet von einem Geschätsführer und seinem Stellvertreter, einem Kassierer, einem Schalterbeamten, einem Sekretär und einem Stenographen. Das Personal besteht aus Herrn Braun, Herrn Schmidt, Fräulein Jakob, Frau Arndt, Fräulein Weinert und Herrn Müller. Eure Aufgabe ist es nun, herauszufinden, wer der Kassierer ist."
— Der stellvertretende Geschäftsführer ist der Enkel des Geschäftsführers (bzw. der Geschäftsführerin).
— Herr Braun ist Junggeselle.
— Herr Schmidt ist 21 Jahre alt.

— Der Kassierer ist der Schwiegersohn des Stenographen (bzw. der Stenographin).
— Die Schalterbeamtin ist die Stiefschwester von Fräulein Jakob.
— Herr Müller ist der Nachbar des Geschäftsführers (bzw. der Geschäftsführerin).

(Antwort: Herr Schmidt.)

4) Wer ist der/die Jüngste? (11)
Geben Sie die folgenden Informationen: "Katja, Carolyn, Johann und Dirk bilden eine Clique. Sie besuchen die Hauptschule, Gesamtschule, Realschule und das Gymnasium, aber nicht unbedingt in der Reihenfolge. Alle sind normal mit 6 Jahren eingeschult worden. Wer von ihnen ist die/der Jüngste und wer von ihnen besucht die Gesamtschule?"
— Katja und Dirk sind Zwillinge.
— Carolyn hilft Dirk manchmal bei den Hausaufgaben in Mathematik, da sie schon eine Klasse weiter ist und sie diesen Stoff schon durchgenommen haben.
— Carolyn hofft, bei einem guten Abschluß der 10. Klasse auf die Schule von Dirk übergeben zu können und dort das Abitur zu machen.
— Wenn sich Katja über Johann geärgert hat, sagt sie manchmal, er besuche ja die "Dummenschule".
— Obgleich Johann jünger ist als Dirk, besiegt er ihn manchmal beim Ringkampf.
— Dirks Schule feierte im letzten Jahr ihr hundertjähriges Bestehen und ist damit 92 Jahre älter als die Schule, die seine Schwester besucht.
— Alle sind ordnungsgemäß eingeschult worden und keiner von ihnen ist bisher sitzengeblieben.

(Antwort: Johann ist der Jüngste, Katja geht in die Gesamtschule.)

Fachbezogene Rätsel-Spiele

Rätsel-Spiele kann man in fast allen Fachgebieten einsetzen. Auf diese Weise kann der Lehrer Lernziele der Gruppenentwicklung und fachliche Lernziele miteinander verbinden. Im folgenden werden drei Beispiele von Rätsel-Spielen dargestellt, die besonders auf Gesundheitserziehung, Mathematik und Chemie abgestimmt sind. Für die ersten zwei Spiele ist kein spezielles Wissen außer den in den Schlüsselinformationen notwendig. Das Chemie-Spiel erfordert ausreichende Kenntnisse in den Grundzügen der organischen Chemie.

5) Das Rätsel von der seltsamen Krankheit
Dieses Rätsel-Spiel kann mit bis zu 27 Teilnehmern durchgeführt werden. Das Material beruht auf authentischen historischen Ereignissen und eignet sich besonders gut für die Unterrichtsfächer Gesundheitswesen, Naturwissenschaften und Sozialkunde. Geben Sie folgende Informationen, nachdem Sie die Regeln erklärt und die Schlüssel verteilt haben: "Auf der Insel Drambui ist eine Epidemie ausgebrochen. Über 300 Menschen sind von einer seltsamen Krankheit befallen. Die Weltgesundheitsbehörde bittet euch alle, zusammenzuarbeiten, um die Ursache(n) der Epidemie herauszufinden. Auf der Karte, die jeder von euch erhalten hat, steht, wer ihr seid und welche Information ihr besitzt. Arbeitet zusammen als Gruppe, um herauszubekommen, was die Krankheit der 300 Leute verursacht hat."
1) Du bist ein Forscher im Dienste der Welt-Gesundheitsorganisation. Du hast erfahren, daß sich die Fälle von Gehirnlähmung im Jahre 1972 verdoppelt haben.
2) Du bist ein Forscher im Dienste der Welt-Gesundheitsorganisation. Du hast entdeckt, daß in der Nähe von Drambui der Quecksilbergehalt im Thunfisch sehr hoch ist.
3) Du bist ein einheimischer Arzt auf Drambui. Du hast alle 300 Patienten auf Geschlechtskrankheiten hin untersucht. Nur Lonino war geschlechtskrank.
4) Du bist ein Freund von Jomos Familie. Du weißt, daß seine Tochter auf den Kopf gefallen ist, als sie noch sehr jung war.
5) Du bist ein gebürtiger Drabuianer und heißt Jomo. Deine siebenjährige Tochter ist blind und kann nicht gehen und sprechen. Du hast ihre Symptome zuerst im April 1972 bemerkt.
6) Du bist ein Forscher im Dienste der Welt-Gesundheitsorganisation. Du hast entdeckt, daß man im Oktober 1972 in Drambui eine britische Papierfabrik in Betrieb gesetzt hat, die zur Verarbeitung Quecksilber braucht. Der Fabrikabfall

wird ins Meer gespült.

7) Du bist ein gebürtiger Drambuianer und wirst Pfarrer Kova genannt. Du weißt, daß der Geschlechtsverkehr zwischen den Jugendlichen in Drambui rapide zugenommen hat und daß eine Menge amerikanischer Touristen kürzlich auf eure Insel gekommen ist. Du vermutest, daß sich das Vorkommen von Geschlechtkrankheiten häufen wird.

8) Du bist ein gebürtiger Drambuianer und weißt, daß die Einwohner von Drambui Thunfische als heilig ansehen und nicht essen.

9) Du bist ein Freund von Marjo. Du weißt, das Marjo 1971 in einem Atomenergie-Reaktor in den Vereinigten Staaten gearbeitet hat. Als er gerade dort war, passierte ein Unfall, bei dem radioaktive Stoffe freiwurden.

10) Du bist ein gebürtiger Drambuianer namens Marjo. Du hast im März 1972 angefangen, unter starken Übelkeitsanfällen zu leiden. Dann bekamst du Durchfall, und deine Haut färbte sich bleifarben.

11) Du bist eine gebürtige Drambuianerin namens Lisa. Du hast im November 1972 ein blindes, zurückgebliebenes Kind geboren, das sich auch in seinen anderen körperlichen Funktionen nicht normal zu entwickeln scheint.

12) Du bist ein Mitglied der Welt-Gesundheitsorganisation und hast entdeckt, daß man in den Vereinigten Staaten 1969 etwa 400 km von Drambui zwei H-Bomben getestet hat.

13) Du bist Mitglied im Verein der Welt-Gesundheitsorganisation. Durch Untersuchungen hast du festgestellt, daß man in Schweden, in den USA und mehreren anderen Ländern Weizensamen zur besseren Konservierung mit Quecksilber behandelt hat.

14) Du bis Spezialist in der Welt-Gesundheitsorganisation. Du weißt, daß zu den Symptomen von Syphilis auch Blindheit, Sprachstörungen und Lähmungserscheinungen gehören können.

15) Du bist Facharzt im Dienste der Welt-Gesundheitsorganisation. Du weißt, daß Gehirnlähmung durch Beschädigung des Gehirns vor oder während der Geburt entstehen kann.

16) Du bist in der Welt-Gesundheitsorganisation Spezialist für Landwirtschaft. Du hast herausgefunden, daß einige Landwirte auf Drambui ihre Schweine mit Weizensamen füttern, anstatt selbst welchen anzubauen.

17) Du bist der älteste Bewohner Drambuis. Du erinnerst dich an eine altertümliche Legende, die besagt, daß ein weiß-

häutiger Fremder eine furchtbare Krankheit auf eure Insel bringen wird. Du bist der Meinung, daß die einzige Hoffnung der Drambuianer darin besteht, sich von sämtlichen Ausländern zu befreien.

18) Du bist ein Bewohner von Drambui namens Koreko. Im April 1972 bist du vollständig erblindet und hast jetzt große Schwierigkeiten, zu sprechen und zu gehen.

19) Du bist ein Facharzt im Dienste der Welt-Gesundheitsorganisation. Du weißt, daß zu den Symptomen von Quecksilbervergiftung auch krampfähnliche Zustände, Gehbehinderungen, Sehstörungen sowie Blindheit und Sprachschwierigkeiten zählen.

20) Du bist ein Facharzt im Dienste der Welt-Gesundheitsorganisation. Du weißt, daß Quecksilber zur Behandlung von Syphilis gebraucht wurde.

21) Du bist ein Bewohner Drambuis und heißt Lonino. Du weißt, daß du im Januar 1972 Krämpfe bekommen hast und nicht mehr richtig sprechen, gehen und schreiben konntest.

22) Du bist ein Einwohner Dambuis und heißt Roga. Seit Anfang Juni 1972 bekommst du Schwindelanfälle, Kopfschmerzen und Gliederzittern. Seit Oktober fällt es dir schwer, klar zu sprechen.

23) Du bist ein Einwohner Drambuis, der weiß, daß Schinken ein Lieblingsessen aller Inselbewohner ist.

24) Du bist ein Mitglied der Welt-Gesundheitsorganisation und weißt, daß die Symptome der Gehirnlähmung in einem Kontrollverlust der Muskeln sowie in Sprachstörungen bestehen.

25) Du bist ein Einwohner von Drambui und ein Freund Loninos. Du weißt, daß Lonino Vegetarier ist und grundsätzlich kein Fleisch und Fisch ißt.

26) Du bist ein Mitglied des Forscherteams der Welt-Gesundheitsorganisation. Du hast erfahren, daß die Inselbewohner 1971 und 1972 aus Schweden Weizensamen importiert haben.

27) Du bist ein medizinischer Experte bei der Welt-Gesundheitsorganisation. Du weißt, daß durch radioaktive Verseuchung Krankheitssymptome wie Erbrechen, Mattigkeit, Durchfall hervorgerufen werden können und daß die Haut dabei manchmal bleifarben wird.

(Antwort: Die Epidemie wurde durch eine Quecksilbervergiftung hervorgerufen, deren Ursache vergifteter Weizensamen war, der an Schweine verfüttert wurde.)

6) Mathematik—Rätsel
Dieses Rätsel ist für 13 Teilnahmer gedacht: die Klasse sollte in zwei gleichzeitig arbeitende Gruppen eingeteil werden. Nach der Verteilung der Schlüsselinformationen sollten Sie folgende Informationen geben:"Ein Mann fuhr von Waterville durch Adamston und Scott City nach Beaverberg. Ihr sollt nun herausfinden, wie lange er für die Reise brauchte. Diese Aufgabe wird dadurch etwas kompliziert, daß neue Zeit- und Entfernungseinheiten eingeführt werden. Ihr müßt diese neuen Begriffe anwenden, um das Problem zu lösen. Die Aufgabe lautet folgendermaßen: "Wieviele 'Wors' brauchte der Mann, um von Waterville nach Beaverberg zu fahren?"
— Von Waterville nach Adamston sind es 4 Lutts.
— Von Adamston nach Scott City sind es 8 Lutts.
— Von Scott City nach Beaverberg sind es 10 Lutts.
— Ein Lutt sind 10 Mipps.
— Ein Mipp ist eine Maßeinheit für Entfernungen.
— Zu einer Meile gehören 2 Mipps.
— Ein Dar hat 10 Wors.
— Ein Wor sind 5 Mirs.
— Ein Mir ist eine Zeit-Maßeinheit.
— Eine Stunde besteht aus zwei Mirs.
— Der Mann fährt von Waterville nach Adamston mit einer Geschwindigkeit von 24 Lutts pro Wor.
— Der Mann fährt von Adamston nach Scott City mit einer Geschwindigkeit von 30 Lutts pro Wor.
— Der Mann fährt von Scott City nach Beaverberg mit einer Geschwindigkeit von 30 Lutts pro Wor.

(Antwort: 23/30 Wors.)

7) Molekular-Modell-Rätsel
Die folgende Übung stammt von John Brady, einem Chemie-Lehrer der High School von New Hartford (New York). Teilen Sie die Klasse in kleine Gruppen ein. In diesem Spiel muß jede Gruppe eine andere Aufgabe lösen. Verteilen Sie eine bestimmte Anzahl von Schlüsselinformationen an jede Gruppe und weisen Sie die Schüler an, daß jeder eine nimmt. Erklären Sie dann folgendes:"Jeder von euch hat eine Karte, die eine Teilinformation enthält und kombiniert mit den Informationen der anderen Gruppenmitglieder eine spezifische chemische Verbindung zu identifizieren hilft. Ihr sollt als Gruppe den Namen

dieser Verbindung herausfinden und das Strukturschema dazu zeichnen. Wenn eure Gruppe eine Antwort gefunden hat, sagt mir Bescheid, ich werde sie dann prüfen. Ihr könnt anschließend eure Informationen nit den anderen Gruppen austauschen, um andere chemische Verbindungen zu bestimmen."

Verbindung Nr. 1
— Dieses Molekül ist gesättigter Kohlenwasserstoff.
— Diese Zusammensetzung enthält zwei Alkyl-Gruppen.
— Die Alkyl-Gruppen sind an verschiedene Kohlenstoff-Atome gebunden.
— Die längste Kette enthält fünf Kohlenstoff-Atome.
— Diese Verbindung ist ein Isomer von Oktan.

(Antwort: 2–Methyl–3–Äthylpentan.)

Verbindung Nr. 2
— Dieses Molekül enthält sieben Kohlenstoff-Atome.
— An das vierte Kohlenstoff-Atom ist eine Alkyl-Gruppe gebunden.
— Dieses Molekül enthält vier Alkyl-Gruppen.
— Zwei Alkyl-Gruppen sind gebunden am zweiten Kohlenstoff-Atom.
— Die längste Kette enthält sieben Kohlenstoff-Atome.
— Eine Alkyl-Gruppe ist an das dritte Kohlenstoff-Atom gebunden.
— Dieses Molekül ist gesättigter Kohlenwasserstoff.

(Antwort: 2, 2, 3, 4–Tetramethylheptan.).

Verbindung Nr. 3
— An jedem Ende der Kette befindet sich ein Chlor-Atom.
— Dieses Molekül enthält vier Halogen-Atome.
— Dieses Molekül enthält eine Dreifach-Kette.
— Dieses Molekül enthält vier Kohlenstoff-Atome.
— An jedem Ende der Kette befindet sich ein Brom-Atom.

(Antwort: 1, 4 Di–Brom–4, 4–DiChlor 2–Butan.)

Verbindung Nr. 4
— Dieses Molekül enthält eine Alkyl–Gruppe.
— Die längste Kette enthält vier Kohlenstoff-Atome.
— Dieses Molekül ist sekundärer Alkohol.
— Dieses Molekül enthält fünf Kohlenstoff-Atome.

(Antwort: 3—Methyl—2—Butanol.)

Verbindung Nr. 5 :
— Einer der Reaktionspartner ist ein gewöhnlicher primärer Alkohol, der zwei Kohlenstoff-Atome enthält.
— Eines der Produkte ist Wasser.
— Ein Molekül ist aus einer Veresterungsreaktion entstanden.
— Der zweite Reaktionspartner ist eine normale organische Säure, die zwei Kohlenstoff-Atome enthält.

(Antwort: Äthyl—Acetate.)

Verbindung Nr. 6
— Dieses Molekül enthält zwei Alkyl-Gruppen.
— Beide Alkyl-Gruppen sind an dasselbe Kohlenstoff-Atom gebunden.
— Die längste Kette enthält sieben Kohlenstoff-Atome.
— Dieses Molekül paßt in das allgemeine Schema C_nH_{2n+2}.
— Dieses Molekül enthält 13 Kohlenstoff-Atome.

(Antwort: 4, 4 Dipropylheptan.)

Schreiben Sie Ihre eigenen Rätsel-Spiele
Wenn Sie ein eigenes Rätsel-Spiel schreiben wollen, das den fachlichen Lernzielen der Unterrichtseinheit entspricht, die Sie gerade durchführen, sollten Sie ein Thema auswählen, das es ermöglicht, eine allgemeine Schlußfolgerung von einer großen Anzahl einzelner Teilinformationen zu ziehen. In Sozialkunde könnte zum Beispiel ein Rätsel—Spiel dazu dienen, die Beziehung zwischen landwirtschaftlicher Kultur und Klima zu untersuchen. Man könnte dann jedem Teilnehmer die Beschreibung eines altertümlichen Geräts geben, das an einem archäologischen Ort oder in einer noch existierenden Stadt gefunden wurde. Die Gruppe müßte dann entscheiden, in welcher der verschiedenen Gegenden (eine Gebirgslandschaft, eine Meeresküste oder ein Wald) die Stadt wohl liegt. Für ein Vokabel-Rätsel-Spiel in Englisch könnte man jedem Mitglied einer kleinen Gruppe einen Satz geben, der das gleiche unbekannte Wort enthält, und die Gruppe müßte dann die Bedeutung des neuen Wortes herausfinden.

Nachdem Sie einen spezifischen Stoff für das Spiel augewählt haben, teilen Sie die notwendigen Angaben in kleine Teilinformationen auf und geben jedem Schüler eine davon. Stellen Sie alle Fakten zur Verfügung, die die Gruppe zur Lösung des Rätsels benötigt, und erwarten Sie nicht, daß die Schüler selbst die Lücken mit Hilfe der Informationen ausfüllen, die sie noch von vorherigem Lesen und Klassendiskussionen behalten haben. Vergewissern Sie sich, daß es keine einzelnen Schlüsselinformationen gibt, die die ganze Antwort verraten. Das Spiel wird spannender und bringt mehr Lernerfolg, wenn man zur Lösungsfindung eine große Anzahl' von Teilinformationen miteinander kombinieren muß. Sie können auch einige "Irreführer" hinzufügen, d.h. unwichtige oder irreführende Informationsbrocken. Aber vergewissern Sie sich, daß es auch solche Angaben gibt, die über diese Irrführer aufklären oder sie neutralisieren.

Es empfiehlt sich, für die ersten fachlichen Rätsel-Spiele solche Lösungen zu wählen, die genau bestimmt werden können – d. h. die Antwort sollte entweder richtig oder falsch sein. Die Form des Rätsel-Spiels kann jedoch auch dazu dienen, die Gruppe eine Entscheidung fällen zu lassen, anstatt ein faktisches Ergebnis herauszufinden. Sie können zum Beispiel jedem Schüler eine Teilinfomation geben, die entweder die Schuld oder Unschuld eines Angeklagten in einem Gerichtsverfahren unterstützt, und die Klasse entscheiden lassen, ob der Angeklagte verurteilt werden sollte. Oder Sie können als Schlüsselinformationen Untersuchungsergebnisse über die Wirkung eines neuen Medikaments verwenden, wobei die Klasse dann entscheiden müßte, ob die Lebens- und Arzneimittelbehörde die Produktion und Verkauf dieses Medikaments erlauben sollte.

Eine andere Variation des fachbezogenen Rätsel-Spiels könnte so aussehen: Jeder Schüler muß eigene Forschungen durchführen, um eine Schlüsselinformation über einen speziellen Gegenstand zu erstellen. Die Aufgabe der Gruppe könnte zum Beispiel darin bestehen, herauszufinden, welchen Entwicklungsstand Afrika besaß, bevor die Europäer dorthin kamen, und jeder Schüler könnte die Aufgabe bekommen, einen bestimmten afrikanischen Kulturkreis zu untersuchen. Alle Schüler würden diese Forschungsarbeiten für eine Diskussion mit der gesamten Klasse zur Verfügung stellen und die Gruppenmitglieder würden auf diese Weise zu einem Ergebnis über den Entwicklungsstand Afrikas in vorkolonialer Zeit kommen.

Im allgemeinen ist es daher am besten, wenn die Gruppe von einem fest strukturierten, nicht-fachlich orientierten Rätsel-

Spiel zu einem fachlich orientierten übergeht, in dem ganz konkrete Teilinformationen vorgegeben sind. Danach sollten sie dann an einem fachlichen Rätsel arbeiten, bei dem ihr Beitrag darin besteht, sich die notwendigen Informationen selbst zu beschaffen.

3.4.4 Einen Sprecher ermutigen

Als Resultat der Erfahrungen in den vorherigen Übungen werden die Schüler erkannt haben, daß erfolgreiche gruppenzentrierte Interaktion eigenverantwortliches Verhalten in vielen Bereichen, die traditionellerweise dem *Lehrer* zugeordnet waren, erfordert. Diese Eigenverantwortlichkeit besteht z. T. darin, die Gruppenmitglieder zur aktiven Teilnahme zu bewegen. Da die Schüler sehr wahrscheinlich wenig Gelegenheit hatten, zu lernen, wie man andere zum Mitmachen ermutigt, ist normalerweise ein bewußtes Training dieser Fähigkeiten notwendig.

Bitten Sie die Schüler, Ihnen dabei zu helfen, an die Tafel eine Liste mit Möglichkeiten zu schreiben, wie jemand eine andere Person in hilfreicher Weise unterstützen kann; d.h. wie man jemand zum Sprechen und Weitersprechen ermutigen kann. Diese Liste könnte folgende Punkte enthalten:
— Den Sprechenden direkt ansehen.
— Nicken, um zu zeigen, daß man zuhört.
— Pausen "ertragen können" anstatt sofort selbst zu antworten.
— Fragen stellen, die den Sprecher dazu veranlassen, verschiedene Dinge detaillierter zu erklären.

Diskutieren Sie mit der Klasse, inwiefern sich diese Verhaltensweisen von der Art und Weise unterscheiden, in der ein Zuhörer sich normalerweise in einer Gruppe verhält. Untersuchen Sie die Wirkung von Streiten und Widersprechen in einer Diskussion.

Teilen Sie die Klasse anschließend in Zweiergruppen auf, wobei die Partner sich jeweils gegenübersitzen sollen. Geben Sie nun folgende Anweisungen:"Einer von euch ist der Sprecher und der andere der "Ermutigende". Der Sprecher soll möglichst detailliert folgende Frage beantworten:"Welche Eigenschaften schätzt du an deinem Freund am meisten. Der "Ermutigende" soll die Verhaltensweisen anwenden, die wir an der Tafel aufgelistet haben, um den anderen durch dieses Eingehen auf ihn zum Reden zu ermuntern. Ich werde euch nach fünf Minuten

Bescheid sagen. Der "Ermutigende" soll dann sehen, ob er es schaffen konnte, daß sein "Sprecher" tatsächlich die ganze Zeit über geredet hat."

Stoppen Sie nach fünf Minuten das Gespräch und weisen Sie die jeweiligen Gesprächspartner an, Fragen zu diskutieren, die etwas so aussehen können:

— Als du der Sprecher warst, hattest du das Gefühl, daß der "Ermutigende" ernsthaft an dem interessiert war, was du zu sagen hattest?
— Welches Verhalten des "Ermutigenden" hat dich dazu gebracht, weiterreden zu wollen?
— Welches Verhalten des "Ermutigenden" hat dich davon abgebracht, mehr zu reden?
— Hat der "Ermutigende" Einwände gemacht oder widersprochen?
— Hat der "Ermutigende" irgendwann einmal angefangen, über sich selbst zu sprechen?
— Als du der "Ermutigende" warst, inwiefern war es für dich problematisch, den Sprecher zum Weiterreden zu bewegen?
— Warst du versucht, das Gespräch an dich zu reißen, so daß es sich auf dich statt auf den Sprecher konzentrierte?
— Welchen Techniken scheinen dir bei der Ermutigung des Sprechers von Nutzen zu sein?

Danach sollen alle Schüler die Rollen tauschen und die Übung wiederholen.

3.4.5 Ermutigen in Gruppen-Diskussionen

Teilen Sie eine große Klasse in zwei oder mehrere kleinere Gruppen auf, wobei sich jede Gruppe in einen Kreis setzen sollte. Gehen Sie alle Möglichkeiten, um eine Person zum Sprechen zu ermutigen, noch einmal durch. Weisen Sie darauf hin, daß dieselben Techniken auch in einer Gruppendiskussion verwendet werden können, um alle Mitglieder darin zu unterstützen, sich voll einzubringen. Geben Sie der Gruppe die Aufgabe, ein Thema zu diskutieren, das ziemlich persönlich ist, damit jeder Schüler dazu etwas beitragen kann. Gleichzeitig sollte das Thema etwas kontrovers aufgebaut sein. Zum Beispiel:"Was ist das Wichtigste, das man in der Schule lernen sollte?" Geben Sie der Gruppe Anweisungen, wie sie die Verhaltensweisen, die einen Sprecher ermutigen, in die Praxis umsetzen kann. Schlagen Sie vor, daß jedesmal, wenn ein Gruppenmitglied etwas zur Diskussion beitragen möchte, diese Person als Sprecher betrachtet wird (wie in "Einen Sprecher ermutigen") und alle anderen Mitglieder als "ermutigende", die den Sprecher solange unterstützen, bis er alles gesagt hat, was er wollte. Dieselbe Verfahrensweise wird jedesmal durchgeführt, wenn jemand etwas zur Diskussion beitragen möchte. Verfolgen Sie den Verlauf der Diskussion genau. Es wird eventuell notwendig sein, die Schüler von Zeit zu Zeit zu unterbrechen, um Beispiele aufzuzeigen. wo sich Schüler nicht ermutigend verhalten haben, während jemand sprach. Nach etwa 15 Minuten sollten Sie die Diskussion unterbrechen und mit den Schülern den bisherigen Verlauf besprechen:

— Warum ist es in Gruppen-Diskussionen schwierig, die Rolle des "Ermutigenden" zu spielen?

— Worin besteht der Vorteil, wenn man andere in einer Gruppen-Diskussion zum Sprechen ermutigt, anstatt Streitgespräche zu führen oder zu versuchen, möglichst schnell eigene Ideen vorzutragen?

— Welche Techniken haben sich anscheinend als hilfreich erwiesen, um jemanden zu ermutigen, bei einer Gruppen-Diskussion Ideen und Vorschläge einzubringen?

3.4.6 Rhythmus-Wechsel

Diese Übung ermöglicht es der Gruppe, auf nonverbale Weise die Entstehung und Veränderung von Führungspositionen zu untersuchen. Die Klasse setzt oder stellt sich in einen Kreis. Ein Schüler soll nun damit beginnen, einen einfachen Rhythmus zu klatschen, und die anderen folgen ihm, indem sie denselben Rhythmus mitklatschen. Sagen Sie der Klasse dann, Sie möchten, daß jemand — irgendjemand — aus der Gruppe den Rhythmus verändert, jedoch ohne etwas zu sagen. Derjenige soll ganz einfach einen neuen Rhythmus beginnen und der Rest der Klasse folgt diesem neuen Rhythmus. Weisen Sie die Klasse an, so lange bei dem Rhythmus zu bleiben, bis er sich gut durchgesetzt hat — d.h. bis ihn alle gleichzeitig klatschen; dann kann jeder, der Lust hat, einen neuen Rhythmus beginnen.

Nachdem fünf oder sechs Wechsel stattgefunden haben, sollten Sie mit der Übung aufhören und darüber sprechen: "Wie hat die Gruppe gemerkt, daß jemand die Klasse zu einem neuen Rhythmus führen wollte? Gab es Situationen, in denen sich die Klasse entschied, *nicht* einem Rhythmus zu folgen, den jemand eingeführt hat? Was hat dich dazu gebracht – oder daran gehindert – einen neuen Rhythmus einzuführen? Warum ist es schwierig, bei einer Übung wie dieser die Führung zu übernehmen?" (Variationen: Ergänzen Sie das Klatschen durch Körperbewegungen oder abstrakte Vokallaute.)

3.4.7 Neue Rollen

Leiten Sie die Klasse an, Ihnen dabei zu helfen, auf Zeitungs- oder Einkaufspapier eine Liste von Möglichkeiten verantwortlichen Handelns aufzustellen, durch die ein gutes Gruppenmitglied der Gruppe helfen kann, ihre Lernziele zu erreichen. Dabei soll die Klasse von ihren Erfahrungen in den gruppenzentrierten Übungen ausgehen. Erinnern Sie die Klasse an bestimmte hilfreiche Verhaltensweisen, die Sie bei Gruppenmitgliedern beobachtet haben. Nachdem die Schüler durch "Brainstorming" hilfreiches Gruppenverhalten gesammelt haben, sollten Sie ihre Beiträge zu vier Kategorien zusammenfassen:
– Organisieren – verschiedene Dinge in Gang setzen, einen Handlungsplan vorschlagen, dafür sorgen, daß die Gruppe beim Thema bleibt, die Gruppe an ihr Ziel erinnern, die Gruppe zur Abstimmung aufrufen.
– Beiträge leisten – alle möglichen Informationen, Ideen und Hilfsmittel, die einem zur Verfügung stehen, an die Gruppe weitergeben.
– Ermutigen – andere Gruppenmitglieder zum Mitmachen auffordern, den anderen so zuhören, daß sie sich durch dein Verhalten unterstützt fühlen.
– Koordinieren – Beiträge miteinander verbinden, auf Parallelen zwischen zwei verschiedenen Meinungen hinweisen, zusammenfassen.

Vielleicht möchten Sie den Schulern klarmachen, daß in einer typisch lehrerzentrierten Übung der Lehrer gewöhnlich selbst all diese Funktionen übernimmt (abgesehen davon, daß nicht nur er Beiträge leistet).
 Um weiterhin zu verdeutlichen, welches Verhalten jede einzelne Rolle beinhaltet, sollten Sie nach Beispielen fragen, was eine Person in einer bestimmten Rolle sagen könnte; zum Beispiel, was könnte eine Person, die sich für die *Organisation* der Gruppe verantwortlich fühlt, sagen ?
 Damit die Gruppe noch mehr Übung in diesen vier Arten des

Gruppenverhaltens bekommen kann, sollte sich die Klasse anschließend in einen Kreis setzen, wobei jedem Schüler eine Karte gegeben wird, auf die Sie eine der gruppenverantwortlichen Verhaltensweisen geschrieben haben. (Um bessere Ergebnisse zu erlangen, sollten Sie nur zwei oder drei "Organisations"-Karten verteilen.) Sagen Sie den Schülern, daß sie die anderen nicht sehen lassen sollen, welche Aufgabe sie bekommen haben. Bestimmen Sie ein Diskussionthema für die Gruppe, entweder ein fachliches Problem oder einen kontroversen Sachverhalt, wie zum Beispiel "Hätten die Vereinigten Staaten die Millionen Dollar, die sie damals ausgaben, um einen Menschen zum Mond zu schicken, nicht für humanitäre Zwecke (z. B. die Sanierung von Slums) ausgeben sollen?" Weisen Sie die Schüler an, während der Diskussion die ihnen zugeteilten Rollen zu spielen und am Ende der Diskussion zu raten, welche Rolle jeder einzelne bekommen hatte. Betonen Sie, daß die Schüler sich zum Zweck dieser Übung soweit wie möglich an eine Rolle halten sollen.

Sagen Sie nach 10 bis 15 Minuten die Zeit an und lassen Sie die Gruppenmitglieder raten, welche Rolle jeder gespielt hat. Falls jemand mit seiner Rolle Schwierigkeiten hatte, soll er die Gründe hierfür erklären und die anderen können Vorschläge machen, wie er es hätte besser machen können. Betonen Sie daß Gruppenmitglieder bei den meisten Lernaktivitäten jede dieser Rollen spielen können, je nachdem, welche sie gerade wählen. Sie brauchen sich daher normalerweise nicht nur auf eine einzige zu beschränken.

3.4.8 Ein Maskottchen wählen

Durch diese Übung können die Schüler noch mehr praktische Erfahrung im effektiven gruppenverantwortlichen Verhalten gewinnen. Darüberhinaus hilft sie ihnen, die Entstehung von Führerschaften in einer Gruppe zu untersuchen, die keinen festgesetzten Gruppenleiter hat. Bereiten Sie Serien von acht bis zehn Karten vor, die den Gruppenmitgliedern folgende Rollen zuordnen:

Kartennummer	Information auf der Karte
1	Rolle, die du spielen sollst: Organisation.
2	Rolle, die du spielen sollst: Welche du willst oder gar keine. Du hast das spezielle Wissen, daß die Gruppe im späteren Verlauf der Übung einen Gruppenleiter wählen soll. Du sollst dich so verhalten, daß die Gruppenmitglieder dich als Leiter wählen. Aber laß sie es nicht wissen, daß du schon vorher über die kommende Wahl informiert warst!
3	Rolle, die du spielen sollst: Beiträge leisten.
4	Rolle, die du spielen sollst: Welche du willst oder gar keine. Du hast das spezielle Wissen, daß die Gruppe im späteren Verlauf der Übung einen Gruppenleiter wählen soll. Du sollst dich so verhalten, daß die Gruppenmitglieder dich als Leiter wählen. Aber laß sie es nicht wissen, daß du über die kommende Wahl informiert warst!
5	Rolle, die du spielen sollst: Beiträge leisten.
6	Rolle, die du spielen sollst: Koordinieren.
7	Rolle, die du spielen sollst: Andere ermutigen.
8	Rolle, die du spielen sollst: Andere ermutigen.
9	Rolle, die du spielen sollst: Beiträge leisten.
10	Rolle, die du spielen sollst: Parallelen ziehen.

Teilen Sie die Klasse in kleine Grupen von acht bis zehn Personen auf und weisen Sie sie an, die Tische in engen Kreisen aufzustellen. (Variation: Lassen Sie die Klasse sich als *eine* Gruppe in einen großen Kreis setzen und bereiten Sie genug

Karten vor, so daß jeder Schüler eine bekommt.) Geben Sie folgende Erklärung:"Ihr sollt gemeinsam als eine Gruppe ein Maskottchen für eure Gruppe wählen. Für diese Aufgabe habt ihr 15 Minuten Zeit. Ich werde jedem von euch eine Karte geben, die euch während der Diskussion darüber, welches Maskottchen ihr wählen wollt, eine Rolle in eurer Gruppe zuweist. Versucht bei einer festgesetzten Rolle zu bleiben, damit die Gruppe später raten kann, welche Rolle ihr gespielt habt. Zeigt niemandem die Karten, die ich euch gebe." Verteilen Sie die Karten und achten Sie genau darauf, daß die Schüler den anderen nicht den Inhalt der Karten verraten. Sagen Sie nach 15 Minuten die Zeit an und bitten Sie jede Gruppe zu berichten, was sie als Maskottchen gewählt hat.

Geben Sie dann folgende Anweisungen:"Behaltet die Information über die euch auf den Karten zugeteilten Rollen immer noch für euch. Wählt nun in fünf oder zehn Minuten einen Leiter für eure Gruppe." Nachdem die Schüler einen Gruppenleiter gewählt haben, leiten Sie eine Diskussion an, die sich auf folgende Fragen konzentriert:

— Könnt ihr raten, welche Rolle jeder einzelne in eurer Gruppe gespielt hat?
— Hätte jede der Personen noch etwas tun können, um die Rolle effektiver zu spielen?
— Gibt es Möglichkeiten, wie die Effektivität eurer Gruppenarbeit hätte verbessert werden können?
— Wie habt ihr den Gruppenleiter gewählt?
— Was haben die Möchte-gern-Gruppenleiter getan, damit sie gewählt werden?
— War ihr Verhalten effektiv? Habt ihr einen von ihnen als Gruppenleiter gewählt? Warum oder warum nicht?
— Was habt ihr darüber gelernt, wie ein Gruppenleiter erkannt oder gewählt wird? Wie sollte sich jemand verhalten, der Gruppenleiter werden möchte?

Nach der Diskussion können Sie die Gruppenleiter vor die Klasse bitten und als Stellvertreter ihrer Gruppe ein Maskottchen für die ganze Klasse wählen lassen.

3.4.9 Rollen spielen

Die Klasse soll sich in einen Kreis setzen (oder in verschiedene kleine Gruppen aufteilen). Geben Sie den Schülern ein Diskussionsthema vor — entweder eine fachbezogene Aufgabe oder einen kontroversen Sachverhalt, wie zum Beispiel: "Was sind die drei besten und die drei schlechtesten Dinge, die sich dieses Jahr in unserer Klasse ereignet haben?" Geben Sie den Schülern die Anweisung, bewußt zu versuchen, eine oder alle vier Rollen als Gruppenmitglieder (organisieren, Beiträge leisten, ermutigen, koordinieren) zu spielen. Betonen Sie, daß die Schüler sich während des Diskussionsverlaufs nicht nur an eine einzige Rolle halten müssen.

Bevor die Diskussion anfängt, sollen Sie ein oder zwei Schüler aus jeder Gruppe als Beobachter auswählen. Geben Sie ihnen die Anweisung, die Namen der einzelnen Personen in der Gruppe aufzuschreiben und sich jedesmal zu notieren, wenn jemand während der Diskussion eine der Rollen spielt.

Nach der Diskussion sollen die Beobachter die gesammelten Daten untereinander austauschen. Verwenden Sie diese als Basis für weitere Diskussionen über die Leistung und Effektivität der Gruppen.

Formblatt des Beobachters

Name des Gruppenmitglieds	Rolle des Gruppenmitglieds			
	Diskussion organisieren	Ideen beitragen	andere ermutigen	Parallelen ziehen

3.4.10 Spezielle Rollen

Für einige Lernaktivitäten in Kleingruppen oder Arbeitsteams ist es hilfreich, wenn von jedem Mitglied des Teams bestimmte Aufgaben übernommen werden. Wenn eine Gruppe zum Beispiel eine Schulfete plant, könnte einer die Aufgabe erhalten, die Pläne der Gruppe zu protokollieren, ein anderer könnte für das notwendige Gebrauchsmaterial sorgen, ein dritter könnte darauf achten, daß die Zusammenarbeit in der Gruppe klappt und Vorschläge machen, wie die einzelnen Mitglieder besser vorgehen könnten. Um diese Methode anwenden zu können, sollten Sie der Gruppe helfen, die einzelnen Rollen schriftlich zu charakterisieren und die Gruppenmitglieder entscheiden zu lassen, wer welche Rolle übernehmen soll.

Der Übergang von dem Stadium, wo der Lehrer die meisten Aufgaben in der Klasse übernimmt bis zu dem Stadium, in dem Schüler selbst die Verantwortung übernehmen, ist ein schwieriger Prozeß. Zu lernen, wie man eine neue Rolle spielt, erfordert viel Praxis und Erfahrung, sowohl für Lehrer wie für Schüler. Die in diesem Kapitel beschriebenen Lernaktivitäten sind dazu bestimmt, die neuen Fähigkeiten zu fördern. Lehrer und Schüler werden eigene Übungen improvisieren. Das Wichtigste dabei ist, daß die bei diesen praktischen Übungen erforderlichen Fähigkeiten im täglichen Leben der Klasse angewandt werden.

4 Zweites Stadium:
Die Einführung von Normen 2

4.1 Zweites Ziel: Eingehen auf die anderen

Es ist nicht leicht, das zu vergessen, was man jahrelang in der Schule gelernt hat. Schüler klammern sich hartnäckig an die über Jahre gelernten Interaktionsmuster. Nachdem sie jahrelang nur dem Lehrer zugehört haben und auf ihn eingegangen sind, brauchen sie viel Zeit und Unterstützung, um sich davon frei zu machen und um sich bei der Interaktion untereinander wohlfühlen zu können. Den Schülern zu helfen, einander besser kennenzulernen (im Orientierungstadium) , ist ein hilfreicher erster Schritt zur Förderung der Schüler-Schüler-Interaktion. Und die Übungen zur Bildung der Norm Nr.1, Selbstverantwortung der Gruppe, helfen auch dabei. Aber wenn eine Gruppe wirklich selbstverantwortlich handeln und produktiv werden soll, muß größte Aufmerksamkeit darauf gerichtet werden, daß das interaktionelle Geschehen sich nicht auf die Lehrer-Schüler-Interaktion beschränkt, sondern immer mehr die gesamte Schülergruppe umfaßt. Dies beinhaltet sowohl eine Verbesserung der Gewohnheit der Schüler, einander zuzuhören als auch ihrer Art und Weise, am Unterricht teilzunehmen.

Schüler lernen kaum — wenn überhaupt — die wichtige soziale Fähigkeit, gute Zuhörer zu werden. Wenn sie sich für die Thematik nicht interessieren, benutzen die meisten Schüler die Zeit, in der andere Schüler reden, zur Tagträumerei, oder sie denken sich ihre eigene Antwort im Kopf aus, wenn sie die Thematik interessiert. Folglich hören sie einander nie richtig zu oder sie reagieren auf das, was sie *denken*, die andere Person habe es gemeint.

Sie haben auch nie die Fähigkeit erlernt, aufeinander eingehen zu können. Beobachten Sie irgendeine Klassendiskussion, und sie können das beobachten, was ich als das "Feuerwerk-Phänomen" bezeichne. Wenn eine Person etwas sagt, ist dies ähnlich dem Abschuß einer Feuerwerksrakete. Die anderen in der Gruppe schauen es sich an und sagen "ooh" oder "ahh". Aber wenn der Beitrag dann beendet ist, warten sie nur auf den Abschuß einer weiteren Feuerwerksrakete durch einen anderen Schüler — d. h. auf eine neue und aufsehenerregende Idee, selbst wenn sie mit dem, was vorher gesagt worden ist, nichts zu tun hat. Die Diskussionsteilnehmer haben dann das Gefühl, einen wichtigen Diskussionsbeitrag geliefert zu haben, aber selbst wenn die Beteiligung groß war, zeigt die Diskussion kaum Ergebnisse. Neue Ideen sind natürlich für eine gute Diskussion notwendig, und zusätzliche Informationen zu liefern ist eine wichtige Funktion der Diskussionsteilnehmer. Aber solange keine Verbindungen zwischen den genannten Gedanken hergestellt werden, solange die einzelnen Bruchstücke nicht zu einem Gruppenergebnis zusammengefügt werden, solange gibt es kaum eine produktive Diskussion.

Gewiß, manchmal ist das Ziel einer Diskussion nur der Austausch von persönlichen Erfahrungen und Meinungen, ohne daß dabei über die einzelnen Meinungsäußerungen zu einem bestimmten Thema hinausgegangen wird. Dies wird manchmal "open end" - Diskussion genannt, weil sie kein spezielles Ziel hat. Aber die meisten Lernaktivitäten verlangen von der Gruppe eine Entscheidungsfindung, eine Antwort oder eine Problemlösung. Und um dies zu erreichen, müssen die Teilnehmer ihre Beiträge zueinander in Beziehung setzen, statt sie einfach nur den anderen Beiträgen unverbunden hinzuzufügen.

Um die Beiträge aufeinander beziehen zu können, müssen die Schüler sorgfältig den anderen Schülern zuhören, damit sie herauszufinden, ob und wie ihre Ideen zu den anderen passen und inwiefern ihre Wortmeldungen mit den vorhergegangenen Beiträgen übereinstimmen. Wenn sie sich dann an der Diskussion beteiligen, können sie die Beziehungen zwischen ihren Ideen und den anderen Beiträgen aufzeigen. Es ist nicht einfach, Schülern gutes Zuhören und Aufeinandereingehen beizubringen. Dies erfordert gewisse Veränderungen im Lehrerverhalten und verlangt Übungen, die den Schülern die benötigten Fähigkeiten vermitteln.

4.2 Hilfreiches Lehrerverhalten zur Erreichung der 2. Norm: Eingehen auf die anderen

Sie können in einem großen Maß die Art und Weise, wie Schüler zuhören und aufeinander eingehen, durch Ihr verbales Verhalten den Schülern gegenüber und durch Ihre Art der Strukturierung der Lernaktivitäten beeinflussen.

Bilden Sie eine Sitzanordnung, bei der sich alle Schüler sehen und hören können!
Es ist beinahe unmöglich, eine produktive Schüler-Schüler

Interaktion zu entwickeln, wenn alles, was die Schüer sehen können, die Hinterköpfe der Personen vor ihnen sind. Eine Sitzordnung, bei der alle Schüler zum Lehrer blicken und hintereinander sitzen, vermittelt nämlich den Inhalt: "Es ist wichtig, nur mit dem Lehrer zu sprechen." Eine Sitzordnung aber, ähnlich einem Kreis oder einem offenen Halbkreis, bei der die Schüler sich ansehen können, hat den Aufforderungscharakter: "Es ist wichtig, miteinander zu reden." Um diese Haltung zu verstärken, sollte der Lehrer an einem Schülertisch innerhalb dieses Kreises sitzen oder ganz außerhalb des Kreises Platz nehmen.

Geben Sie die Fragen weiter, statt sie selbst zu beantworten!
Stellen Sie sich z. B. vor, daß während einer Diskussion über amerikanische Geschichte Karl Sie fragt: "Wie konnten denn die ersten Siedler in Amerika so grausam und dumm sein, die Indianer von ihrem Land zu vertreiben, das ihnen doch gehörte? Ist das nicht so ähnlich wie die Besetzung eines fremden Landes?" Man neigt dann leicht dazu, diese von Karl gestellte Frage zu beantworten, entweder indem man das Verhalten der Siedler rechtfertigt oder mit Karl darin übereinstimmt, daß dies erbärmlich war, oder eine Position dazwischen einnimmt. Wenn Sie aber die Schüler-Schüler-Interaktion fördern wollen, können Sie einfach antworten: "Ja, das ist eine wichtige Frage, Karl. Wer kann zu Karls Frage etwas sagen?" Somit haben Sie Karl für das Stellen dieser Frage gelobt, haben aber gezeigt, daß die Schüler Karls Frage beantworten sollen, statt daß Sie den Mittelpunkt der Diskussion bilden.

In dem Lehrerhandbuch zu "Becoming: A Course in Human Relations" bringt *A. E. Roark* eine ausgezeichnete Darstellung, wie man in einer Diskussion Fragen an andere weitergibt (12): "Im Frühstadium einer Gruppe, wenn die Gruppenmitglieder noch nicht in der Lage sind, die Diskussion selber zu führen, ist es manchmal notwendig, Fragen weiterzuleiten. ...Diese Maßnahme des Lehrerverhaltens am Beginn von Gruppendiskussionen hilft, eine große Beteiligung zu sichern und die Gruppe das Thema nicht aus den Augen verlieren zu lassen. Weil Gruppen in ihrem Frühstadium dahin tendieren, daß die Äußerungen der Diskussionsteilnehmer öfters als erwünscht an den Leiter gerichtet werden, sollte der Leiter die Äußerung erst einmal an jemand anderen weitergeben, Jane (zum Leiter) "Herr Bumgartener, warum müssen wir denn die ganze Zeit im

Kreis sitzen?" Herr Bumgartener (Frage weiterleitend):"Was meint ihr dazu?" Damit hat er die Frage an die ganze Gruppe weitergegeben, und dies impliziert etwas anderes, als wenn man die Frage an eine bestimmte Person weitergibt. Verschiedene Punkte sind in Herrn Bumgarteners Bemerkung zu beachten: 1) er hat die Frage nicht beantwortet, 2) er behandelte sie als eine Frage, obwohl er sie nicht beantwortete, 3) er fragte nicht nach einer Antwort zur Bestätigung seiner Auffassung über die Sitzordnung (d.h. er sagt nicht,"Wer möchte Jane erzählen, warum es besser ist, im Kreis zu sitzen?") sondern ließ alles offen für jede Art von Bemerkung und 4) er zwang keine bestimmte Person zur Beantwortung der Frage."

Geben Sie Fragen weiter, wenn die Schüler einander nicht zuhören!
Um die Schüler zum besseren gegenseitigen Zuhören zu bringen, können Fragen einfach weitergegeben werden. Sehen wir uns dazu einen Wortwechsel im Gesundheitsunterricht an:
Jeff:"Wenn die Fluorisierung des Trinkwassers vor Karies schützt, warum hat man das in unserer Stadt noch nicht getan?"
Lehrer:"Das ist eine gute Frage. Was meinst du dazu, Kim?"
Kim:"Hä? Ich habe nicht gehört, was er gesagt hat."
Lehrer:"Jeff fragte, warum das Trinkwasser unserer Stadt nicht fluorisiert ist."

In diesem Beispiel hat der Lehrer Jeffs Frage wiederholt, um Kim nicht in Verlegenheit zu bringen. Obwohl der Lehrer einen besonderen Grund hatte, Kim aufzurufen (weil er nämlich nicht aufpaßte) und deswegen die Frage nicht an die Klasse weitergeleitet hat, wäre eine bessere Antwort des Lehrers die folgende gewesen:
Lehrer:"Dann bitte Jeff, daß er die Frage wiederholt."
Kim:"Jeff, was hast du gefragt?"
Jeff:"Ich fragte, warum die Stadt unser Trinkwasser nicht fluorisiert?"
Kim:"Nun ja, ich nehme an, es ist deswegen, weil der Stadtrat den betreffenden Antrag abgelehnt hat. Vergiß nicht, daß sie sagten, daß Terroristen das Fluorisierungssystem dazu benutzen könnten, uns zu vergiften und um so an die Macht zu kommen."

Indem der Lehrer Kim aufforderte, Jeff seine Frage wiederholen zu lassen, hatte er wieder die Aufmerksamkeit der Schüler auf die Interaktion zwischen ihnen gelenkt. Wenn der Lehrer weiterhin solche Bemerkungen wie Kims "Ich habe nicht gehört, was er gesagt hat" an die anderen weitergibt, werden die Schüler in dieser Klasse bald merken, daß sie einander aufmerksam zuhören müssen, weil der Lehrer nicht gewillt ist, die Schaltstelle der Kommunikation zwischen den Schülern zu sein.

Wiederholen Sie nicht jeden Beitrag!
Die Angewohnheit des Lehrers, alle Antworten der Schüler auf Lehrerfragen zu wiederholen, verstärkt die Tendenz der Schüler, einander nicht zuzuhören. So lautet manchmal eine typische vom Lehrer geführte Diskussion:
Lehrer: "Wenn du einen Arzt aufsuchen mußt, wie würdest du denn feststellen, ob er qualifiziert genug ist?" (einige melden sich). "Jimmy?"
Jimmy: "Ich würde ihn fragen, wo er sein Examen gemacht hat. Mein Bruder möchte gern Medizin studieren, und er hat mir die besten Hochschulen genannt."
Lehrer: "Nun gut, Jimmy würde sich daran orientieren, wo der Arzt seine Ausbildung absolviert hat. Noch eine andere Idee? Laurie?"
Laurie: "Ich würde bei der Ärztekammer anrufen und fragen, ob der Arzt zu empfehlen ist."
Lehrer: "Laurie würde die Ärztekammer fragen. Was könnte man sonst noch machen? Michael?"
Michael: "Ich würde andere Ärzte fragen, was sie von diesem Arzt halten."
Lehrer: " Michael würde andere Ärzte fragen. Was würdest du machen, Andy?"
Andy: "Ich würde nach der Anzahl der Patienten des Arztes fragen. Wenn es viele sind, muß meine Wahl wohl richtig sein."
Lehrer: "Andy denkt, daß die Größe der Arztpraxis ein guter Indikator ist. Stimmt ihr da alle zu?"

So seltsam das auch hier erscheint, so treffen wir doch dieses Frage-Antwort-Schema in den meisten Klassen immer wieder an. Diese Angewohnheit, alles zu wiederholen, bestärkt Schüler darin, nicht zuzuhören. Sie fragen sich, warum sie überhaupt aufpassen sollen, wenn der Lehrer sowieso alles wiederholt. Dies zeigt doch den Schülern, daß sie einander nicht zuzuhören brauchen, sondern nur dem Lehrer. Wenn der Lehrer das Wiederholen unterläßt und bei Unaufmerksamkeit der Schüler diese auffordert, selbst nach der eben gestellten Frage zu fragen, werden die Schüler einander aufmerksamer zuhören.

Stoppen Sie Beiträge, die keinen Zusammenhang zu vorhergehenden Beiträgen aufweisen!
Wenn Sie bei einer Gruppendiskussion merken, daß gewisse Schüler, die gerade einen Beitrag leisten, den vorherigen Beiträgen nicht aufmerksam zugehört haben, lassen Sie sie erst dann weiterreden, wenn Sie sich sicher sind, daß sie die vorherigen Beiträge kennen. Häufig stellt ein neuer Beitrag nichts als eine Unterbrechung dar. Der Schüler hat nicht zugehört und nur darauf gewartet, eine persönliche Feuerwerksrakete abzuschießen. Ein solcher Beitrag führt die Diskussion nur in eine falsche Richtung oder läßt das eigentliche Problem ungelöst. Manchmal hat der Redende offensichtlich den vorherigen Beitrag mißverstanden. Das wird oft dann deutlich, wenn ein Schüler, der an der Diskussion teilnehmen will, vorher unaufmerksam war und so nicht den Stand und die Richtung der Diskussion kennt.

In all diesen Fällen sollten Sie den Schülern nicht erlauben, einen neuen Beitrag zu leisten, bevor sie nicht beweisen können, daß sie den bisherigen Diskussionsverlauf kennen. Wenn Schüler unaufmerksam waren oder vorherige Beiträge mißverstanden haben, ist es nützlich, sie die bisherige Diskussion zur Befriedigung der Teilnehmer, die die bisherigen Beiträge geleistet hatten, zusammenfassen zu lassen. Dies hilft bei der Durchsetzung der Regel, daß Schüler aufmerksam anderen zuhören müssen, bevor sie ihre eigenen Ideen in die Diskussion einbringen können.

Bekräftigen Sie nur das von Ihnen erwünschte Verhalten!
Sie sollten darauf achten, welche Art von Schülerverhalten Sie bekräftigen. Man begeht z. B. leicht den Fehler, einen Schüler für einen besonders guten Beitrag — ein farbenprächtiges Feuerwerk — zu loben, obwohl der Schüler nicht zeigen konnte, inwiefern diese Idee dem Diskussionsverlauf zuträglich war. Ein solches Lehrerverhalten führt mehr zum Abfeuern von Feuerwerksraketen statt zur Herstellung eines Gruppenergebnisses. Es wäre besser, diesen Beitrag zu loben (um damit den Schüler in der Diskussionsteilnahme zu bestärken), aber gleichzeitig herauszustellen, daß der Schüler keine Verbindung

zwischen seinem Beitrag und dem Diskussionverlauf hergestellt hat, und ihn aufzufordern, dies zu tun.

Sie können Lob dazu gebrauchen, aufeinander bezogene Beiträge zu fördern, die in einer Diskussion hilfreich sind. Wenn Schüler die Verbindung zwischen ihren eigenen neuen Ideen und den vorherigen Beiträgen herstellen, oder wenn sie zeigen, wie zwei oder mehr Gedanken miteinander zusammenhängen, sollten sie vom Lehrer absichtlich und ausgiebig gelobt werden: "Sonja, du hast Peters und Hans' Vorschläge sehr schön miteinander verknüpft; sie haben gewisse Ähnlichkeiten, und du hast uns geholfen, diese Ähnlichkeiten zu erkennen. Sehr gut!" Es gibt nur wenige Möglichkeiten der Einflußnahme, um das Verhalten der Schüler in einer Klasse zu verändern, die so stark sind wie das Lob des Lehrers. Wenn der Lehrer ein bestimmtes Verhalten eines Schülers lobt, freut sich der Schüler in der Regel sehr und versucht dieses Verhalten so oft wie möglich zu wiederholen. Aus diesem Grund sollten Sie einem Schüler immer zeigen, daß Sie sich über sein Verhalten freuen, wenn er sich in einer Diskussion kooperativ verhalten hat.

Verhalten Sie sich selbst so, wie Sie es von den Schülern erwarten!
Schüler tendieren zur Nachahmung des Lehrerverhaltens, auch wenn sie sich dessen nicht bewußt sind oder es nicht wahrhaben wollen. Wenn der Lehrer selbst nicht aufmerksam zuhört, werden die Schüler es auch nicht tun. Einige Grundprizipien guten Zuhörens werden weiter unten beschrieben. Wenn Sie diese Prinzipien in Ihrem täglichen Verhalten in der Klasse anwenden, können Sie ein Beispiel für die Interaktion der Schüler untereinander sein.

4.3 Prinzipien des guten Zuhörens

Konzentrieren Sie sich auf den Sprechenden!
Die jeweils sprechende Person sollte der *Mittelpunkt* der Diskussion sein. Stellen Sie sich vor, der Redende würde im Rampenlicht stehen. Das ist der Moment des Sprechenden. Ihre Aufgabe ist zuzuhören, nicht zu reden. Solange wie der Redende auf der "Bühne" steht, ist er der Mittelpunkt der Diskussion und Sie unterstützen dies; Ihre Aufgabe ist es, dieser Person bei der Vermittlung ihrer Gedanken und Gefühle zu helfen. Deshalb

sollten Sie nie etwas tun, was die Aufmerksamkeit auf Sie lenkt, was Sie ins Rampenlicht bringen könnte. Ihre Reaktionen als Zuhörer sollten darauf gerichtet sein, den Redenden zu unterstützen.

Diese Auffassung des Redenden als Mittelpunkt der Diskussion steht im Widerspruch zu dem, was die meisten von uns gewohnheitsmäßig jahrelang gemacht haben. Die gewöhnliche Auffassung über Unterhaltungen und Diskussionen ist die, zu sprechen, und nicht die, uneingeschränkt zuzuhören. Oft wird dies bildhaft als ein Hin- und Herwerfen eines Balls geschildert. Eine Person redet ein paar Minuten, hört auf und wirft den Ball dann jemand anderem zu, der dann eine Weile zu reden beginnt. Selten hört eine Person der anderen sehr genau zu, weil bei dieser Art der Interaktion der meiste Wert auf das gelegt wird, was Sie sagen, und nicht, wie Sie zuhören.

Wenn Sie bewußt die Rolle eines aufmerksamen Zuhörers annehmen, d.h., wenn Sie die redende Person dabei unterstützen sich zu artikulieren, werden Sie die Aufmerksamkeit nicht für sich stehlen. Wenn zum Beispiel ein Schüler aufsteht und sagt:"Ich glaube nicht, daß Sie gerechte Zensuren geben," werden Sie vielleicht dazu neigen, Erklärungen abzugeben oder den Schüler zu überzeugen versuchen. Aber dies bedeutet, die Aufmerksamkeit vom Schüler wegzunehmen und auf sich zu konzentrieren. Eine weit hilfreichere Reaktion würde folgende sein:"Kannst du mir sagen, wie du darauf kommst?" So eine Antwort ermuntert die Schüler weiter zu reden und ihren Gedanken und Gefühlen nachzugehen, statt daß sie den Erklärungen des Lehrers zuhören müssen.

Schauen Sie den Redenden an und zeigen Sie ihm, daß Sie zuhören!

Um die Aufmerksamkeit beim Redenden zu belassen, sehen Sie ihn an. Sehen Sie ihm direkt in die Augen. Dies zeigt dem Redenden, daß Sie ihm volle Aufmerksamkeit schenken und sich dafür interessieren, was er sagt. Nicken Sie gelegentlich mit dem Kopf als Zeichen, daß Sie verstanden haben und machen Sie von Zeit zu Zeit Bemerkungen wie "ja, ja" oder "hm, hm". Es ist erstaunlich, wie Augenkontakt und gelegentliches Nicken mit dem Kopf den Redenden ermutigen kann, und wie schnelles Wegblicken oder ein Abwenden des Gesichts den Redenden zum Schweigen bringen kann. Beim aktiven Zuhören muß man also sowohl den Redenden anschauen

als ihm auch zu verstehen geben, daß man ihn verstanden hat.
  Irrtümlicherweise denken einige Leute, daß das Nicken des Kopfes beim Zuhören ein Zeichen der vollen Übereinstimmung mit dem Redenden bedeutet. Ein Nicken oder ein "hm" bedeutet einfach "Ich höre Ihnen zu", und nichts weiter. In der Tat sollte man beim guten Zuhören weder den Eindruck von Zustimmung noch von Ablehnung erwecken bis der Redende ausgesprochen hat. Wir neigen alle dazu, der anderen Person sofort zu zeigen, was *wir* denken. Wir beginnen mit Zustimmung (oder öfter noch mit Ablehnung), sobald der Redende auch nur ein paar Worte gesagt hat. Oder wir machen sofort Vorschläge oder geben Ratschläge. Aber die Hauptsache für den Redenden ist zunächst, daß er weiß, daß Sie zuhören und verstehen, was er sagt — und nicht, daß Sie zustimmen, dagegen sind, den Beitrag beurteilen, Ratschläge geben oder Vorschläge machen. Dafür gibt es später noch genug Zeit, aber erst einmal ist es besser, ihm einfach zuzeigen, daß Sie zuhören.

Haben Sie keine Angst vor plötzlicher Stille!
Aktives Zuhören heißt, daß Sie die meiste Zeit schweigen müssen. Wenn der Redende stockt, widerstehen Sie der Versuchung, dazwischen zu reden. Höchstwahrscheinlich wird der Redende fortfahren, wenn er meint, daß Sie weiter zuhören wollen. Wenn die Pause unangenehm lang wird, stellen Sie eine Frage, die den Redenden zum Weitersprechen ermuntert. Stellen Sie keine einfache ja-nein Frage oder eine, die mit ein paar Worten beantwortet werden kann. Wenn ein Schüler zum Beispiel ein Thema zur Sprache gebracht hat oder eine Reaktion auf etwas zeigt, sagen Sie:"Kannst du mir mehr darüber erzählen?" oder "Ich würde gern mehr wissen, wie du darüber denkst."

Gehen Sie auf die Bemerkungen des Redenden ein!
Lehrer fühlen sich nicht nur dazu gezwungen, etwas zu erklären oder berichtigen zu müssen; oft reagieren sie überhaupt nicht auf den Beitrag des Schülers. Ich habe viele Lehrer dabei beobachtet, vor allem Praktikanten oder Junglehrer, wie sie eine Reihe von Fragen zu Hausaufgaben stellten. Üblicherweise stellt der Lehrer eine Frage und ruft jemanden zur Beantwortung auf. Aber es ist offensichtlich, daß — während der Schüler antwortet — der Lehrer schon an die nächste Frage denkt

(oder dazu im Buch nachschlägt) und nicht darauf achtet, was der Schüler sagt. Sobald der Schüler die Frage auch nur halbwegs beantwortet hat, sagt der Lehrer "Gut, Terry. Und wer weiß, warum das Niltal so ein fruchtbares Ackerland ist?" und ruft einen weiteren Schüler auf. Der Lehrer reagiert nicht auf den Inhalt der ersten Schülerantwort, er geht nicht darauf ein, sondern geht in seinem Fragenkatalog weiter.

Der Lehrer, der sich wirklich mit den Antworten der Schüler befaßt, ermuntert damit die Schüler ausführlicher zu antworten, ermuntert andere Schüler auf die Antwort einzugehen und zusätzliche Bemerkungen zu machen, und baut somit auf der beantworteten Frage weiter auf, bevor er die nächste stellt. Eine der besten Möglichkeiten, die ich herausgefunden habe, um während des Unterrichts schlechtes Zuhören abzulegen, ist die, die Diskussionsfragen nicht vorher zu planen, sondern sie sich aus den Redebeiträgen der Schüler bilden zu lassen. Statt mit einem Katalog vorstrukturierter Fragen zu beginnen, pflege ich eine generelle, weiterführende Frage zu stellen, wie z. B. "Was meint ihr zu den Hausaufgaben, die ihr zu heute aufhattet?" oder "Was haltet ihr davon, wenn...?" Diese Fragen zwingen mich, den Schülern genau zuzuhören und wirklich auf sie einzugehen, statt im Eiltempo eine Frage nach der anderen zu stellen. Ich will nicht damit sagen, daß der Lehrer seine Stunden nicht sorgfältig vorbereiten soll, sondern ich bin der Auffassung, daß diese anfängliche Vorgehensweise dem Lehrer hilft, besser den Schülern zuzuhören.

Wiederholen Sie oder fassen Sie die Diskussionsbeiträge zusammen!
Ich hatte weiter oben schon einmal erwähnt, daß das Wiederholen von Schülerantworten einen negativen Effekt hervorrufen kann, nämlich den, daß die Schüler einander nicht zuhören. Dies passiert hauptsächlich dann, wenn die Schüler auf eine Serie von Fragen kurze, inhaltsbezogene Antworten geben. Es gibt allerdings Situationen, in denen das Wiederholen und Zusammenfassen von Antworten eine wichtige Rolle beim aktiven Zuhören spielen kann. Dies trifft zu, wenn der Schüler detailliert, ihm wichtig vorkommende Ideen oder Gefühle beschreibt. Wenn z.B. ein Schüler sich über Ihr Verhalten beschwert oder eigene Gedanken über ein kontroverses oder etwas bedrohliches Thema Ihnen mitteilt, kann das Wiederholen oder Zusammenfassen dem Schüler zeigen, daß Sie ihn verstan-

den haben. Dies ermutigt ihn auch weiterzureden. Wenn der Schüler einen Aspekt seines Gedankenganges dargestellt hat, können Sie das Wichtigste mit anderen Worten wiederholen, um ihm damit zu zeigen, daß Sie ihn verstanden haben. Sie geben ihm auch damit die Gelegenheit, Mißverständnisse zu beseitigen. Nehmen wir zur Erläuterung wieder das Beispiel des Schülers, der sich über Ihr Benotungssystem beschwert hat:
Jerry: "Ich glaube nicht, daß Sie gerechte Zensuren geben."
Lehrerin: " Kannst du mehr darüber sagen, warum du so denkst?"
Jerry: "Na ja, ich habe die richtige Methode angewandt, aber Sie haben das nicht berücksichtigt. Bloß weil ich die Aufgabe falsch gelöst habe, haben Sie mir alles als falsch angestrichen. Und das jetzt schon zum fünften Mal!"
Lehrerin (wiederholend): "Du denkst, ich hätte dir einige Punkte für die richtige Methode geben sollen, auch wenn du Flüchtigkeitsfehler gemacht hast und zu keiner richtigen Lösung gekommen bist?"
Jerry: "Wichtig ist, daß man weiß, wie man vorgehen muß, und daß ich das kann, habe ich wohl gezeigt. Im Endeffekt habe ich dieselbe schlechte Note wie vier oder fünf Leute hier bekommen, obwohl sie nicht einmal versucht haben, das Problem zu lösen, weil sie nicht wußten, wie."
Lehrerin (wiederholend): "Du denkst, du hast eine bessere Note verdient?"
Jerry: "Und ob! Es ist eine Sache, ob man weiß, wie man ein Problem zu lösen hat, eine andere, ob man einfach Flüchtigkeitsfehler macht."
Lehrerin (wiederholend): "Du möchtest, daß ich mein Benotungssystem ändere, und zwischen Flüchtigkeitsfehlern und Nichtwissen Unterschiede mache."

Bemerkenswert ist die Tatsache, daß die Lehrerin dem Versuch widerstanden hat zu erklären, warum sie Flüchtigkeitsfehler für genauso wichtig hält wie das Nichtwissen der Lösungsmethode. Wir nehmen an, daß sie später darauf eingehen wird. Aber zuerst ist es ihr wichtiger, Jerry zu zeigen, daß sie versteht, was er sagt. Und dies tut sie, indem sie zusammenfaßt (oder wiederholt oder umschreibt), was sie hört. Insofern gibt sie Jerry zu verstehen, daß sie ihn für die Kritik an ihrem Benotungssystem nicht verurteilt, und daß sie ernsthaft versucht, seine Kritik zu verstehen. Weder stimmt sie ihm unbedingt zu, noch versucht sie ihn sofort vom Gegenteil zu überzeugen.

Beachten Sie besonders, daß die Lehrerantworten die Kritik des Schülers nicht infragestellen, sondern eindeutige Aussagen beinhalten. Zum Beispiel drückt die Aussage: "Du denkst, du hast eine bessere Note verdient" Verständnis aus, wohingegen die Frage:"Denkst du, du hast eine bessere Note verdient?" ein Zeichen für Ablehnung und Meinungsverschiedenheit sein kann, so als ob man sagen würde:"Besitzt du wirklich die Frechheit zu behaupten, daß du wirklich eine bessere Note verdient hast als die, die ich dir gegeben habe?!"

Gehen Sie auf persönliche Gefühle ein!
Die Gefühle, die bei einer Äußerung mitschwingen, sind häufig genauso wichtig wie die Aussage selbst. Beispielsweise weisen die Äußerungen Jerrys auf alle möglichen Gefühle hin, wie:"Ich bin traurig, daß meine Note so schlecht ist, obwohl ich den richtigen Lösungsweg wußte", oder:"Ich schäme mich wegen der Flüchtigkeitsfehler". Er sagt diese Dinge nicht direkt (nur wenige von uns sprechen offen über ihre Gefühle), aber der Lehrer, der wirklich zuhört, wird die Gefühle hinter der kognitiven Aussage erkennen und wird auf sie ebenso eingehen wie auf das gesprochene Wort.

Um die Gefühle hinter einer Aussage zu erkennen, fragen Sie sich selbst:"Wie fühlt sich diese Person? Ist der Schüler wütend, verletzt, hat er Angst, freut er sich, ist er stoz, selbstgefällig, unsicher, irritiert, verlegen, nervös, begeistert?" Oft helfen nonverbale Hinweise beim Verstehen der Gefühle des Sprechenden. Achten Sie auf die Haltung und Gestik des Schülers und den Klang seiner Stimme. Fragen Sie sich selbst: "Wie würde ich mich fühlen, wenn ich so etwas sagen würde?"

Wenn Sie meinen, daß Sie die Gefühle verstanden haben, gehen Sie darauf ein. Gewöhnlich kann dies mit einer einfachen Feststellung getan werden, wie:"Du scheinst wütend auf mich zu sein wegen der Note, die ich dir gegeben habe". Der Ton, in dem Sie das sagen, ist sehr wichtig. Versuchen Sie sich nicht anmerken zu lassen, daß Sie die Antworten überraschen oder daß Sie Ihnen mißfallen. Sprechen Sie mit sanfter Stimme, einer, die Verständnis statt Verurteilung ausdrückt.

Verknüpfen Sie verschiedene Schülerbeiträge und versuchen Sie klärende Zusammenfassungen!
Bei Diskussionen, an denen eine Anzahl von Schülern beteiligt

ist, können Sie durch verbindende Bemerkungen ein Verhalten hervorrufen, bei dem die Schüler aufeinander eingehen. Zum Beispiel:"Beide von euch scheinen den Standpunkt der Israelis zu vertreten; aber Hans, du scheinst mehr als Wendy davon überzeugt zu sein, daß wir militärische Hilfe leisten sollten. Stimmt das?" Oder Sie können den bisherigen Diskussionsverlauf zusammenfassen:"Wir stimmen alle darin überein, daß die Haltung der Bundesregierung im Vietnam-Krieg ein Fehler war, aber wir sind unterschiedlicher Ansicht darüber, welche Schritte in dieser Sache hätten unternommen werden können. Stimmt das?" Um Schüler schließlich auch dahin zu bringen, daß sie Verbindungen zwischen verschiedenen Gedanken selbstverantwortlich herstellen können, ist ein Lehrerverhalten nützlich, das in der frühen Phase der Gruppenbildung deutlich macht, welche Arten von Verhaltensweisen in dieser Beziehung hilfreich sind.

4.4 Strukturierte Übungen zur Bildung der 2. Norm: Eingehen auf die anderen

Neben einem modellhaften Lehrerverhalten, also einem Verhalten, das gutes Zuhören und Reagieren auf andere demonstriert, ist es zusätzlich wichtig für Schüler, daß sie aufmerksames Zuhören und Eingehen auf die anderen selbst üben können. Um solche Fähigkeiten herauszubilden, können die folgenden strukturierten Übungen durchgeführt werden.

4.4.1 Demonstration aktiven Zuhörens

Beginnen Sie eine Demonstration aktiven Zuhörens mit Ihnen als Zuhörer und einem Schüler als freiwillig Redendem. Der Redende soll entweder über ein einigermaßen persönliches Problem oder ein kontroverses Thema reden. Sie können eventuell dabei sowohl schlechtes als auch gutes Zuhören demonstrieren. Verlangen Sie nach der Demonstration von den Schülern, Techniken für gutes Zuhören aufzulisten. Folgende Punkte sollte diese Liste enthalten:
1) Halten Sie mit dem Redenden Augenkontakt.
2) Zeigen Sie durch ein "hm-hm" und ein Kopfnicken, daß Sie zuhören.
3) Halten Sie am Anfang einen Ausdruck von Zustimmung

oder Ablehnung zurück. Zeigen Sie einfach, daß Sie verstanden haben, was der Redende gesagt hat.
4) Ertragen Sie kurze Pausen, um den Redenden zum Weitersprechen zu ermutigen. Vermeiden Sie, in die Pausen sofort hineinzureden.
5) Stellen Sie sich nicht statt des Redenden in den Mittelpunkt der Diskussion, indem Sie etwa über sich selbst sprechen oder indem Sie dem Redenden widersprechen.
6) Stellen Sie offene Fragen, um den Sprecher zum Weiterreden oder Erläutern seines Beitrags zu ermuntern.
7) Fassen Sie die Bemerkungen des Redenden zusammen oder wiederholen Sie sie von Zeit zu Zeit als Zeichen dafür, daß Sie ihn verstanden haben.
8) Gehen Sie auf die Gefühle ein, die hinter dem Wortbeitrag stehen. Zeigen Sie, daß Sie die *Gefühle* des Redenden verstehen.

4.4.2 Einer anderen Person aktiv zuhören

Teilen Sie die Klasse in Dreiergruppen auf. Bestimmen Sie in jeder Kleingruppe einen Sprecher, einen Zuhörer und einen Beobachter. Stellen Sie den Sprechern eine Auswahl von Themen zur Verfügung. Die Sprecher können den Zuhörern über etwas berichten, was ihnen persönlich wichtig erscheint — z.B. etwas, was sie an sich mögen; etwas, was sie gern bei sich ändern würden; etwas, was sie kürzlich störte oder glücklich gemacht hat, ein persönliches Problem; oder etwas wichtiges über sich, was der Zuhörer noch nicht kennt. Oder der Sprecher kann seine Meinung über ein Thema kundtun, z.B.:"Was können Lehrer und Schüler tun, um besser miteinander auszukommen?" oder "Muß eine Person heiraten, um vollkommen glücklich zu sein?"

Die Aufgabe des Sprechers ist es, über seine Gefühle, Gedanken und über Fakten zum ausgewählten Thema zu reden. Der Zuhörer soll die Techniken des aktiven Zuhörens üben. Der Beobachter muß darauf achten, daß der Zuhorer die Prinzipien des aktiven Zuhörens nicht verletzt. Stellen Sie klar, daß der Beobachter an der Diskussion nicht teilnehmen darf, ausgenommen, um den Zuhörer darauf hinzuweisen, daß er die Regeln nicht beachtet. Der Beobachter sollte der Diskussion aufmerksam folgen und sich mit jedem Vorschlag zur Verbesserung zurückhalten, bis das Gespräch beendet ist.

Nach fünf oder zehn Minuten beenden Sie die Übung und lassen die Dreiergruppen etwa die folgenden Fragen diskutieren:
Haben die Sprecher wirklich über ihre Ideen und Gefühle hinsichtlich des Themas nachgedacht?
Haben die Zuhörer den Sprechenden geholfen oder haben sie sie unterbrochen, ermutigt oder mit ihnen gestritten?
Was hätten die Zuhörer besser machen können?
Haben die Beobachter darauf geachtet, daß die Zuhörer die Regeln befolgen?

Lassen Sie die Dreiergruppen zusammen, aber tauschen Sie die Rollen aus. Wiederholen Sie die gleiche Übung zweimal, so daß jedes Gruppenmitglied je einmal die Funktion eines Sprechers, Zuhörers und Beobachters ausfüllt.

4.4.3 Aktives Zuhören in einer Gruppe

Die Klasse bildet einen großen Kreis (oder mehrere kleine Kreise). Stellen Sie ein fachorientiertes oder ein kontroverses Thema zur Diskussion, wie: "Woran kann sich eine Person orientieren, um zu entscheiden, was "gut" und was "schlecht" ist?" oder: "Muß Strafe sein?" Fordern Sie die Schüler zum Gebrauch der Techniken des guten Zuhörens auf (siehe Liste Seite 108 f.), wann immer ein Gruppenmitglied einen Diskussionsbeitrag liefern will, wird er "Mittelpunkt" der Diskussion und die anderen hören aufmerksam zu und gehen auf den Sprechenden so lange ein, wie er wünscht, "Mittelpunkt" zu sein. Zuhörende Schüler sollten davon absehen, dazwischen zu reden, nicht zuzustimmen, oder in anderer Weise die auf ihn gerichtete Aufmerksamkeit von ihm wegzulenken. Wenn der Sprechende nicht länger als "Mittelpunkt" fungieren will, kann ein anderes Gruppenmitglied Sprecher werden und die Gruppenmitglieder hören dann dieser Person aufmerksam zu.

Nach zehn oder fünfzehn Minuten beenden Sie die Übung und lassen die Gruppe Fragen wie die folgenden diskutieren:
War es schwerer in einer Gruppendiskussion oder in einem Zweiergespräch zuzuhören? Warum?
Worin unterscheidet sich euer Verhalten während dieser Diskussion von eurem Verhalten in üblichen Gruppendiskussionen?
Was sind die Vor- und Nachteile, wenn ihr den Sprecher nicht unterbrecht, um eure eigenen Beiträge zu liefern?

4.4.4 Die Menschenmaschine

Diese nonverbale Übung demonstriert, wie Gruppenmitglieder ihre verschiedenen Beiträge zur Herstellung einer funktionierenden Einheit verbinden können, bei der Individuen aufeinander eingehen, statt getrennt zu operieren. Die Tische werden an die Wand gerückt und die Schüler bilden einen großen Kreis. Sie sollen mit ihrem eigenen Körper nun gemeinsam eine große "Maschine" bilden. Eine Person beginnt mit einer repetitiven Bewegung, z.B. indem sie einen Arm rhythmisch auf und ab bewegt und diese Bewegung mit einem besonderen Geräusch begleitet. Die anderen Schüler sollten einer nach dem anderen sich dem anschließen, indem sie sich in irgendeiner Art und Weise mit den anderen verbinden, und ihre eigenen Bewegungen und Geräusche der schon bestehenden "Maschine" hinzufügen. Das Ziel ist erreicht, wenn die ganze Gruppe miteinander verbunden ist und sich in zusammenhängender Art und Weise bewegt und dabei viele Geräusche macht. Beenden Sie das Spiel und befragen Sie die Gruppenmitglieder, welche Ähnlichkeiten sie zwischen der "Menschenmaschine" und einer effektiven Lerngruppe festgestellt haben.

4.4.5 In der Gruppe Geschichten erfinden lassen

Die Gruppe bildet einen Kreis. Entweder Sie oder ein Schüler beginnt freiwillig mit einer zu erfindenden Geschichte, indem nur ein Satz gesagt wird. Dies geht im Uhrzeigersinn weiter; jeder Schüler fügt zur Geschichte einen neuen Satz hinzu. Die Schüler sollten versuchen, eine zusammenhängende Geschichte zu erzählen und sie sich so anhören lassen, als ob sie von einer Person erzählt würde.

Wenn das Spiel zu Ende ist, erklären Sie, daß dieses Spiel deshalb gemacht wurde, um sie üben zu lassen, neue Gedanken mit vorher genannten zu verknüpfen. Fragen Sie nach Schwierigkeiten, die sie beim Verknüpfen von vorherigen Gedanken mit ihren eigenen hatten. Erwähnen Sie, wie wichtig es ist, dem vorherigen Sprecher sorgfältig zuzuhören, um den Aufbau der Geschichte mitbekommen zu können.

4.4.6 Eingehen auf den vorherigen Sprecher

Die Klasse bildet einen großen Kreis. Geben Sie den Schülern ein fachorientiertes oder kontroverses Diskussionthema, wie: "Welche Entscheidungen sollten Personen in eurem Alter selber treffen dürfen und welche nicht?" Jede Person kann einen Beitrag nur dann leisten, wenn in irgendeiner Weise auf den vorherigen Beitrag eingegangen wird. Mit anderen Worten, die Schüler müssen den vorherigen Beitrag kommentieren oder ihm etwas hinzufügen statt einfach ihren Standpunkt zur Frage zu äußern. Während die Schüler Bemerkungen zu den Äußerungen ihres Vorredners machen, sollten sie ihn dabei direkt ansehen.

Wenn die Schüler noch nicht in der Lage sind oder sich nicht sicher genug fühlen, daß sie ihre Beiträge selbständig in einer zufälligen Reihenfolge bringen, können Sie die Übung leicht vorstrukturieren, indem Sie die Schüler wie folgt auffordern, ihre Beiträge zu machen:

a) Fordern Sie einen Schüler auf, seine Meinung zu dieser Frage zu äußern.

b) Fragen Sie nach einem Freiwilligen, der auf den ersten Schüler eingehen will. Dieser muß den vorherigen Sprecher direkt ansehen und sich auf dessen Beitrag beziehen oder ihn kommentieren. Danach kann er eigene Gedanken dazu äußern.

c) Wenn der zweite Sprecher fertig ist, soll der nächste Freiwillige auf den ersten oder den zweiten Sprecher eingehen, den Betreffenden direkt ansehen, und seine Bemerkungen kommentieren, bevor er eigene Gedanken hinzufügt.

d) Fahren Sie so fort bis jeder Schüler, der es möchte, etwas dazu gesagt hat.

So protokollierte Janet in ihrem Tagebuch ihre Reaktionen auf dieses Spiel:
0 Als nächstes mußten wir zuhören, was gesagt wurde, und die betreffende Person genau ansehen. Statt wie sonst unsere Meinungen in den Raum zu stellen, ohne vorher über die Gedanken der anderen nachzudenken oder sie zu kommentieren. Das war gar nicht so einfach, aber die Diskussion war sinnvoll.

4.4.7 Kontrollierter Dialog in Dreiergruppen

Die Tische sollen an die Wand gestellt werden. Schlagen Sie ein kontroverses Thema vor, wie z. B.: "Sollte jeder Frau erlaubt sein abzutreiben, wenn keine medizinischen Komplikationen zu erwarten sind?"; "Sollte es Mädchen erlaubt sein, in gemischten Fußballteams mitzuspielen?"; "Sollte es Homosexuellen erlaubt sein, ein Mitglied des gleichen Geschlechts legal zu heiraten?" oder irgendetwas höchst Kontroverses, das für Ihre Klasse geeignet ist. Die eine Seite des Klassenzimmers ist für die eine extreme Ansicht, die andere Seite für die andere reserviert. Die Schüler sollten sich je nach Standpunkt zur Frage auf diese gedachte Linie zwischen den beiden Wänden stellen.

Teilen Sie dann die Schülerreihe in drei Gruppen auf – die eine Gruppe besteht aus Schülern, die eine mehr oder weniger positive Einstelllung zum Inhalt der Frage hat; die mittlere Gruppe besteht aus Schülern, die sich noch nicht sicher sind oder sich noch nicht entschieden haben; und die dritte Gruppe besteht aus Schülern, die eine mehr oder weniger negative Einstellung zum Thema haben. Bilden Sie Dreiergruppen, mit jeweils einem Schüler aus den obengenannten Gruppen. In jeder Dreiergruppe sollen sich die zwei Schüler mit den extremen Ansichten gegenüber sitzen. Der Schüler ohne feste Meinung beobachtet die Interaktion der anderen beiden. Geben Sie dann die folgenden Anweisungen:"Die zwei Schüler, die sich einander gegenüber sitzen, sollen die Frage miteinander diskutieren und versuchen, jeweils den anderen von ihrer Ansicht zu überzeugen. Ihr könnt alle Argumente zur Überzeugung der anderen Person gebrauchen aber beachtet diese eine Regel: bevor ihr etwas sagt, müßt ihr die Bemerkungen des anderen zu dessen Zufriedenheit zusammenfassen. Erst dann könnt ihr klarmachen, warum oder inwiefern ihr anderer Meinung seid. Mit anderen Worten, ihr wechselt euch beim Sprechen ab, aber zuerst müßt ihr zusammenfassen, was die andere Person gesagt hat. Sie muß mit eurer Zusammenfassung zufrieden sein, bevor ihr selbst zu argumentieren beginnt. Der Dritte wird über die Einhaltung dieser Regel wachen." Die Beobachter sollten jede Person unterbrechen, die ohne vorherige Zusammenfassung zu reden versucht, und sie sollen sich versichern, daß die andere Person mit der Zusammenfassung zufrieden ist. Vielleicht wollen Sie dieses Vorgehen mit einem Schüler vor der Klasse demonstrieren, bevor die Gruppen zu arbeiten anfangen.

Nach zehn oder fünfzehn Minuten beenden Sie das Spiel und diskutieren Sie, was passiert ist. Einige Beobachter sollten über den Diskussionsverlauf in ihrer Gruppe berichten. Fragen Sie die "Sprecher" nach dem Effekt, den dieses Zusammenfassen auf den Verlauf ihrer Diskussion hatte. Wiederholen Sie das

Spiel mit anderen Themen, damit auch die Beobachter die Rolle des Sprechers übernehmen können.

4.4.8 Kontrollierter Dialog in Gruppen üben

Die Klasse bildet einen Kreis (entweder einen großen Kreis oder mehrere kleine Kreise). Schlagen Sie ein kontroverses Diskussionsthema vor. Die Schüler müssen die Bemerkungen des vorherigen Sprechers zusammenfassen, bevor sie ihre eigenen Beiträge machen dürfen. Bestimmen Sie ein oder zwei Schüler, die die Diskussion beobachten und jeden Schüler unterbrechen sollen, der nicht die vorhergenden Beiträge befriedigend zusammengefaßt hat, bevor er seinen eigenen Beitrag leistete.

4.4.9 Wahrnehmung von Ähnlichkeiten und Unterschieden

Die Klasse sitzt in einem großen Kreis; stellen Sie eine offene fachorientierte Frage oder schlagen Sie ein kontroverses Thema vor. Bitten Sie dazu Schüler um Meinungsäußerungen. Nachdem drei Schüler ihre Gedanken vorgetragen haben, sollte ein anderer Schüler die Unterschiede und Ähnlichkeiten zwischen den Standpunkten zusammenfassen. Setzen Sie die Diskussion fort und bitten Sie nach drei weiteren Wortmeldungen wiederum einen Schüler, die Unterschiede und Ähnlichkeiten zwischen den Standpunkten zusammenzufassen.

Nachdem die Schüler mit dieser Vorgehensweise vertraut sind, können Sie von dieser starren Struktur abgehen. Statt die Diskussion in regelmäßigen Abständen zu stoppen, unterbrechen Sie sie von Zeit zu Zeit und fragen Sie nach einem Schüler, der bereit ist, die Ähnlichkeiten und Unterschiede zwischen den einzelnen Positionen der Gruppenmitglieder zusammenzufassen.

Die in diesem Kapitel behandelte Norm (Eingehen auf die anderen) ist nicht nur ein wichtiger Bestandteil einer effektiven Gruppenarbeit, sondern auch wertvoll für die Persönlichkeitsentwicklung. Aktives Zuhören und Eingehen auf das, was eine andere Person sagt, sowie Eingehen auf. die dabei unausgesprochen gebliebenen Gefühle, ist eine sehr wichtige soziale Fähigkeit. Die Schüler werden feststellen, daß diese erworbenen Fähigkeiten und Fertigkeiten fruchtbar in ihre außerschulischen Beziehungen und Interaktionen hineinreichen werden.

# 5 Zweites Stadium:
Die Einführung von Normen 3

5.1 Drittes Ziel: Zusammenarbeit

In einer effektiven Klassen-Gruppe arbeiten die Mitglieder miteinander anstatt gegeneinander zu konkurrieren. Die Schüler helfen sich gegenseitig, sie teilen ihre Informationen und Quellen, bieten sich gegenseitig Unterstützung und Anregungen an, anstatt daß sie versuchen, sich gegenseitig zu übertreffen und zu überstrahlen. Die Schüler in einer effektiven Gruppe haben gelernt, daß sie, wenn sie kooperativ an einem Projekt oder an einer Aufgabe zusammenarbeiten, gewöhnlich allein arbeitenden Individuen überlegen sind.

Den Wert von Zusammenarbeit in bezug auf den Erfolg einer Gruppe wird in den Arbeiten einer großen Anzahl von höchst angesehenen Forschern der Soziologie, der Psychologie und der Anthropologie bekräftigt. Eine der bekanntesten Arbeiten ist eine Studie von *Morton Deutsch* (13). *Deutsch* teilte einigen Lern-Gruppen mit, daß sich die Noten für den Kurs auf die umfassende Qualität der Klassendiskussionen gründen würden und daß jedes Mitglied dieselbe Note erhalten würde. Diese Note sei somit ein Hinweis dafür, was die Gruppen als ganzes geleistet haben. Das war die kooperative Bedingung.

Die anderen Lern-Gruppen, die von *Deutsch* untersucht wurden, waren im Hinblick auf den Typus der in ihnen enthaltenen Schüler und den Gegenstand, den sie lernten, mit den kooperativen Gruppen identisch. *Deutsch* teilte diesen Schülern mit, daß sich ihre Noten auf ihre individuellen Beiträge im Vergleich zu denen der anderen Mitglieder der Gruppe gründen würden. Das war die "Wettkampf-Bedingung". Infolgedessen verdiente sich der einzelne in der kooperativen Situation eine te Note, wenn die ganze Klasse gut zusammenarbeitete; in der Wettbewerbs-Situation hatte der einzelne andere zu übertreffen, um eine gute Note zu erhalten.

Deutsch fand heraus, daß die Schüler in der Zusammenarbeitssituation bessere Leistungen erbrachten und ihre Gruppenerfahrung besser einschätzten als jene in der Wettbewerbs-Situation. Die Gruppen, in denen zusammengearbeitet wurde, brachten in ihren Diskussionen mehr und bessere Ideen hervor als die Gruppen, in denen konkurriert wurde. Die Schüler in den Gruppen, in denen zusammengearbeitet wurde, kommunizierten effektiver miteinander als die Schüler in den Gruppen, die vom Wettbewerb bestimmt waren; das heißt, in den kooperativen Gruppen berücksichtigten die Mitglieder die Beiträge der anderen bei ihren eigenen Stellungnahmen. Die Mitglieder der Gruppen, in denen zusammengearbeitet wurde, waren zueinander freundlicher, mochten sich gegenseitg mehr und machten Versuche, andere Mitglieder zu Beiträgen zu ermutigen; wohingegen in der Wettbewerbssituation die Schüler ihre Energie dafür opferten, sich gegenseitig zu übertreffen und zu überholen. Weiterhin waren die Studenten in der Zusammenarbeits-Situation friedlicher zueinander und aufmerksamer füreinander. Die Ergebnisse sprechen also deutlich für die Zusammenarbeits-Situation.

In einer Studie, die versuchte, die Untersuchungsergebnisse von *Deutsch* zu überprüfen und zu erweitern, fanden *Hammond* und *Goldmann* (14) heraus, daß, wenn Gruppen als ganze belohnt werden, ohne daß indivuduller Wettbewerb eine Rolle spielt, die Ergebnisse (im Sinne von gegenseitiger Verbundenheit, Aufmerksamkeit füreinander und auch im Sinne von individueller Leistung) solchen überlegen waren, die in Situationen erzielt wurden, in denen Belohnungen auf der Basis von Konkurrenz gegeben wurden.

Sherif (15) wies in seinem Experiment im Robber's Cave Pfadfinder-Lager nach, daß sich der Zusammenhalt in Situationen vergrößert, in denen Zusammenarbeit erforderlich ist. *Sherif* wies die 11- und 12-jährigen Jungen des Lagers für ein Turnier mit Wettkampfspielen wie Baseball, Fußball und Tauziehen zwei Gruppen zu, den "Klapperschlangen" und den "Adlern". Anfangs waren die Jungen nett zueinander, aber bald wurden die Gruppen böse aufeinander, sie bezichtigten sich der Mogelei, beschimpften die anderen, und die eine Gruppe wollte mit den Mitgliedern der anderen Gruppe nichts mehr zu tun haben. Sie stellten drohende Plakate her und überfielen die Hütten der anderen; sie sammelten grüne Äpfel, um sie als Munition gegeneinander zu benutzen. Eines Tages, als die "Adler" ein Spiel verloren, verbrannten sie die Fahne der "Klapperschlangen". Auch innerhalb der Gruppen traten Veränderungen auf. Ein Junge, der früher als Raufbold angesehen wurde, wurde zum Helden, als seine Gruppe einen äußeren "Feind" hatte. Die beiden Gruppen blieben sogar nach dem Turnier noch Feinde.

Sherif brachte dann die "Klapperschlangen" und die "Adler" zu geselligen Ereignissen zusammen, um zu versuchen, die Konflikte, die durch die Rivalitäten entstanden waren, abzuschächen. Sie sahen sich zusammen Filme an und begannen, gemeinsam Mahlzeiten einzunehmen. Aber die beiden Gruppen setzten ihr feindliches Verhalten fort. Im Speisesaal kämpften sie darum, wer zuerst verköstigt wurde. Sie warfen sie gegenseitg Essen, Papierkügelchen und Schimpf-Namen an den Kopf.

Sherif ließ die Jungen Gottesdienste besuchen, in denen der Pastor über Nächstenliebe sprach. Die Jungen hörten sich die Predigt brav bis zum Ende an, dann beim Verlassen der Kirche beschimpften sie sich gegenseitig und heckten neue Streiche aus, die sie der anderen Gruppe spielen wollten.

Schließlich versuchte *Sherif* die Konflikte abzuschwächen, indem er beide Gruppen in Situationen brachte, die sie zwingen würden, zusammenzuarbeiten. Er zerbrach absichtlich die Wasserleitung, die das Lager versorgte, und rief alle Jungen zusammen, um ihnen über das Problem zu berichten. Sowohl die "Klapperschlangen" als auch die "Adler" meldeten sich freiwillig, um sich um das Problem zu kümmern, und nach einem ganzen Nachmittag der Zusammenarbeit hatten sie es herausgefunden und in Ordnung gebracht.

Einige Tage später machten alle Jungen einen Ausflug an einen See. Als alle hungrig waren, hatte der Lastwagen, der in die Stadt fahren sollte, um Lebensmittel zu holen, (dank des Einverständnisses des Lagerpersonals) eine Panne. Die Jungen fanden ein Seil und alle zogen gemeinsam den Lastwagen an, um ihn in Gang zu bringen.

Beide Male, als die Jungen zusammenarbeiteten, vergaßen sie ihre Feindschaft, aber sobald die Arbeit erledigt war, begannen die Gruppen wieder zu streiten. Jedoch nach einer Reihe von Situationen, in denen jeder gezwungen war, mit den Mitgliedern der "feindlichen" Gruppe zusammenzuarbeiten, begann sich das Verhalten der Jungen zu ändern. Sie hörten auf, sich in der Reihe vorzudrängeln, die zum Essen anstand, und sie begannen sogar, sich an dieselben Tische zu setzen. Freundschaften entwickelten sich zwischen Mitgliedern der beiden Gruppen. Die "Adler" und die "Klapperschlangen" hielten gemeinsame Lagerfeuer ab und spielten Sketche und Lieder füreinander.

Sherif wiederholte dieses Experiment noch zweimal in verschiedenen Lagern. Jedesmal geschah das gleiche. Wenn die beiden Gruppen gegeneinander konkurrierten, wurden sie Feinde und sie begannen, sich gegeneinander zu entwickeln. Wurden sie zu geselligen Anlässen zusammengebracht, setzten sie ihre Kämpfe fort und mißtrauten sich. Aber wenn sie gezwungen wurden, an einer Aufgabe zusammenzuarbeiten, die sie alle als wichtig anerkannten, wurden sie allmählich Freunde.

Die Anthropologin *Ruth Benedict* (16) entdeckte bei dem Vergleich vieler verschiedener Gesellschaften, daß die Aggression am niedrigsten in solchen Gesellschaftsstrukturen ausgeprägt ist, in denen "der einzelne mit der gleichen Handlung und zur gleichen Zeit seinem eigenen Nutzen und dem der Gruppe dient." Das heißt, einige Gesellschaften sind so organisiert, daß die Gruppe den einzelnen wertschätzt und belohnt, wenn er sich so verhält, daß er der Gruppe nützt. Zum Beispiel beweist ein Mann in einer bestimmten Eskimo-Gesellschaft seinen Mut, indem er zur Jagd geht und Robben zurückbringt, die dann als Nahrungsmittel gleichmäßig unter allen Mitgliedern der Gruppe verteilt werden. Auf diese Weise zieht die Gesellschaft ihren Nutzen aus derselben Handlung wie der einzelne.

Eine Gesellschaft, die so organisiert ist, daß der einzelne nur auf Kosten der Gruppe vorankommt (Wohlstand oder Macht ansammeln kann), wird laut *Benedict* wahrscheinlich mehr Aggression entwickeln. "Aggressionslosigkeit tritt nicht deshalb auf, weil die Menschen uneigennützig sind und soziale Verpflichtungen über persönliche Bedürfnisse stellen", sagte sie, "sondern wenn soziale Übereinkünfte diese beiden identisch werden lassen."

Sie nannte diese Fähigkeiten, die Leistungen der einzelenen so miteinander zu verbinden, daß die Interessen der Gruppe gefördert werden, "Synergie" — ein Wort, das bedeutet, daß eine Reihe von aufeinander abgestimmten Handlungen größere Ergebnisse hervorbringt als die Summe der einzelnen Handlungen.

Um eine synergische Klasse hervorzubringen, ist es nötig, traditionelle Klassen-Normen zu ändern. Anstatt die Schüler für individuelle Leistungen zu belohnen, müssen wir Zusammenarbeit und Interdependenz belohnen. Dies schließt die Einführung neuer Verfahrensweisen ein, wie zum Beispiel derjenigen, die mit der Benotung verknüpft sind. Da die Schulen den meisten Schülern fest eingewurzelte Verhaltensweisen des Wettkampfes anerzogen haben, sind behutsame Schritte nötig, um ihnen die Vorteile der Zusammenarbeit aufzuzeigen.

5.2 Hilfreiches Lehrerverhalten für die Bildung der 3. Norm: Zusammenarbeit

Die Lehrer wurden nicht weniger als die Schüler daran gewöhnt, Wettkampf als eine notwendige und erstrebenswerte motivierende Kraft anzusehen. Lehrer, die eine mehr kooperative Klassen-Atmosphäre fördern möchten, werden ihr eigenes Verhalten sorgfältig überwachen und einige ihrer Gewohnheiten im Klassenraum abändern müssen. Die folgenden praktischen Vorschläge können dabei hilfreich sein.

Geben Sie Lernziele vor, die der einzelne Schüler nicht erfüllen kann, wenn er allein arbeitet!
Die vorher beschriebenen Aktivitäten zur Förderung gruppenselbstverantwortlicher Interaktion gründen sich auf dieses Modell. Das Ziel ist es aufzuzeigen, daß jedes Individuum in der Gruppe etwas wesentliches beizutragen hat und daß die Gruppe nicht ohne die Hilfe aller erfolgreich sein kann. Die "Rätsel-Spiele" (siehe Seite 72 f.) sind ausgezeichnete Beispiele für diese Art von Lernerfahrungen.

Zusammenarbeit wird ebenso durch Klassen-Aktivitäten gefördert, die nicht die gleiche Leistung von allen Schülern erfordern, sondern es den Schülern erlauben, entsprechend ihren speziellen Talenten oder Fähigkeiten etwas beizutragen. Ein ideales Beispiel könnte z. B. so aussehen, daß die technisch interessierten Schüler die Ausrüstung bauen, die die Gruppe braucht, und die sozial interessierten Gruppenmitglieder Menschen der Gemeinde dazu befragen, während die eher wortgewandten Schüler den Klassen-Bericht erarbeiten und schreiben.

Das Endziel ist es, daß die Gruppenmitglieder die Fähigkeit erlangen, diese Rollenverteilung selbst zu übernehmen — sich ihre Aufgabe anzusehen, zu entscheiden, welche verschiedenen Dinge erledigt werden müssen, und sich selbst zu fragen, wer in der Gruppe jede der verschiedenen Rollen am besten realisieren könnte. Als ein Zwischenschritt können Sie ihnen helfen, sich selbst für die Rollenverteilung zu organisieren, indem Sie auf die verschiedenen Arbeiten hinweisen, die erledigt werden müssen, damit die Gruppe ihre Aufgabe erfolgreich bewältigen kann.

Belohnen Sie eher kooperatives als konkurrierendes Verhalten!
Die Untersuchungen von *Deutsch* und *Hammond/Goldmann* zeigen, daß die Änderung der Bewertungs-Verfahren im Sinne einer Belohnung von Zusammenarbeit wichtige Änderungen in einer Gruppe hervorrufen kann. Gibt man allen Mitgliedern einer Gruppe (entweder der ganzen Klassen-Gruppe oder einer kleinen Lerneinheit) dieselbe Note, die sich auf die umfassende Leistung der Gruppe bezieht, anstatt den Gruppen-Mitgliedern verschiedene Noten zu geben, die sich auf ihre unterschiedlichen Beiträge beziehen, so zeigt sich, daß sich sowohl die Qualität der Arbeiten der Schüler als auch ihre Gefühle zueinander verbessern.

Hier ist ein Beispiel, wie ich kooperative Bewertung in einem Hochschul-Kurs anwende. Die Note jedes Schülers ergibt sich aus dem Durchschnitt folgender vier Faktoren:
1) Dem Durchschnitt der Noten, die der einzelne Schüler aufgrund der kurzen Prüfungen erhält, die zu Beginn jeder Stunde gestellt werden und die die Lektüre-Aufgaben und den Stoff abdecken, der während der vorherigen Stunde eingeführt wurde.
2) Dem Durchschnitt der Noten, die alle Mitglieder der Klasse aufgrund all dieser Prüfungen erhalten.
3) Der Note, die die Gruppe in einem Abschluß-Examen erreicht, das aus einer Gruppen-Aufgabe besteht, einem Problem, das es nötig macht, daß alle Schüler das anwenden, was sie in dem Kurs gelernt haben.
4) Der Note, die ich jedem Schüler für das Ausmaß gebe, in dem er oder sie der Klasse geholfen hat, ihr Ziel zu erreichen, das in diesem Kurs darin besteht, "daß jedes Mitglied soviel wie möglich über Gruppendynamik lernen soll."

In diesem Kurs habe ich zwei Schüler, die ich schon in vorangegangenen Kursen unterrichtet habe, die nicht kooperativ bewertet wurden. Es war interessant, die Veränderungen zu beobachten, die die kooperative Bewertung in dem Verhalten dieser beiden Schüler hervorgerufen hat. In der vorangegangenen Klasse erschien Marsha sowohl hoch motiviert als auch begabt, die typische hervorragende Schülerin. Sie arbeitete sehr hart, lieferte gute aber nicht zu häufige Beiträge zu den Klassendiskussionen, schrieb eine ausgezeichnete Semester-Arbeit und erhielt die beste Note des Abschlußexamens. Don war, auf der anderen Seite, einer der schlechtesten Schüler des Kurses. Er war recht gefällig, aber es schien, als wollte er mit einem Minimum an Aufwand durchkommen. Seine Semester-Note war eine Vier, und wenn man berücksichtigte, wie wenig er gelernt hatte, war selbst schon dies noch recht großzügig.

Die Reaktionen von Marsha und Don auf das neue Benotungs-System waren sehr interessant. Marsha geriet etwas in Verwirrung, möglicherweise weil sie daran gewöhnt war, durch individuelle Leistungen Einsen zu erreichen, und sie befürchtete, daß das neue System sie benachteiligen würde, da sie es nicht mochte, sich zu sehr mit anderen Leuten einzulassen. Don hoffte, daß das neue Verfahren ihm helfen würde, eine bessere Note als sonst zu erhalten, aber er war auch ein wenig unruhig bei dem Gedanken, andere Leute könnten es ihm übelnehmen, daß er den Gruppendurchschnitt senkt. Allmählich begann Marsha ihre Schüchternheit, mit den anderen zu verkehren, zu überwinden, denn um eine gute Note zu erhalten, mußte sie den anderen Mitgliedern helfen, ebenfalls eine gute Note zu bekommen. Aber noch aufregender war die Veränderung bei Don; um zu vermeiden, daß der Gruppendurchschnitt gesenkt wurde, begann er hart zu arbeiten und regen Anteil an den Klassen-Aktivitäten zu nehmen.

Mehrere Hochschul-Lehrer, die ich kenne, haben das Prinzip der Gruppenbewertung in ihren Klassen angewendet. Ein Mathematik-Lehrer zum Beispiel teilt seine Klasse in Lerneinheiten von jeweils fünf Schülern auf. Er kündigt an, daß sie bei allen praktischen Übungen zusammenzuarbeiten haben und daß jedes Mitglied einer Einheit verantwortlich ist, dafür zu sorgen, daß alle anderen Mitglieder den Stoff gründlich verstehen. Am Ende jeder Einheit führt er eine Prüfung durch, um ihren Forschritt zu kontrollieren, und gibt jedem einzelnen Mitglied einer Einheit die Durchschnittsnote aller Mitglieder der betreffenden Einheit.

Eine Englisch-Lehrerin, die eine Unterrichtseinheit über das Schreiben von Aufsätzen durchführte, erdachte ein geschicktes Verfahren, um die Prinzipien der Zusammenarbeit bei dem äußerst individualisierter Prozeß der Entwicklung schriftlicher Fertigkeiten anzuwenden:
Sie teilte die Schüler aufs Geratewohl in Lerneinheiten von jeweils ungefähr vier Schülern auf. Jeder Schüler einer Einheit schrieb einen Aufsatz, der von den anderen Mitgliedern der Einheit sorgfältig untersucht wurde, um herauszufinden, ob die Gedanken so deutlich und zutreffend wie möglich dargelegt wurden. Sie machten Vorschläge zur Verbesserung des Aufsatzes, aber sie änderten und überarbeiteten die Arbeit eines anderen nicht. Der Schüler, der den Abschnitt geschrieben hatte, überarbeitete ihn gemäß ihren Vorschlägen und übergab

ihn dann der Lehrerin. Die Lehrerin benotete jeden Schüler einer Einheit, indem sie den Durchnitt der Ergebnisse von den Aufsätzen aller Mitglieder bildete. Um sicher zu stellen, daß sie alle gute Noten bekamen, mußten die begabteren Schüler infolgedessen den weniger gewandten Schülern helfen, ihre Arbeiten zu verbessern. Die Lehrerin berichtet, daß die Schüler jetzt ihre Fähigkeiten viel schneller verbessern, da sie durch Klassenmitglieder korrigiert werden, gegenüber früher, als *sie* die Fehler anstrich.

Stellen Sie sicher, daß individuelle Bedürfnisse durch Verhaltensweisen befriedigt werden, die Gruppenziele unterstützen! Benotung, die auf den Fähigkeiten der gesamten Gruppe anstatt auf individueller Leistung basiert, erzeugt wahrscheinlich eine erhebliche Besorgnis bei sehr leistungsfähigen Schülern, eine Besorgnis, die sich gewöhnlich in Äußerungen zeigt wie "Das ist nicht gerecht! Warum sollte ich hart arbeiten und dann meine Note durch irgendwelche Statisten herabsetzen lassen?!" Es fällt nicht schwer, diese Schüler zu verstehen, denn die Möglichkeit bessere Noten als andere Schüler zu bekommen, war für viele von ihnen die einzige Möglichkeit, Anerkennung und Rang zu erlangen. Ich jedenfalls verstehe ihre Beunruhigung, denn in der Höheren Schule war es sehr wichtig für mich, gute Noten zu erzielen: es gab wenig andere Möglichkeiten für mich, Anerkennung und Bestätigung zu erhalten. Ich war nicht so bezaubernd und gutaussehend wie Sammy Waggener, noch so athletisch wie Butch Beverly noch so gesellig wie David Duncan. Das beste, das für mich sprach war gerade die Fähigkeit, gute Noten zu erzielen, und es würde mich erheblich verwirrt haben, in der Klasse zu sitzen, in der jeder dieselbe Note erhalten hätte.

Für solche Leute sollten alternative Wege vorgesehen werden, Wege, die wie *Ruth Benedicht* vorschlägt, ihnen persönliche Bestätigung ermöglichen und gleichzeitig die Ziele der gesamten Gruppe fördern. So können sie Bestätigung und Bewunderung von der Gruppe erlangen, indem sie Führerrollen in der Lerneinheit übernehmen, Beiträge zum Fortschritt der Einheit leisten und den langsameren Schülern dabei helfen, ihre Fähigkeiten zu verbessern, und so die Durchschnittsnote der Gruppe anheben.

Wenn man die Beziehung eines Schülers zu anderen vom Wettkampf zur Zusammenarbeit hin verändert, kann dies einen starken und dauernden Eindruck hinterlassen. In meinem letzten

Jahr in der höheren Schule, als ich mühelos den letzten Englisch-Kurs absolvierte, war ich unruhig und gelangweilt. In der gleichen Klasse vegetierten sieben Schüler dahin, deren Noten im Englisch-Kurs so schlecht waren, daß für sie die Gefahr bestand, den Abschluß der höheren Schule nicht zu erreichen. Da Mrs. Wiles (dies ist ihr richtiger Name) meine Langeweile wahrnahm und wünschte, alles mögliche zu tun, um diesen sieben Schülern zu helfen, den Englisch-Kurs und den Schulabschluß zu schaffen, schlug sie vor, daß ich mich mit den sieben jeden Tag zur Zeit der Stillarbeit im Arbeitsraum treffen sollte, um ihnen Nachhilfeunterricht zu geben. Sie versorgte mich mit zusätzlichen Unterlagen, mit für Schüler sonst nicht zugänglichen Lehrer-Handbüchern und befreite mich vom Unterricht unter der Bedingung, mein bestes zu tun, ihnen zu helfen, den Englisch-Kurs erfolgreich zu bestehen.

Mein Selbstgefühl erhielt einen ganz schönen Aufschwung durch diese neue Rolle, aber sogar noch wichtiger war die Wirkung, die sie auf meine Beziehung zu jenen sieben Schülern ausübte; mit den meisten von ihnen hatte ich in anderen Kursen kaum gesprochen. Wir waren durch eine gemeinsame Absicht zusammengebracht worden, der wir alle stark verpflichtet waren – sie, weil ihr Schulabschluß davon abhing; ich, weil meine Selbstachtung davon abhing.

Zu Beginn war unsere Interaktion gespannt und unangenehm. Ich war nicht sicher, ob sie es gern hatten, daß ich mit ihnen arbeitete, und ich vermute, daß sie nicht gerade darauf brannten, ihre Dummheit vor einem erfolgreicheren Schüler zur Schau zu stellen. Aber im Laufe der Wochen lernten wir uns kennen und begannen unsere gemeinsame Arbeit zu genießen. Meine Gefühle über "Statisten" änderten sich auch, denn am Abend der Abschlußfeier – als alle meine sieben Schützlinge bereit waren, in das Auditorium einzumarschieren – nahmen sie mich zur Seite, murmelten ihre Dankbarkeit und überreichten mir ein Geschenk (ein weißes Hemd im Oxford-Stil, das ich trotz ausgefransten Kragens und Manschetten nie weggeworfen habe). Zurückblickend glaube ich, daß ich möglicherweise mehr gelernt habe als sie.

Der erste Schritt, um eine Klassen-Umgebung zu erzeugen, in der Schüler ihre eigenen Bedürfnisse befriedigen können, indem sie zum Wohl der Gruppe beitragen, ist zu bestimmen, welche Art von Zielen einzelne Schüler verfolgen. Die meisten Schüler wollen Anerkennung vom Lehrer und die Achtung und Anerkennung von Mitschülern. Sie wollen Lösungen für Fragen finden, die sie beschäftigen; bestimmte Fähigkeiten entwickeln, die sie als persönlich bedeutend erachten; und Noten erhalten, die Symbole für Rang, Ansehen und Leistung darstellen.

In verschiedenen Schulen können die Schüler durch verschiedene Bedürfnisse und Zielvorstellungen motiviert werden. In der wohlhabenden Höheren Schule eines Vorortes, in der ich unterrichtete, waren Noten sehr wichtig, weil die meisten Schüler darauf begierig waren, an eine Prestige-Universität zu kommen, wohingegen sich in der Schule in der Innenstadt, in der meine Frau unterrichtete, die Bedürfnisse der Schüler darauf konzentrierten, gute Anstellungen zu erhalten, um ihren ökonomischen Status zu verbessern. Und natürlich sind die individuellen Bedürnisse und Ziele sogar innerhalb derselben Klasse sehr verschieden. Einige Schüler benötigen unbedingt gute Noten, um ihre Eltern zufriedenzustellen, andere sorgen sich nur um die Anerkennung ihrer Altersgenossen.

Der nächste Schritt ist zu bestimmen, welches die spezifischen Ziele der Klasse sind; daß heißt, was die Gruppe zu erreichen versucht. So kann es zum Beispiel für jeden das Lernziel sein, zu wissen, wie man komplexe Brüche teilt, oder alles Wissenswerte über Regenwürmer herauszufinden, oder zu wissen, wie man eine Exposition schreibt, oder die Vereinbarungen des Grundgesetzes zu verstehen.

Nun können Sie Methoden entwickeln, um die Lernziele der Gruppe zu erreichen, die gleichzeitig auch die Bedürfnisse der einzelnen Mitglieder befriedigen. Zum Beispiel kann ein Schüler, der immer versuchte, Anerkennung in seiner Gruppe zu finden, indem er die Klassendiskussionen an sich riß, die Erfahrung machen, daß er größere Anerkennung gewinnt, wenn er anderen Mitglieder der Gruppe hilft, etwas über Brüche (oder Regenwürmer oder das Grundgesetz) zu lernen, anstatt sich damit zu brüsten, was er selber weiß.

Unterstützen Sie die natürliche Neigung der Schüler zur Zusammenarbeit!
Obwohl der Geist des Wettbewerbs den meisten Schüler schon in der ersten Klasse eingeimpft wird, haben die meisten Schüler auch den Antrieb, sich gegenseitig zu helfen. Vieles von dem, was von den Lehrern als "Mogeln" abgestempelt wird, ist in Wirklichkeit ein gesunder Drang, irgendjemandem zu helfen. Nicht, daß Mogeln entschuldigt werden soll, aber in unserem Bestreben, der Unehrlichkeit ein Ende zu machen, unterdrücken

wir zu häufig auch hilfreiches Verhalten. Das folgende Beispiel ist nicht untypisch. Margy, eine Referendarin, hatte einige Minuten damit verbracht, an der Tafel einen mathematischen Begriff zu erläutern, und dann eine ziemlich komplizierte Aufgabe gestellt, an der Schüler einzeln arbeiten sollten. Eine Reihe von Schülern hatte mit der Aufgabe Schwierigkeiten, deshalb ging Margy durch die Bankreihe, um jedem einzeln zu helfen. Währenddessen drehten sich einige Schüler zwanglos herum oder beugten sich über die Gänge, um anderen, die das Problem noch nicht gemeistert hatten, Winke zu geben. Als Margy dessen gewahr wurde, sprach sie energisch zu der Klasse: "Dreht euch herum und kümmert euch um eure eigene Aufgabe. Wenn ihr fertig seid, bleibt ruhig auf eurem Platz sitzen. Wenn ihr Hilfe braucht, meldet euch und ich werde kommen und euch helfen." Die Schüler verstanden diese Mitteilung sehr deutlich – "Wenn ihr euch gegenseitig helft, ist das böse. Ich bin hier die einzige, die euch helfen kann." Margy entmutigte nicht nur den gesunden Drang der Schüler, zusammenzuarbeiten, sondern von einem ausschließlich praktischen Standpunkt aus gesehen schadete sie sich selbst, denn sie hatte einfach nicht genügend Zeit, um zu allen Schülern zu kommen, die Hilfe brauchten. Sie hätte wertvollen Gebrauch von der Unterstützung machen können, die die Schüler sich freiwillig anboten.

Im Gegensatz dazu war ein anderer Referendar, Jim, sehr damit zufrieden, daß Schüler bei individuellen Aufgaben zusammenarbeiteten. Er unterrichtete einen forschungs-orientierten naturwissenschaftlichen Kurs einer siebten Klasse, in dem die Schüler die meiste Zeit damit verbrachten, einzeln an kurzen Untersuchungen zu arbeiten, aus denen sie Folgerungen zu ziehen hatten. Einige Schüler zogen es vor, an den Untersuchungen allein zu arbeiten; sie folgten den Anleitungen und fragten den Lehrer um Rat, wenn sie Probleme hatten. Aber andere taten sich ganz natürlich und spontan zusammen oder bildeten kleine Gruppen, um zusammenzuarbeiten. Jim vergewisserte sich unauffällig, daß alle Schüler die Grundregeln verstanden, und behielt die Gruppen im Auge, um sicherzugehen, daß die begabteren Kinder nicht einfach die Lösungen an die langsameren weitergaben. Aber er erkannte den Nutzen, wenn man Schüler zusammenarbeiten läßt und vertraute offensichtlich darauf, daß es ihrem Lernerfolg eher nützte als schadete.

Wenn Sie als Lehrer die Norm der Zusammenarbeit in Ihrer Klasse einführen wollen, müssen Sie Ihr eigenes Verhalten sorgfältig überwachen, um sicherzustellen, daß Sie nicht gedankenlos oder unbewußt die Schüler davon abhalten, sich gegenseitig zu helfen. Dies erfordert, daß Sie sich gründlich überlegen, ob Sie wollen, daß die Schüler miteinander reden, oder ob Sie das als störendes Verhalten ansehen.

Es ist hilfreich, mit den Schülern zu erörtern, wie man anderen sinnvoll helfen kann, damit sie unterscheiden können, wenn man nur eine Lösung weitergibt oder wenn man dem anderen wirklich hilft zu verstehen, wie man zur Lösung gelangt. Manchmal zitiere ich das alte Sprichwort:"Gebt einem Menschen einen Fisch, und er wird morgen wieder hungrig sein. Aber lehrt ihn, sich seinen Fisch selber zu fangen, und er wird nie wieder hungrig sein." Möglicherweise sollten Sie einige Zeit dafür verwenden, die Schüler zu lehren, füreinander Lehrer zu sein – Vorgänge zu erklären, andere Personen eine Schlußfolgerung entwickeln zu lassen, praktische Tätigkeiten mit einem Begriff zu versehen. Geben Sie dann der Klasse besondere Möglichkeiten zu üben, sich gegenseitig etwas beizubringen.

5.3 Strukturierte Übungen für die Bildung der 3. Norm: Zusammenarbeit

Es kann vorteilhaft sein, damit zu beginnen, die Schüler erproben zu lassen, ihr eigenes Verhalten in einer Tätigkeit zu beobachten, die Zusammenarbeit erfordert oder in der die Unterschiede zwischen kooperativem und konkurrierendem Verhalten graphisch verdeutlicht werden. Deshalb dienen die ersten Tätigkeiten, die hier vorgeschlagen werden, eher dem Zweck der "Hebung des Bewußtseins" als dem Training von Fertigkeiten.

5.3.1 Unvollständige Quadrate

Diese Übung erfordert die Aufteilung der Klasse in kleine Gruppen zu je fünf oder sechs Personen. Jede der kleinen Gruppen wird eine Zusammenstellung von fünf Umschlägen erhalten, die in geometrischen Formen zerschnittene Puzzle-Teile enthalten, die die Schüler zu fünf 6 x 6 cm großen Quadraten zusammensetzen sollen, wie in der folgenden Darstellung (17):

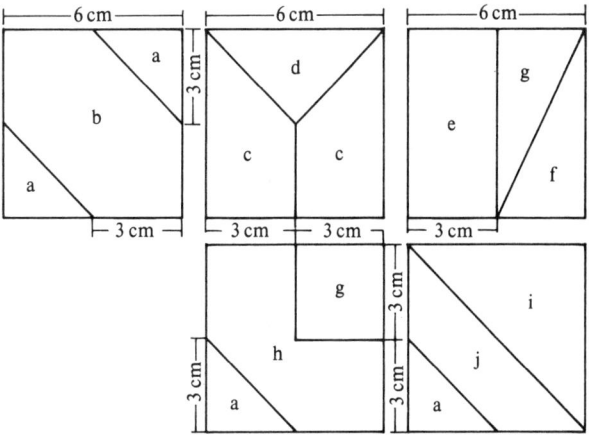

Um die Zusammenstellung eines Puzzles vorzubereiten, schneiden Sie zunächst fünf Quadrate der Größe 6 cm x 6 cm aus Pappe aus, und ziehen Sie dann die Linien, die in der Darstellung angezeigt sind. Schreiben Sie die Buchstaben dünn auf die Teile. Zerschneiden Sie dann die Quadrate entlang der eingezeichneten Linien und verteilen Sie die Teile folgendermaßen in fünf Umschläge: Geben Sie in Umschlag 1 die Teile i, h und e; in Umschlag 2 die Teile a, a, a und c; in Umschlag 3 die Teile a und j; in Umschlag 4 die Teile d und f; in Umschlag 5 die Teile g, b, f und c. Radieren Sie die Buchstaben aus und schreiben Sie auf jedes Puzzle-Stück die Nummer des Umschlags, in den Sie es gelegt haben. Dies wird es Ihnen erleichtern, die Teile nach der Lerneinheit in den richtigen Umschlag zurückzulegen. Bereiten Sie genügend Puzzles vor, damit jede Kleingruppe eine komplette Zusammenstellung von fünf Puzzles erhält.

Lassen Sie die Kleingruppen an Tischen oder auf dem Fußboden arbeiten, damit sie eine glatte Spiel-Fläche vor sich haben. Hat eine Gruppe mehr als fünf Mitglieder, lassen Sie die Gruppe entscheiden, welche fünf die Aufgabe lösen und wer als Beobachter fungieren soll.

Weisen Sie die fünf "Arbeiter" an, einen engen Kreis zu bilden, während die Beobachter außerhalb sitzen sollen.

Geben Sie dann folgende Anleitungen:"Ich möchte, daß ihr

in euren Kleingruppen zusammenarbeitet, um ein Puzzle zusammenzusetzen, aber dies ist nicht so einfach, wie es sich vielleicht anhört. Ich werde jedem von euch einen Umschlag aushändigen, der Puzzle-Teile enthält. Nehmt die Teile aus den Umschlägen und legt sie vor euch auf den Tisch (Fußboden). Bitte hebt die Umschläge nicht auf, bevor ich das Zeichen dazu gebe, mit der Arbeit anzufangen. Unter den fünf Mitgliedern einer Gruppe sind Puzzle-Teile verteilt, die fünf vollständige Quadrate gleicher Größe ergeben. Ich möchte, daß jeder von euch vor sich ein Quadrat zusammensetzt. Die Aufgabe ist nicht vollständig gelöst, bevor jedes Mitglied der Gruppe ein vollständiges Quadrat gebildet hat und alle Quadrate dieselbe Größe haben. Ihr dürft Puzzle-Teile austauschen, wenn ihr wollt, *aber kein Mitglied darf reden.* Ihr dürft nicht nach einem Puzzle-Teil fragen, das ein anderes Mitglied hat; ihr müßt warten, bis jenes Mitglied es euch gibt. Während ihr eure Puzzles zusammensetzt, müßt ihr fogende Regeln befolgen, und die Beobachter haben die Aufgabe, diese Regeln strikt durchzusetzen:
1) Jeder von euch muß ein Quadrat direkt vor sich auf dem Tisch (Fußboden) zusammenlegen.
2) Ihr dürft keine andere Person um ein Teil bitten. Das bedeutet, daß keine Gespräche, Gebärden, Bewegungen oder Signale jeglicher Art erlaubt sind, um von einem anderen Mitglied eurer Gruppe ein Teil zu erbitten.
3) Ihr dürft jedes eurer Teile zu jeder Zeit an jedes andere Gruppenmitglied weitergeben.
4) Kein Mitglied darf zu irgendeiner Zeit sprechen. Die einzige Person, die sprechen darf, ist der Beobachter, der nur unterbrechen darf, um Verletzungen der Regeln zu unterbinden. Der Beobachter darf den Spielern keine Hinweise geben."
Nachdem Sie die Schüler gefragt haben, ob sie noch irgendwelche Fragen zu den Verfahrensweisen haben, lassen Sie sie mit der Arbeit beginnen. Erwähnen Sie, daß es für *einige* der Teilnehmer möglich sein wird, vollständige Quadrate zu bilden, bevor die anderen fertig sind, daß es aber nur, wenn die richtigen Kombinationen gefungen werden, für *alle fünf* Teilnehmer möglich ist, ihre Quadrate zusammenzulegen. Häufig werden Schüler, die ihre Quadrate zusammengelegt haben, nicht bedenken, daß eine andere Zusammenstellung dazu führen könnte, daß *alle* Mitglieder ihre Quadrate vollenden könnten, und es ablehnen, ihre Quadrate auseinanderzunehmen und einzelne Teile anderen Mitgliedern weiterzugeben.
Nachdem die Schüler die Aufgabe beendet haben (oder nach

ungefähr 15 Minuten) führen Sie eine Diskussion über die Übung durch. Ermutigen Sie die Schüler, über die Schwierigkeiten zu reden, die ihnen entgegengetreten sind, und über die Strategien, die sie angewendet haben, um sie zu überwinden. Fragen Sie sich, was sie über Zusammenarbeit herausgefunden haben — welche Einstellungen und Verhaltensweisen Zusammenarbeit erfordert, die von denen verschieden sind, die Wettkampf verlangt. Stellen Sie Fragen wie:
"Wie habt ihr euch gefühlt, wenn jemand ein Teil hatte, das ein anderer benötigte, und es dieser Person nicht weitergab?
Wie habt ihr euch gefühlt, wenn jemand ein Quadrat fertigstellte und sich dann selbstzufrieden zurücklehnte, ohne zu bedenken, daß diese Lösung vielleicht andere darin hinderte ihre Quadrate fertig zu machen?
Wie habt ihr euch gefühlt, wenn ihr euer Quadrat fertiggestellt hattet und dann bemerktet, daß ihr es auseinandernehmen und Teile weggeben mußtet, um anderen zu helfen?
Wie könntet ihr das, was ihr bei diesem Vorgang gelernt habt, bei anderen Vorhaben der Klassen-Gruppe anwenden?

5.3.2 Verworrene Sätze

Anstelle von oder als Ergänzung zu der ersten Übung geben Sie den Kleingruppen Zusammenstellungen von mit Wörtern bedruckten Karten. Folgen Sie den gleichen Anweisungen und lassen Sie jede Person in der Gruppe einen sinnvollen Satz bilden. Um die Arbeitsunterlagen vorzubereiten schreiben Sie auf jede Karte ein Wort und dann verteilen Sie die Wörter folgendermaßen in Umschläge:
Umschlag 1 enthält - Frühling, begonnen, begierig, in, zu
Umschlag 2 enthält - *Jetzt*, blendeten, haben, eilte, das
Umschlag 3 enthält - ist, *Die*, beginnen, Vorlesung, *Die*, bin
Umschlag 4 enthält - Sonnenstrahlen, bellen, *Ich*, Katze, Haus
Umschlag 5 enthält - *Die*, mich, Hunde, zu, die

Geben Sie ähnliche Anleitungen wie jene zu "Unvollständige Quadrate." Weisen Sie darauf hin, daß als Anhaltspunkt das erste Wort jedes Satzes unterstrichen wurde (im Text oben kursiv gedruckt). Die in Ordnung gebrachten Sätze lauten:
Jetzt ist Frühling. Die Sonnenstrahlen blendeten mich. Die Hunde haben begonnen zu bellen. Ich bin begierig die Vorlesung zu beginnen. Die Katze eilte in das Haus.

Vielleicht ist es möglich, noch andere sinnvolle Sätze mit diesen Wörtern zu bilden, deshalb sollten Sie nicht von den Schülern erwarten, daß sie genau zu diesen Sätzen gelangen. Die einzige Forderung lautet, daß jedes Mitglied einer Gruppe einen Satz zusammenstellt, der grammatisch und syntaktisch korrekt ist.

5.3.3 Verschaff' dir so viel Punkte, wie du kannst!

Teilen Sie die Klasse in Gruppen mit je drei Mitgliedern auf und bestimmen Sie eine Person in jeder Gruppe Blau, und eine zweite Weiß zu sein, und die dritte der Punktrichter. Weisen Sie den blauen und den weißen Spieler an, Rücken an Rücken zu sitzen, damit sie sich gegenseitig nicht sehen können. Geben Sie jedem der beiden eine Karte der Größe 3 cm x 5 cm, mit einem X auf der einen Seite und einem Y auf der Rückseite. Erläutern Sie, daß das Spiel in verschiedenen Runden gespielt wird. Während jeder Runde werden sowohl Blau als auch Weiß zu wählen haben, ob sie dem Punktrichter die X- oder die Y-Seite ihrer Karte zeigen wollen.

Die Spieler werden sich jeweils eine verschiedene Anzahl von Punkten verdienen, je nachdem welche Entscheidungen sie beide treffen. Malen Sie folgendes Schaubild an die Tafel, um das Bewertungs-Verfahren zu erklären:

	Blau X	Blau Y
Weiß X	B = +5 W = +5	B = +10 W = −10
Weiß Y	B = −10 W = +10	B = −5 W = −5

Wenn beide X wählen, erhält jeder fünf Punkte.
Wenn beide Y wählen, verliert jeder fünf Punkte.

Wenn Weiß X und Blau Y wählt, verliert Weiß 10 Punkte un Blau erhält 10 Punkte.
Wenn Weiß X und Blau Y wählt, verliert Weiß 10 Punkte und Blau erhält 10 Punkte.

Geben Sie bekannt, daß es das Ziel des Spiels ist, *so viele Punkte wie möglich zu erreichen.* Nachdem Sie dies erklärt haben, schreiben Sie es an die Tafel, damit Sie später darauf hinweisen können. Manchmal nehmen Schüler, weil sie an Wettkampf gewöhnt sind, fälschlicherweise an, das Ziel sei es, mehr Punkte zu erreichen als der andere Spieler, ohne darauf zu achten, wie hoch oder tief der Punktestand ist. Dies ist *nicht* das Ziel, aber geben Sie keine langen Erklärungen und klären Sie ein solches Mißverständnis nicht auf, bevor sie das Spiel zu Ende gespielt haben. Sagen Sie einfach das Ziel deutlich an und schreiben Sie es an die Tafel. Wenn die Spieler Ihre Nachricht falsch verstehen und rivalisieren, indem sie versuchen, einen höheren Punktestand zu erreichen als der andere, anstatt zusammenzuarbeiten, damit beide den höchst möglichen Punktestand erreichen können, können Sie das zum Gegenstand der nachfolgenden Diskussion machen.

Die Spieler dürfen sich nicht miteinander beraten. Der Punkterichter muß strikt die "Reden-verboten"-Regel durchsetzen. In jeder Runde zeigen beide Spieler gleichzeitig ihrem Punkterichter diejenige Seite der Spielkarte, die ihre Entscheidung anzeigt. Der Punkterichter gibt dann bekannt, wie beide Spieler gewählt haben, und trägt die Punktzahl, die jeder erreicht hat, auf dem Punktzettel ein.

Punktzettel

Name des Spielers	Spielrunden										Summe
	1	2	3	4	5	6	7	8	9	10	
Blau ( )											
Weiß ( )											

Lassen Sie mindestens 10 Runden spielen, bevor Sie diese Übung diskutieren. Stellen Sie in der nachfolgenden Diskussion Fragen wie diese:
"Wie hast du dich während des Spiels gegenüber dem anderen Spieler gefühlt?
Welche Strategie hast du angewendet, um deinen Punktestand zu erhöhen?
Welche Strategie hat der andere Spieler angewendet?"

Stellen Sie fest, welche Spieler die meisten Punkte in der Klasse erzielt haben, und bitten Sie die betreffenden Spieler, ihr Vorgehen zu erklären. Veranlassen Sie die Klasse zu untersuchen, ob eine Taktik der Zusammenarbeit (beide Spieler wählen die meiste Zeit X) oder eine Taktik des Wettkampfes (der eine Spieler wählt Y in der Hoffnung, der andere würde X wählen) zu einer höheren Punktzahl führte. Erweitern Sie die Diskussion zu einer allgemeinen Erörterung der Frage, ob Zusammenarbeit oder Wettkampf zu einem besseren Ergebnis für beide Personen führt.

Es sind noch zwei andere Möglichkeiten denkbar, um dieses Spiel durchzuführen. Die eine besteht darin, die Klasse in zwei Gruppen aufzuteilen und die eine Gruppe als das weiße Team und die andere als das blaue Team auftreten zu lassen. Die Mitglieder jeder Gruppe sprechen darüber, welche Wahl sie als Gruppe in jeder Runde treffen wollen. Sie teilen ihre Entscheidung heimlich dem Lehrer mit, der als Punkterichter fungiert. Dieser Spielaufbau erfordert es, daß sich beide Gruppen nicht belauschen können. Es erfordert auch mehr Zeit, da die Gruppenmitglieder in jeder Runde nach einer gemeinsamen Beratung zu einer Entscheidung gelangen müssen.

Eine zweite Möglichkeit besteht darin, zwei Freiwillige das Spiel durchführen zu lassen, während der Rest der Klasse zusieht. Die Freiwilligen sitzen Rücken an Rücken vorne im Klassenzimmer und zeigen ihre Entscheidungen dem Lehrer, der als Punkterichter fungiert.

Dieses Verfahren ist zwar systematischer als die anderen, aber es konfrontiert nicht jeden Schüler in der Klasse mit der Entscheidung, zwischen kooperativem und rivalisierendem Verhalten zu wählen.

Diese Übung führt von selbst zu vielen verschiedenen fachbezogenen Anwendungen. So könnte das Spiel beispielsweise dazu verwendet werden, die Möglichkeiten zur Zusammenarbeit oder zum Konflikt zwischen Öl produzierenden Ländern und Industrieländern, die den Öl produzierenden Ländern Waren verkaufen, zu untersuchen. Ein Spieler verkörpert die Öl produzierenden Länder und enscheidet, ob sie den Ölpreis erhöhen sollen oder nicht. Der andere Spieler verkörpert die Industrieländer und entscheidet, ob sie den Preis der Waren, die sie an die Ölproduzenten verkaufen, erhöhen sollen oder nicht. Sowohl die Ölproduzenten als auch die Industrienationen wollen soviel Geld wie möglich verdienen und die Frage lautet, welcher der beste Weg ist, damit beide Seiten ihr Ziel er-

reichen.
Zeichnen Sie folgende Bewertungs-Schemata an die Tafel:

	Ölproduzenten	
	Preis beibehalten	Preis erhöhen
Industrienationen Preis beibehalten	OP +5 IN +5	OP +10 IN −10
Preis erhöhen	OP −10 IN +10	OP −5 IN −5

Wenn beide Gruppen ihre Preise auf dem gegenwärtigen Niveau beibehalten, werden sie beide einen Profit machen (+5). Wenn sie beide ihre Preise erhöhen, werden sie beide aufgrund der entstehenden Inflation verlieren (−5). Für beide Seiten besteht der Weg, um den größten Profit zu machen, darin, daß eine Seite ihre Preise erhöht, während die andere Seite ihre Preise beibehält, aber wie lange wird es diese Seite hinnehmen, Geld zu verlieren?

Nach dem Spiel sollte die darauffolgende Diskussion Fragen behandeln wie:"Was habt ihr aus diesem Spiel gelernt, wie die Industrieländer und die Öl produzierenden Länder am besten miteinander umgehen können?"

Zahllose andere internationale Verhältnisse können durch Anwendung desselben Modells untersucht werden, wie zum Beispiel der Rüstungswettlauf zwischen der USA und der UdSSR, die Kubakrise, die Beziehungen zwischen den Vereinigten Staaten und China.

5.3.4 Über etwas schreiben — Ein Szenarium für Gedichte

Allan A. Glatthorn (18) hat ein strukturiertes Verfahren entwickelt, um Kleingruppen kooperative Aufgaben zu stellen. Er gibt genau an, welche Rollen ausgefüllt werden müssen, welche Fähigkeiten die ausgewählte Person haben sollte und was die Person in ihrer Rolle auf jeder Stufe in dem Prozeß tun muß, um die Aufgabe zu erfüllen. Eine bearbeitete Fassung von einem seiner Aufgabenpakete, die die Klasse in Gruppen zu je fünf Mitgliedern aufteilt, wird weiter unten aufgeführt. Dabei ist es recht interessant, daß die Aufgabe, Gedichte zu schreiben — was gewöhnlich als eine individuelle Arbeit angesehen wird — einer Kleingruppe gestellt wird. Diese strukturierte Methode könnte auf fast jede fachbezogene Thematik angewendet werden.

Über etwas schreiben: Ein Szenarium für Gedichte
Bevor wir anfangen...
Dies ist ein Szenarium für Gedichte. Und dieses Szenarium wird euch helfen, drei Dinge zu tun:
1) Es wird euch und einigen anderen Leuten helfen, euch zu einer Gruppe zu organisieren, damit ihr besser zusammenarbeiten könnt.
2) Es wird euch mitteilen, welche Schritte ihr zusammen unternehmen müßt, um ein Gedicht zu schreiben.
3) Es wird euch einige Vorschläge machen, wie ihr und die Gruppe das Gedicht, das ihr geschrieben habt, vortragen könnt.

Um eurer Gruppe zu helfen, zusammenzuarbeiten...
Fünf Personen werden eine aktive Rolle zu spielen haben. Schaut euch die Rollen und Fähigkeiten an, die unten aufgelistet werden, und entscheidet, welche Aufgabe jeder von euch am besten erfüllen kann. Um die Gruppe in Bewegung zu bringen, bittet die Person, deren Namen im Alphabet ganz hinten steht, die Gruppe während der fünf Minuten zu leiten, die sie braucht, um sich zu organisieren.

Gruppen-Rolle	Aufgabe, die sie erfüllt und Fähigkeiten, die sie erfordert	Ausgewählte Person
"Leiter"	Führt die Gruppe während der Übung an; ist fähig, der Gruppe zu helfen, alle Meinungsverschiedenheiten zu lösen und Entscheidungen zu treffen.	
"Ton- und Licht-Spezialist"	Wählt die richtige Hintergrund-Musik, Geräusche und Lichteffekte; bedient die Aufnahme-Ausrüstung; sollte sich Musik auskennen.	
"Regisseur"	Leitet die Gruppe bei der Darstellung ihres Gedichts: hilft den Leuten, eindrucksvoller vorzulesen; sollte Fähigkeiten in oder Interesse an der Schauspielkunst besitzen.	
"Verfasser"	Bewahrt alle schriftlichen Aufzeichnungen; entscheidet, wie das Gedicht niedergeschrieben aussehen soll, sollte Gefühl haben für Farbe, Form und Gestalt und orthografisch korrekt schreiben können.	
"Vorleser"	Liest alle Anweisungen laut vor, wenn Leute Fragen haben; liest die Worte vor, die "stimmungsmachenden", und die Solo-Partien. Sollte gut vorlesen können.	

Ein Szenaruim über Furcht
Furcht ist eine der stärksten Gefühle. Deshalb ist sie für die Dichtung ein dankbarer Gegenstand. Laßt uns also damit beginnen, ein Gedicht über die Furcht zu schreiben.

A) Erzeugen der Stimmung

Die Aufgaben der Spezialisten	Die Aufgaben aller
1) Leiter: Stelle sicher, daß jeder weiß, was er zu tun hat. 2) Ton- und Licht-Spezialist: Wähle Schallplattenmusik oder -geräusche aus, die eine Stimmung der Furcht erzeugen. Stelle die Beleuchtung passend ein. 3) Vorleser: Lies der Gruppe während die Musik spielt, folgenden Text vor: Wir haben Angst vor dem Geist in der Nacht, dem Mann im Zimmer, dem Traum in unserem Kopf. Manchmal haben wir die Furcht direkt vor Augen und wir bekommen einen trokkenen Mund und unsere Körper zittern.. Aber manchmal sitzt die Angst tief in der Magengrube, und das einzige, was wir wahrnehmen, ist der Schmerz im Innern. Was fürchtet ihr am meisten?	Schließt die Augen. Hört der Musik und den Worten zu und versucht euch zu erinnern wann ihr das letzte mal Angst hattet. Wir habt ihr das gefühlt? Wovor habt ihr am meisten Angst? Ruft euch die Furcht ins Gedächtnis zurück, damit sie in eurem Bewußtsein wieder lebendig wird, und vielleicht könnt ihr ihr diesmal ins Gesicht sehen.

B) Schreiben des ersten Entwurfs

Die Aufgaben der Spezialisten	Die Aufgabe aller
1) Leiter: Führe die Gruppe Schritt für Schritt durch das folgende Szenarium. Versuche die Gruppe dazu zu bringen, jeden Abschnitt gleichzeitig und gemeinsam zu bearbeiten. Stelle sicher, daß jede Person die Gelegen-	Lest euch das folgende Szenarium durch und fangt an, euch Gedanken darüber zu machen, wie ihr die freien Stellen ausfüllen könntet, um ein Gedicht zu machen. Dann teilt eure Vorstellungen den anderen mit und hört euch

heit zum Sprechen erhält, und hilf den Leuten, sich gegenseitig zuzuhören. Hilf der Gruppe zu entscheiden, welche Ideen sie in ihr Gruppen-Gedicht aufnehmen wollen. (Einzelne Personen können ihre eigenen individuellen Gedichte danach machen, wenn sie dies wünschen.)

2) Verfasser: Vergewissere dich, daß du korrekt die Zeilen abschreibst, auf die sich die Gruppe schließlich einigt. Kümmere dich jetzt nicht um das Aussehen — nur um die richtigen Worte. Du wirst die endgültige Ausfertigung herstellen.

die Ideen an, die sie haben. Später möchtet ihr vielleicht euer eigenes privates Gedicht schreiben, aber jetzt besteht eure Aufgabe darin, der Gruppe zu helfen, gemeinsam ein Gedicht hervorzubringen.

Das Szenarium für jeden	
Die Fragen, die euch beim Nachdenken helfen sollen:	Eure Antworten, die ein Gedicht gestalten sollen:
Was fürchtest du am meisten?	Ich fürchte...
Wann nimmst du diese Furcht wahr? Denke an drei Zeitpunkte oder Orte und bilde eine Steigerung, indem du den schlimmsten Zeitpunkt oder Ort an die letzte Stelle setzt.	Ich fürchte...
Was geschieht physisch oder emotional mit dir, wenn du diese Frucht wahrnimmst?	Meine...
Denke dir einen Vergleich aus, der dem Leser deine Reaktion deutlich macht.	Wie ein...
Wiederhole die erste Zeile!	Ich fürchte...
Was unternimmst du um zu versuchen, die Furcht los zu werden? Wie versuchst du, mit ihr fertigzuwerden?	Deshalb...
Und was geschieht dann mit dieser Furcht? Geht sie weg, wird sie schlimmer oder kriecht sie nur tiefer in dich hinein?	Und die Angst...
Schreibe eine aus einem Satz bestehende abschließende Zeile oder wiederhole noch einmal die erste Zeile.	

C) Schreiben der endgültigen Fassung

Die Aufgaben der Spezialisten	Die Aufgabe aller
1) Leiter: Hilf der Gruppe, den ersten Entwurf zu überprüfen, und mach' Vorschläge, um ihn zu verbessern.	1) Arbeitet zusammen, um das Gedicht zu verbessern. Richtet eure Aufmerksamkeit besonders auf den Klang

2) Verfasser: Schreibe die verbesserte Fassung genau ab. Dann übertrage das endgültige Gedicht mit Hilfe der Gruppe auf ein großes Blatt Papier und verwende besondere Aufmerksamkeit darauf, wie das Gedicht auf dem Bogen aussieht. Ordne die Worte und Zeilen so an, daß diese Gliederung dem Sinn der Wörter entspricht. Verwende verschiedene Formen und Gestalten von Buchstaben, um Aufmerksamkeit auf Schlüssel-Wörter zu ziehen. Mach aus dem geschriebenen Gedicht irgendwie eine ansehnliche Schönheit.

der Wörter (entspricht der Klang dem Sinn?), den Gebrauch der Wörter (sagt jedes Wort exakt das aus, was ihr damit aussagen wollt?) und den Gebrauch von Vergleichen (erscheint der Vergleich originell und läßt er auf die intendierte Vorstellung schließen?).

2) Helft dem Verfasser, die optische Präsentation schön zu gestalten.

D) Aufführen des Gedichts

Die Aufgaben der Spezialisten	Die Aufgabe aller
1) Regisseur: Deine wichtige Aufgabe besteht jetzt darin, der Gruppe zu helfen, das Gedich laut aufzusagen oder es vorzuführen, damit es als hörbare Erfahrung lebendig wird. a) Sage dem Vorleser, welche Zeilen er alleine zu lesen hat. b) Du kannst einen weiteren guten Redner auswählen, um als das Echo des Vorlesers aufzutreten — um einige Sekunden später einige Schlüssel-Wörter der betreffenden Zeile zu wiederholen. c) Hilf der Gruppe, die Aufführung ein- oder zweimal zu proben; gib ihnen die	Arbeitet zusammen, um das Gedicht zu einem aufregenden akustischen Erlebnis werden zu lassen.

Einsätze und Hinweise wie
sie sich bewegen sollen, und
weise darauf hin,
welche Person zu reden hat.
2) Ton- und Licht-Spezialist:
Entscheide mit der Hilfe und
dem Rat des Regisseurs, welche
Musik oder welche Geräusche
und welche Lichteffekte während der Aufführung verwendet
werden sollen. Versuche, Ton
und Licht so zu gebrauchen,
daß es der Stimmung des Gedichts entspricht.

E) Was ihr allein tun könnt...
1) Vielleicht möchtet ihr auch einige andere Gedichte über Angst lesen:
"Biographie der Angst" von Walter Vogt, "Schreckenssekunden" von Manfred Eichhorn, "Entfettete Pädagogik" von Michael Zielonka, "Die alte Angst – die neue Angst" von Liselotte Rauner, "Lied von der Angst" von Martin Pohl.
(Diese – und noch andere – Gedichte zum Thema Angst, enthält der Almanach 8 für Literatur und Theologie, Redaktion: *Armin Juhre*, 1974 im Peter-Hammer-Verlag, Wuppertal, erschienen.)
2) Manchmal gebrauchen Dichter sehr wirkungsvoll ein Paradoxon – eine Behauptung oder eine Meinung, die sich selbst oder der gewöhnlichen Ansicht über die Dinge zu widersprechen scheint. Das Paradoxon hilft dem Dichter, der Gefahr zu entgehen, das Offensichtliche zu sagen. Und so kann euch ein Paradoxon helfen, über Furcht zu schreiben:
Es ist trivial zu sagen:*Ich fürchte die Dunkelheit.*
Das Paradoxe ist das Gegenteil das Unerwartete, das Ungewöhnliche.*Ich fürchte das Licht.*
Versuche, ein Gedicht über Furcht mit der Zeile zu beginnen:
Ich fürchte das Licht.
3) Schreibt euer eigenes kurzes Gedicht über Furcht ohne jegliche Anregungen von mir oder von euren Klassenkameraden.

5.3.5 Kooperative Spiele für jüngere Schüler (19)

Viele herkömmliche Spiele benötigen ein gewisses Ausmaß an Zusammenarbeit. Aber in den meisten Spielen, so wie wir sie kennen, gibt es irgendeine Mannschaft oder einen einzelnen, gegen die man kämpfen muß. Bei den nachfolgenden Spielen wird dieses Element ausgeschlossen und das Ziel ist Zusammenarbeit.

Alle kooperativen Spiele stellen für die Schüler ein gewisses Maß an Herausforderung dar, weil sie mit Zufallsfaktoren oder den Unsicherheiten der nicht-menschlichen Aspekte der Spiele fertigwerden müssen; das heißt mit der Plazierung oder der Geschwindigkeit eines geschlagenen oder geschossenen oder geschmetterten Balles, mit der Kombination der Karten in der Hand jedes Spielers, mit den Alternativen für Bewegungen innerhalb eines Spiels usw. Die Spiele, die entwickelt wurden, um kooperative Einstellungen zu entfalten, nützen die Unsicherheiten der nichtmenschlichen Elemente der Spiele aus und setzen den Wettkampf gegen andere Personen auf ein Minimum herab. Diese Spiele haben die folgenden Eigenschaften:

a) Alle Teilnehmer streben einem gemeinsamen Ziel entgegen, indem sie miteinander arbeiten anstatt gegeneinander zu kämpfen.

b) Alle Spieler gewinnen, wenn das Ziel erreicht wird, oder alle verlieren, wenn das Ziel nicht erreicht wird.

c) Alle Spieler kämpfen gegen die nicht-menschlichen Elemente des Spieles anstatt gegen andere Spieler.

d) Die Spieler vereinigen ihre verschiedenen Fähigkeiten zu einer gemeinsamen Anstrengung, um das gemeinsame Ziel zu erreichen.

In den meisten herkömmlichen Spielen besteht das Ziel für einzelne oder Mannschaften darin, ihre Fähigkeiten so anzuwenden, daß sie andere Individuen oder Mannschaften ausschalten oder überbieten können oder mehr Punkte erreichen als sie. Da es in den kooperativen Spielen niemand gibt, gegen den man kämpfen kann, müssen neue Ziele definiert und neue Fähigkeiten entwickelt werden, um in Zusammenarbeit diese Ziele zu erreichen. Die kooperativen Spiele, die unten beschrieben werden können, gemäß fünf zugrundeliegenden Merkmalen oder Spielregeln grob eingeteilt werden:

Gleichzeitiges Ende — Das Ziel besteht für alle Spieler darin, die letzte Bewegung gleichmäßig auszuführen. *Koordinierte Verfahrensweisen* — Alle Spieler versuchen, ihre Zeiteinteilung und

Bewegungen mit den anderen Gruppenmitgliedern abzustimmen, damit ein reibungsloses Verfahrensmuster entsteht. *Rotation* — Alle Spieler kommen nacheinander dran und sind jeweils für eine Stufe oder Phase verantwortlich, die für das endgültige oder sich entwickelnde Ziel unerläßlich ist. *Gleiche Aufteilung* — Die Spieler versuchen so zu spielen, daß alle Mitglieder denselben Punktestand oder dasselbe Ziel erreicht haben, wenn das Spiel vorüber ist. *Festgelegtes Ergebnis* — Die Spieler unternehmen vereinte Anstrengungen, um ein vorher bestimmtes Ergebnis zu erreichen.

Spielziel I: Gleichzeitiges Ende

Kooperatives Damespiel
Im kooperativen Damespiel beabsichtigen die beiden Spieler, alle schwarzen und weißen Damesteine in der Weise auszutauschen, daß sich alle Steine am Ende des Spiels auf der jeweils gegenüberliegenden Seite des Spielbrettes befinden, von der sie gestartet sind. Das Spiel unterscheidet sich insofern von den üblichen Regeln des Dame-Spiels, als es kein Überspringen oder Rückwärtsziehen gibt und keine Steine weggenommen werden dürfen. Das Spiel wird gewonnen, wenn der letzte Stein jedes Spielers zur gleichen Zeit auf den letzten freien Platz auf der gegenüberliegenden Seite des Brettes gezogen wird.

Kooperatives Halma-Spiel
Das Ziel dieses Spiels besteht darin, daß die Figuren jedes Spielers zur gleichen Zeit "nach Hause" gelangen. Das Spiel folgt den ursprünglichen Regeln des Halma-Spiels, außer daß sich alle Spieler bemühen, das Spiel gleichzeitig zu beenden. Dabei machen die Spieler nicht genau dieselben Bewegungen, sondern sie ziehen jede ihrer Figuren und überspringen ihre eigenen oder andere Steine so, daß sie den anderen Spielern nützen. Das Spiel wird gewonnen, wenn alle Spieler ihre letzte Figur in den letzten Runden "nach Hause" bringen können.

Spielziel II: Koordinierte Verfahrensweise

Kooperatives "tiefe Drei"–Spiel
Die Spieler bilden einen doppelten Kreis, wobei jeder Spieler in dem äußeren Kreis hinter einem Spieler im inneren Kreis steht. Ein Spieler befindet sich in der Mitte des Kreises. Der Spieler in der Mitte wirft einen Ball (am besten einen großen Gummiball oder einen Volleyball) zu einem beliebigen Spieler des inneren Kreises. Sofort nachdem er den Ball weggeworfen hat, läuft der Spieler in der Mitte zu irgendjemandem im äußeren Kreis und stellt sich hinter ihn.

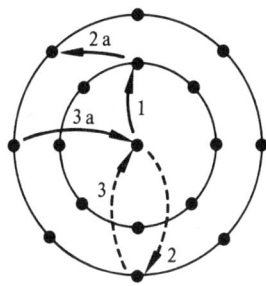

Diese Person muß rechtzeitig in die Mitte laufen, um den Ball zu fangen, der in der Zwischenzeit von dem Spieler im inneren Kreis zu irgendjemanden im äußeren Kreis geworfen wurde. Der neue Spieler in der Mitte fängt den Ball auf, der von der betreffenden Person im äußeren Kreis geworfen wird, und wirft dann den Ball zu einem anderen Spieler des äußeren Kreises; und so geht das Spiel weiter, wobei die Spieler ihre Bewegungen aufeinander abstimmen müssen, damit der jeweils neue Spieler rechtzeitig in die Mitte des Kreises laufen kann, um den Ball aufzufangen.

Kooperatives Bowling (oder Kegeln)
Das Ziel dieses Spieles besteht darin, die zehn Kegel in genau so vielen Runden umzuwerfen, wie Spieler beteiligt sind. Wenn drei Schüler spielen, versucht der erste, einige der Kegel umzuwerfen; der zweite versucht, ein paar mehr zu treffen; der drit-

te versucht, die restlichen Kegel abzuräumen.

Die Reihenfolge der Spieler kann für jedes Spiel geändert werden, um die Vor- und Nachteile des ersten und letzten Wurfs gerecht zu verteilen. (Einige Kinder änderten dieses Spiel ab und ließen die drei Spieler ihre Kugeln gleichzeitig werfen, um alle Kegel auf einmal umzuwerfen.)

Ringe werfen
Ein Spieler hält einen Stock. Ein anderer Spieler, der fünf bis sechs Meter entfernt steht, versucht einen Ring über den Stock zu werfen, während der erste Spieler versucht, den Ring mit seinem Stock aufzufangen.

Decken-Schleuder
Für dieses Spiel brauchen Sie ein großes Bettuch oder eine große Decke, in die ein Loch geschnitten wurde, das groß genug ist, um einen Luftballon durchfallen zu lassen. Auf das Laken werden Luftballons verschiedener Größe gelegt. Die Spieler spannen das Bettuch zwischen sich aus und schleudern die Luftballons in die Höhe, indem sie an dem Laken ziehen. Sie versuchen das Bettuch so zu bewegen, daß alle Luftballons durch das Loch fallen. Wenn sie damit fertig sind, können die Spieler dieses Spiel wiederholen und dabei selbst die Zeit abstoppen, um festzustellen, ob sich ihre Fähigkeiten zusammenzuarbeiten verbessert hat.

Festgebundener Ball
Für dieses Spiel müssen Sie folgende Ausrüstung aufbauen: Zwei lange Seile werden ungefähr in der Mitte durch zwei 30 cm lange Kreuzstücke aus Seil miteinander verbunden, die ungefähr 45 cm voneinander entfernt sind. Von einem der Kreuzstücke lassen Sie an einem 45 cm langen Seil ein Netz herunterhängen, in dem sich ein Tennisball befindet. Zwei oder vier Spieler spielen zusammen, indem sie die Enden der langen Seile anfassen. Das Ziel des Spieles ist es, herauszubekommen, wie oft es ihnen gelingt, den Ball um das Kreuzstück herum kreisen zu lassen.

Spielziel III: Rotation

Pfannen-Tennis
Jeder Spieler hat eine Pfanne (ein Kochtopf, eine Bratpfanne, eine Spülschüssel oder eine Schale können genommen werden). Die Spieler formen einen Kreis. Jeder Spieler läßt den Ball aus seiner Pfanne in die Pfanne des nächsten Spielers springen. Das Ziel besteht darin, herauszufinden, wie lange die Spieler den Ball im Kreise herum von einer Pfanne in die andere springen lassen können. Der einzelne Spieler muß den Ball nicht mit einem Schlag in die nächste Pfanne befördern, sondern er kann den Ball so lange in die Höhe springen lassen, bis er ihn erfolgreich weitergeben kann.

Kooperatives "Jacks"–Spiel (20)
Das Spiel folgt dem herkömmlichen Verfahren, außer daß sich anstelle eines Spielers, der alle Schritte durchführt, mehrere Spieler abwechseln. Das heißt, der erste Spieler sammelt alle Figuren einzeln auf; der zweite wirft sie auf den Boden und hebt immer zwei gleichzeitig auf; der nächste drei usw. Wenn einer der Spieler in irgendeiner Weise erfolglos ist (wenn er eine Figur berührt oder den Ball verpaßt), muß die Gruppe ganz von vorne beginnen. Der nächst Spieler fängt dann wieder bei eins an, der folgende Spieler mit zwei usw. Das Spiel wird gewonnen, wenn die Gruppe bis zu sechs Figuren aufzuheben schafft. (Für sehr junge Kinder kann das Spiel vereinfacht werden, indem man das Benutzen des Balls wegläßt und einfach die Figuren werfen und nacheinander die entsprechende Anzahl aufheben läßt.)

Kooperatives Seil-Springen
Zwei Spieler schlagen das Seil. Die anderen Spieler stellen sich an, um zu springen. Der erste springt einmal, läuft heraus und faßt ein Ende des Seils an. Der Spieler, der geschlagen hat, geht zu dem Ende der Schlange. In der Zwischenzeit springt der zweite Spieler zweimal, läuft heraus und faßt das andere Ende des Seils an, um diesen Spieler abzulösen, damit er sich an das Ende der Schlange stellen kann. Der dritte Spieler springt dreimal und läuft heraus, um ein Ende des Seils zu übernehmen usw. Wenn ein Fehler auftritt, beginnt der folgende Spieler ganz von vorn und springt einmal, der nächste zweimal usw.

Durch den Bogen

Die Spieler stehen in einer Reihe − 1,2,3,4,5,6,7. Der Spieler Nr. 2 wölbt seine Arme über den Kopf. Der Spieler Nr. 3 wirft einen Ball durch die gewölbten Arme des Spielers Nr. 2 zu dem Spieler Nr. 1. Dieser fängt den Ball und läuft schnell ans Ende der Reihe hinter Nr. 7; unterwegs übergibt er den Ball an Nr. 4. Der Spieler Nr. 4 wirft nun den Ball durch die gewölbten Arme des Spielers Nr. 3 zu Nr. 2. Dieser fängt den Ball und läuft an das Ende der Reihe hinter Nr. 1; unterwegs übergibt er den Ball an den Spieler Nr. 5. Und so fährt das Spiel fort.

Wurf zur Mitte

Die Spieler bilden einen Kreis, wobei ein Spieler in der Mitte steht. Der Spieler in der Mitte wirft einen Ball zu irgendeinem Spieler im Kreis und läuft sofort los, um in dem Kreis den Platz irgendeines anderen Spielers einzunehmen. Der abgelöste Spieler läuft zur Mitte, um den Ball zu fangen, der von dem Spieler geworfen wird, der ihn von dem Spieler in der Mitte erhalten hat. So geht das Spiel weiter.

Spring-Ball Reihe

Die Spieler bilden einen Kreis. Der erste Spieler läßt einen Ball einmal auftippen und zum nächsten Spieler springen, der ihn ohne Unterbrechung auffängt und zweimal aufprallen läßt; nach dem zweiten Aufprall fängt der nächste Spieler den Ball auf und läßt ihn nach dreimaligem Aufprallen zum folgenden Spieler springen usw. Wird der Ball fallengelassen oder von einem Spieler verfehlt, fängt der nächste Spieler ganz von vorne an und tippt den Ball einmal auf, der nächste zweimal usw.

Eine Variation dieses Spiels besteht darin, den Ball wie oben beschrieben einmal im Kreis herum aufzutippen, bis er wieder zu demjenigen gelangt, der das Spiel begonnen hat. Dieser tippt den Ball dann einmal mehr auf und gibt ihn an den nächsten Spieler weiter, der ihn ebenfalls einmal mehr auftippt usw. Diese Änderung vermeidet, daß die nachfolgenden Spieler zu lange warten müssen, bis sie an der Reihe sind.

Schießen im Kreis

Die Spieler bilden einen Kreis. Ein Spieler schießt einen Fußball zu irgendeinem Spieler auf der gegenüberliegenden Seite des Kreises und ruft "Eins". Derjenige Spieler, der den Ball erhalten hat, schießt den Ball zu einem anderen Teil des Kreises und ruft "Zwei"; und so geht das Spiel weiter, wobei jeder Spieler die nächst höhere Zahl ansagt. Wenn der Ball aus dem Kreis herausfliegt oder wenn irgendein Spieler aus dem Kreis heraustritt oder wenn irgendein Spieler den Ball anfaßt anstatt ihn zu treten, wird die Fortsetzung des Spieles verscherzt und die Gruppe muß von vorne mit "Eins" beginnen. Das Ziel besteht darin, herauszufinden, welche Zahl die Gruppe erreichen kann.

Spielziel IV: Gleiche Aufteilung

Gleichheit

Das Ziel dieses Kartenspiels besteht darin, daß jeder Spieler dieselbe Anzahl von Punkten erreicht. Die Karten werden gleichmäßig unter den Spielern verteilt. Der erste Spieler spielt irgendeine Karte aus und die anderen müssen bedienen. (Wenn sie nicht bedienen können, dürfen sie irgendeine andere Karte abwerfen.) Derjenige Spieler, der die höchste Karte ausgespielt hat (das Ass steht am höchsten, danach folgen König, Dame, Bube, Zehn usw.), macht den Stich. Der Spieler, der den Stich macht, legt jedes Ass, jede 2, 3, 4 oder 5 offen auf den Tisch, die in dem Stich enthalten sind. Alle in dem Stich enthaltenen Karten, die einen höheren Wert als 5 haben, zählen nicht und werden beiseite gelegt. Der betreffende Spieler spielt nun eine Karte aus und das Spiel fährt in der gleiche Weise fort. Alle Spieler versuchen so zu bedienen oder abzuwerfen, daß derjenige Spieler den Stich macht, der Punkte benötigt; so sollen alle Spieler dieselbe Punktzahl erreichen. Das Bewerungssystem sieht folgendermaßen aus: jedes Ass zählt ein Punkt, Zweien zählen je zwei Punkte, Dreien zählen je drei Punkte, Vieren zählen je vier Punkte und Fünfen zählen je fünf Punkte. Der gesamte Punkt-Betrag ist 60. Am Ende des Spiel soll die Punktzahl jedes Spielers gleich sein. Um also die anzustrebende Punktzahl zu erhalten, müssen Sie 60 durch die Anzahl der Schüler dividieren.

Spielziel V: Festgelegtes Ergebnis

Himmel

In diesem Kartenspiel melden alle Spieler an, wieviele Stiche sie ihrer Meinung nach mit ihren eigenen Karten gewinnen können. Die Gesamtzahl der von allen Spielern angemeldeten Stiche muß sich auf 13 belaufen. Das Ziel besteht für alle Spieler darin, ihre eigenen Ansagen und die der anderen zu erfüllen. Alle Karten werden ausgeteilt und der erste Spieler spielt irgendeine Karte aus. Die höchste Karte macht den Stich. Es gibt Trümpfe. Ein Spieler, der nicht bedienen kann, wirft ab. Das Spiel wird gewonnen, wenn jeder Spieler die Anzahl von Stichen erhält, die er angemeldet hat.

Schlag-Ball

Das Ziel dieses Spieles besteht für die Spieler darin, mehr Pluspunkte als Minuspunkte zu erzielen. Ein Minuspunkt wird gezählt, wenn der Ball den Boden berührt. Die Spieler erzielen jedesmal einen Pluspunkt, wenn der geschlagene Ball gefangen wird, ohne den Boden zu berühren. Die Spieler bilden um den Schläger herum einen mehr oder weniger vollständigen Kreis in einer angemessenen Entfernung, um werfen und fangen zu können. Jeder, der den Ball fängt oder zurückhält, kann entweder den Ball dem Schläger zuwerfen oder ihn einem anderen Spieler überlassen, der günstiger steht, um zuzuwerfen. Alle Spieler wechseln sich zwischen ein- bis fünfmal beim Schlagen ab. Die Positionen werden zum Vorteil und nach dem Wunsch der Spieler gewechselt. Dabei können sie einen geregelten oder einen unbeständigen Wechsel wählen.

Halb Drinnen und Halb draußen

Für dieses Spiel brauchen Sie ein quadratisches Spielbrett mit einer Kantenlänge von 1 m, das auf 5 cm hohen Füßen aufgestellt wird, und zwölf hölzerne Scheiben mit einem Durchmesser von je 5 cm. In der Mitte des Brettes innerhalb dieses Kreises befindet sich ein Loch mit einem Durchmesser von 12,5 cm. Das Ziel dieses Spieles besteht darin, die Hälfte der Scheiben in das Loch zu bekommen und gleichzeitig die übrigen Scheiben entweder auf dem Rand des 25 cm-Kreises um das Loch oder in den Raum zwischen Kreis-Rand und Loch zu lassen.

Um das Spiel zu beginnen, legen Sie sechs Scheiben in gleichen Abständen um den Kreis-Rand herum. Legen Sie die übrigen Scheiben hier und da in die Ecken des Brettes, um sie als Schießscheiben zu benutzen. Die Spieler wechseln sich darin ab, eine dieser Schießscheiben wegzuschnippen, um zu versuchen, eine der anderen Scheiben vom Kreis-Rand in das Loch zu schubsen. Jede Scheibe, die in dem Raum zwischen Kreis und Loch ankommt, wird nicht mehr als Schießscheibe verwendet werden. Das Spiel wird gewonnen, wenn es den Spielern gelingt, sechs der Scheiben durch das Loch zu bekommen während sich gleichzeitig die anderen sechs Scheiben auf dem Kreis oder in dem Raum zwischen Kreis und Loch befinden. Es folgen einige Variationen dieses Spiels: 1) Verwenden Sie mehr als 12 Scheiben. 2) Bevor das Spiel beginnt, einigen sich die Spieler über ihr eigenes Ziel − z. B., acht der Scheiben sollen durch das Loch fallen während vier in dem Bereich des Kreises bleiben usw. 3) Lassen Sie das Spiel auf dem Fußboden spielen, indem Sie einen 60 cm großen Kreis in einen 120 cm großen Kreis einzeichnen, und verwenden Sie Scheiben wie die, die beim Beilkespiel verwendet werden.

Kooperatives Beilkespiel
Das Spiel wird so gespielt wie beim wettkampfmäßigen Beilkespiel, außer daß das Spielfeld ungefähr so aufgezeichnet wird:

10	-8	-10
-5	8	7
-3	3	5

Die Spieler wechseln sich beim Schießen der Scheiben in das Spielfeld ab. Das Ziel besteht darin, ihre Würfe so zu plazieren, daß das vereinigte Ergebnis, nachdem alle Scheiben verschlossen sind, genau 15 beträgt. Auch das übliche Spielfeld des Beilkespiels kann verwendet werden, indem man einfach einige der Zahlen in negative Beträge verwandelt.

Hufeisenwerfen
Vor dem Spiel entscheiden die Schüler, welches Ergebnis sie mit einer gewissen Anzahl von Würfen anstreben wollen. Zum Bei-

spiel können sich vier Spieler darauf einigen, ein gemeinsames Endergebnis von 80 Punkten mit 40 Würfen (oder 10 Runden) anzustreben. Das Bewertungssystem lautet: Ein Treffer am Pfosten = 5 Punkte; Ein Hufeisen, das in dem gekennzeichneten Gebiet ankommt = 1 Punkt. Die Spieler stehen an dem einen Pfosten und wechseln sich ab, nach dem gegenüberliegenden Pfosten zu werfen. Jeder Spieler wirft innerhalb einer Runde zwei Hufeisen. Wenn das vorher festgelegte Ergebnis mit der angegebenen Anzahl von Würfen erreicht wird, ist das Spiel gewonnen.

Sequenzen
Teilen Sie alle Karten unter den Spielern aus (zwei bis zehn können spielen). Das Ziel des Spiels besteht für alle Spieler darin, eine vollständige fortlaufende Reihe von Zahlen ohne Rücksicht auf die Farbe zu erhalten. Die Spieler ordnen die Karten in ihrer Hand. Alle rufen gleichzeitig eine erwünschte Nummer aus. Dann geben alle Spieler eine ihrer Karten dem linken Nebenmann. Wenn sie die Nummer haben, die die Person zur Linken verlangt, reichen sie diese weiter. Wenn nicht, reichen sie eine andere Karte weiter, die irgendjemand sonst verlangt hat, in der Hoffnung, daß sie bald die betreffende Person erreicht. Das ganze wird wiederholt, indem alle Spieler eine gewünschte Nummer ausrufen und jeder eine Karte nach links weiterreicht. Sobald einige Spieler vier oder mehr Karten in der richtigen Reihenfolge haben, legen sie die Karten vor sich auf den Tisch; und dann fügen sie die anderen Nummern so hinzu, wie sie sie erhalten. Das Spiel wird gewonnen, wenn alle Spieler alle Karten in der richtigen Reihenfolge haben. Bevor mit dem Spiel begonnen wird, können sich die Spieler auf eine bestimmte Anzahl von Runden einigen, in der das Spiel beendet sein soll.

Die Ergebnisse der kooperativen Spiele

Die Regeln bei kooperativen Spielen sind insofern abänderungsfähiger als bei normalen Spielen, als die Spieler selbst eine aktive Rolle bei ihrer Formulierung übernehmen. Das Spielgeschehen in kooperativen Spielen neigt dazu, weniger autoritär zu sein als bei Wettkampfaktivitäten. Da es keine Mannschaft, Seite oder Person gibt, mit der man wetteifern muß, können sich die Spieler über Modifikationen der Verfahrensweisen einigen, während das Spiel sich entwickelt. Mehr Planung findet in den kooperativen Spielen in ihrem Verlauf statt. Von den Spielern werden gegenseitig mehr Vorschläge gemacht. Dies sorgt nicht nur für mehr Zusammenarbeit, sondern produziert auch größere Kreativität und Erfindungsgabe, so daß Spielvariationen und neue Spiele herauskommen.

Es gibt weniger Verdruß, wenn ein einzelner ein Spiel durcheinanderbringt. Die Gruppen-Mitglieder versuchen als Ganzes, die Fehler der anderen wiedergutzumachen. Wenn sich Kinder in Wettkämpfen auf dem Schulhof engagieren, hört man häufig: "Du bist draußen!", "Bin ich nicht!", "Du schummelst!", "Du lügst!", "Du kannst nicht spielen!". Und wenn die Auseinandersetzungen zu verbissen werden, rufen die Kinder entweder nach dem Schiedsspruch einer neutralen Partei oder das Spiel wird gesprengt. In kooperativen Spielen sind Auseinandersetzungen seltener und viel weniger heftig. Wenn ein kooperatives Spiel vorüber ist, hört man häufig: *"Wir haben gewonnen"*; in einem Wettkampf-Spiel hört man oft *"Wir haben sie besiegt"*, wobei der Gegner oft noch in einem Kehrreim verspottet wird.

Aber Kinder brauchen eine Menge Führung und Erfahrung mit kooperativen Spielen. Häufig verwandeln sich Spiele, die von Wettkampfspielen abgeleitet wurden, wieder in Wettkampfspiele zurück, wenn die Spieler nicht genügend mit den kooperativen Formen des Spiels vertraut sind. Glücklicherweise ist ein Lehrer oder Leiter eher versucht, kooperative Spiele zu spielen als Spiele, in denen konkurriert wird. Denn offensichtlich wird ein Gruppenleiter als ein Vorteil für die ganze Gruppe angesehen anstatt als ein Hindernis oder eine Bedrohung. Aktive Spiele mit der Aufforderung, sich in besonderer Weise zu bewegen, sind offensichtlich besonders angenehm. Wenn man beobachtet, daß sich Personen auch dann dafür entscheiden, kooperative Spiele zu spielen, wenn sie die Möglichkeit gehabt haben, Wettkämpfe durchzuführen, so unterstützt das offensichtlich die Beobachtung, daß kooperative Spiele für viele Spieler sowohl interessant als auch herausfordernd sind.

Während man zwar durch bloßes Zuschauen feststellen kann, daß die Spieler kooperative Spiele genießen, fehlt es an kontrollierten Forschungsunterlagen, die anzeigen, wie die Auswirkungen von kooperativen Spielen auf verschiedene Spieler-Charaktere sind. *Cornelius* und *Lentz* haben Beobachtungen von dem Verhalten ganz verschiedener Gruppen von Kindern beschrieben, die in kooperativen Spielen vertieft waren. Sie berichten zum Beispiel von einem Kind, das häufig Wutanfälle hatte. Wenn Arthur in einem Wettkampf-Spiel verlor, hatte er Wutausbrüche und schlug auf alles und jeden los, das sich in seiner Nähe befand. Obwohl er es in einem kooperativen Spiel schwer fand zu warten, wenn die anderen Spieler an der Reihe waren, und sein Verhalten häufig daran Schuld war, daß die Gruppe in ihrem Verhalten scheiterte, war er trotzdem nicht so bestürzt, wenn das Spiel schiefging und zeigte nicht dieselbe Enttäuschung und Wut. Vielleicht weil er nicht von einer anderen Person unterworfen wurde und die Niederlage mit allen, die spielten, teilte, blieb er in einer ausgegelicheneren emotionalen Verfassung.

Besonders interessant sind ihre Beobachtungen eines geistig zurückgebliebenen Kindes. Doris hatte Schwierigkeiten, die Regeln des Spiels zu verstehen. Wenn sie an der Reihe war, betreuten sie die anderen Gruppenmitglieder, die eifrig darauf bedacht waren, sie zum gemeinsamen Fortschritt beitragen zu lassen, bei jedem Schritt, den sie zu befolgen hatte. Wenn Doris etwas erfolgreich ausgeführt hatte, war es schwer zu beurteilen, wessen Freude und Befriedigung größer war — ihre darüber, daß sie die Fähigkeiten beherrschte, oder die der Gruppe darüber, daß sie ihr geholfen hatte, die Aufgabe zu verstehen und fähig zu sein, sie erfolgreich durchzuführen.

Subjektive Erfahrung und systematisch erhobene Beobachtungsdaten weisen auf die positiven Auswirkungen von kooperativen Aktivitäten auf die persönliche und soziale Entwicklung von Kindern hin. In einer Gesellschaft, die an Konkurrenz als eine bedeutende motivierende Kraft glaubt, wäre es äußerst interessant, die Auswirkungen zu untersuchen, wenn Kooperation das Konkurrenzprinzip als Motivationsfaktor ersetzen würde.

6 Zweites Stadium:
Die Einführung von Normen 4

6.1 Viertes Ziel: Entscheidung durch Konsensbildung

Die Grundregeln, die die Art der Entscheidungsfindung in einer Klasse festlegen, werden die Zusammenarbeit dieser Gruppe stark bestimmen. In einigen Klassen kann ein einzelner genug Einfluß haben, um bestimmte Entscheidungen durch Zwang, Schmeicheleien oder Beeinflussung anderer durchzusetzen. In anderen Klassen entscheidet die Mehrheit, und in weiteren — obwohl diese selten sind — wird eine völlige Übereinstimmung angestrebt.

Die Entscheidungsfindung durch eine starke Einzelpersönlichkeit hat ihre Vorteile. Entscheidungen können schnell und reibungslos getroffen werden; dies ist also zweifellos eine sehr "effiziente" Methode. Wenn die Klassenmitglieder manchmal keine Selbstverantwortung übernehmen wollen, sind sie nur zu glücklich, ein oder zwei starken oder populären Mitschülern die Entscheidungen überlassen zu können. Aber diese Methode der Entscheidungsfindung hat auch ihre Nachteile. Zum einen haben ein oder zwei Klassenmitglieder, die die Entscheidungen treffen, vielleicht nicht alle Informationen, um vernünftige Entscheidungen treffen zu können. Denn andere Mitglieder mögen spezielle Kenntnisse oder Erfahrungen haben, die dann bei einer Entscheidungsfindung durch ein oder zwei Leute nicht berücksichtigt werden. Weiterhin ist kaum zu erwarten, daß die Klasse voll hinter diesen Entscheidungen steht, wenn nicht alle Klassenmiglieder gefragt worden sind. Obwohl sie ursprünglich damit einverstanden gewesen sind, daß ein oder mehrere Klassenmitglieder die Entscheidungen treffen sollen, werden sie vielleicht später diese Entscheidung kritisieren oder ihr zuwiderhandeln oder bei der Umsetzung der Entscheidung in die Tat einen Mangel an Enthusiasmus zeigen.

Entscheidungsfindung durch Abstimmung oder Mehrheitsbeschluß hat den Vorteil, daß mehr Gruppenmitglieder aufgefordert sind, ihre Informationen und Meinungen beizusteuern. Dies kann Entscheidungen hervorrufen, die denen überlegen sind, die nur durch ein oder zwei Personen getroffen wurden. Noch wichtiger dabei ist, daß dann, wenn mehr als die Hälfte der Schüler einer Entscheidung zugestimmt hat, sie sie später auch verteidigen werden.

Aber Abstimmungen haben auch ihre Nachteile. Wenn ein

Sachverhalt einfach durch Abstimmung und Mehrheitsvotum entschieden wird, polarisiert sich die Gruppe leicht. Unter diesen Umständen ist das Ziel der Auseinandersetzung dann gewöhnlich nur, die bestehende Abstimmung zu "gewinnen", statt zu der bestmöglichen Entscheidung zu kommen. Folgerichtig konzentrieren sich die Klassenmitglieder darauf, lautstark ihren Standpunkt zu verteidigen und Gleichgesinnte aufzuspüren, und machen sich so Schüler mit anderer Ansicht zu Gegnern.

Bei Entscheidungsfindungen durch Abstimmung gibt es notwendigerweise Gewinner (die Mehrheit) und Verlierer (die Minderheit), und da die Mehrheit nur aus der Hälfte der Klasse plus einer Stimme bestehen kann, kann die Zahl der Verlierer ziemlich groß sein. Verlierer unterstützen aber nicht ohne weiteres die ihr von der Mehrheit aufgezwungenen Entscheidungen. Sie fühlen sich ausgeschlossen und vernachlässigt und oft suchen sie nach Gelegenheiten, die von ihnen nicht mitgetragene Entscheidung zu sabotieren. Wenn sie sich nicht bei der Erreichung des Gruppenziels oder der Verwirklichung der Entscheidung kooperativ verhalten, geht viel Energie verloren, die bei der Erreichung weiterer Gruppenziele eventuell gebraucht wird. So kann die Mehrheitsregelung manchmal negative Konsequenzen für die Gruppenarbeit haben.

Aber die Entscheidungsfindung muß nicht auf starke Schülerpersönlichkeiten oder Mehrheitsvoten zurückgehen. Eine Alternative ist der Konsens. Bei diesem Ansatz der Entscheidungsfindung streben die Gruppenmitglieder eine Entscheidung an, der *alle* zustimmen können und die alle unterstützen. Daher gibt es beim Konsens keinen Verlierer. Die Gedanken, Erfahrungen, und Bedürfnisse aller Gruppenmitglieder werden einer ernsthaften Betrachtung durch die ganze Gruppe unterzogen. Die Gruppenmitglieder arbeiten zusammen, um die beste Lösung für alle zu finden, statt gegeneinander zu kämpfen, nur um zu beweisen, daß der jeweils eigene Standpunkt der "richtige" ist. Bei dem Versuch, einen Konsens zu finden, müssen alle Gruppenmitglieder allen Ansichten aufmerksam zuhören und dürfen keine Minderheitsmeinungen außer acht lassen. Dadurch kann die Gruppe schwerwiegende Fehler vermeiden, weil sie so Informationen berücksichtigen kann, die die Mehrheit sonst übersehen hätte.

Die Suche nach einer Entscheidung, die alle Gruppenmitglieder vertreten können, führt gewöhnlich dazu, daß die gesamte Gruppe hinter dieser Entscheidung steht. So bleibt keine der Gruppe entfremdete Minorität übrig, die sonst die Gruppenarbeit sabotieren konnte. Sobald die Gruppe diese Art der Konsensbildung auch nur einigermaßen beherrscht, werden Aggressionen, Unhöflichkeiten und Feindseligkeiten viel seltener anzutreffen sein, als bei den Mehrheitsentscheidungen, die immer verbunden sind, – mit dem Ziel, zu "gewinnen."

Viele Lehrer haben festgestellt, daß die Herausforderung an eine Diskussionsgruppe, einen Konsens zu finden, dramatische Änderungen im Interaktionsverhalten der Gruppenmitglieder hervorruft, sogar wenn sie diesen Konsens letztendlich nicht erreichen. Allzu oft geben wir einer Gruppe ein Diskussionsthema – z. B. "Warum haben die Engländer im Unabhängigkeitskrieg gegen die Amerikaner verloren?" – und die Schüler erledigen es, indem sie nur die Punkte aufzählen, die jedem dazu einfallen und die offensichtlich sind, statt sich mit dem Thema so auseinanderzusetzen, wie wir es als Lehrer gern sehen würden. Eine oberflächliche Behandlung von Themen durch die Schüler führt häufig dazu, daß der Lehrer eine gruppenorientierte Diskussion vermeidet und stattdessen die Diskussion selbst leitet, um sicher zu gehen, daß die Schüler das Thema gründlicher erarbeiten. Das Verlangen nach einem Gruppenkonsens, auch wenn wir der Meinung sind, daß es nicht die "richtige" Antwort auf eine Frage gibt, zwingt die Schüler gewöhnlich doch dazu, über das Thema noch mehr nachzudenken, ihre Informationen gründlicher zu überprüfen, und den Beiträgen der anderen aufmerksamer und nachdenklicher zuzuhören.

Trotz der Vorteile der Entscheidungsfindung durch Konsens, funktioniert diese Methode nicht immer und sollte nicht in jeder Situation angewandt werden. Es gibt offensichtlich einige Diskussionsthemen, bei denen eine Entscheidung überhaupt nicht erforderlich ist – z.B. beim Austausch von Wertaussagen, Erfahrungen und Meinungen. Einen Konsens über ein Thema, wie: "Was ist wichtiger, ehrlich oder beliebt zu sein?" herbeiführen zu wollen, wäre lächerlich, weil das Ziel dieser Frage der Austausch von Meinungen ist, und weniger die Herstellung einer gemeinsamen Norm. Sogar in einigen Fällen, in denen eine Gruppenentscheidung notwendig ist, ist die Konsensfindung zu zeitraubend und den Aufwand nicht wert. Beispielsweise wenn eine Klasse das Ziel einer Klassenfahrt bestimmen soll, und der Bus noch am gleichen Tag bestellt werden muß. Wenn die überwiegende Mehrheit einer Klasse sich in einem solchen Fall über ein Ziel einig ist, sollte die Entscheidung einem Mehrheitsvotum überlassen werden. Das gleiche trifft zu bei der

Frage, ob ein Problembereich individuell oder in Kleingruppen behandelt werden soll. Es wäre in diesen Fällen wahrscheinlich vernünftiger, die Schüler abstimmen zu lassen und sich nach der Mehrheitsentscheidung zu richten statt stundenlang zu diskutieren, bis ein Konsens hergestellt ist.

Bei jeder Lernaktivität gibt es einen Punkt, bei dem der Einsatz größer als der Ertrag wird, und wenn kaum ein Gewinn durch das ständige Suchen nach einem Konsens erzielt werden kann, (also eine bessere Entscheidung oder verbesserte Interaktionsfähigkeiten), ist der Lehrer gut beraten, wenn er der Gruppe vorschlägt, daß sie sich der Mehrheitsentscheidung unterwerfen soll. Nichtsdestotrotz ist es wichtig, für die Interaktionen in der Gruppe die Norm zu bilden, daß der Konsens das *Ziel* des Entscheidungsprozesses ist.

6.2 Hilfreiches Lehrerverhalten zur Erreichung der 4. Norm: Entscheidung durch Konsensbildung

Strukturieren Sie die Aufgaben für gruppenzentierte Aktivitäten so, daß die Gruppe bei der Konsensbildung unterstützt wird!

Bei Diskussionen um bestimmte Verfahrensweisen oder wenn die Lösung eines curricularen Problems gesucht wird, sollten sie die Schüler ermuntern, eine Lösung zu finden, die von allen Gruppenmitgliedern vertreten, unterstützt oder zumindest solange akzeptiert wird, bis eine bessere Lösung gefunden wird. Nehmen wir z. B. an, Sie lassen die Klasse über eine fiktive Situation nachdenken, in der eine Familie darüber entscheiden muß, ob einem hoffnungslos kranken Familienmitglied die lebenserhaltende medizinische Behandlung entzogen werden soll. Sagen Sie nicht einfach:"Entscheidet in euren Kleingruppen, was die Familienmitglieder dem Arzt sagen sollten." Stattdessen wäre es besser zu sagen: "Kommt als Gruppe zu einer Übereinstimmung darüber, welche Entscheidung die Familie treffen sollte. Versucht eine Entscheidung zu treffen, der alle Mitglieder eurer Gruppe zustimmen können." Dies wird die Gruppenmitglieder fortwährend daran erinnern, daß Sie von ihnen die sorgfältige Berücksichtigung der Ansichten aller Gruppenmitglieder erwarten, nicht nur die der wenigen lauten Gruppenmitglieder oder gar die der Mehrheit.

Wenn eine Gruppenentscheidung getroffen wird, prüfen Sie, ob sie auf dem Konsens beruht!
Wenn Sie Schüler bei der Bearbeitung einer Aufgabe beobachten, können Sie manchmal feststellen, daß einige Schuler während der Entscheidungsfindung nicht mit den anderen übereinstimmen. Wenn die Gruppenentscheidung vorgetragen wird, fragen Sie die Schüler, die vorher bei der Entscheidungsfindung protestiert hatten, ob sie jetzt die Gruppenentscheidung unterstützen. Wenn dies nicht der Fall ist, ist die Gruppe offensichtlich nicht zu einem Konsens gekommen, und Sie können herauszufinden versuchen, warum. In der Frühphase einer sich konstituierenden Gruppe müssen Sie feststellen, ob allen Gruppenmitgliedern, inklusiv denen mit anderer Meinung, zugehört wird, ob ruhigere Mitglieder ermutigt werden, ihre Meinung zu äußern, und ob die Gruppe die verschiedenen Standpunkte aller Mitglieder überprüft, bevor sie die endgültige Entscheidung trifft. In einer Gruppe, die schon weiter ist, haben die Gruppenmitglieder wahrscheinlich einen Konsens angestrebt und Ihre Aufgabe ist es, ihr bei der Analyse zu helfen, welche Hindernisse der Konsensbildung im Wege gestanden haben und wie diese zu beseitigen sind.

Zwingen Sie die Klasse nicht zu einem künstlichen Konsens!
Um Ihren Wünschen nachzukommen, werden alle Schüler manchmal so tun, als ob sie miteinander übereinstimmen. Geben Sie den Gruppenmitgliedern zu verstehen, daß der Gruppe kein Fehler angekreidet wird, wenn kein Konsens erreicht wird. Denn das Ziel der Konsensfindung ist nicht die totale Übereinstimmung, sondern es wird deshalb so vorgegangen, um den Schülern das Meinungsspektrum in einer Gruppe klarzumachen und sie dazu zu bringen, alle Meinungen in der Gruppe zu berücksichtigen.

Wenn die Gruppe nach längerem Hinarbeiten auf einen Konsens feststellt, daß es wesentliche Unterschiede bei den Wertmaßstäben oder Meinungen gibt, dann sollten die Gruppenmitglieder Ihnen die jeweilige Mehrheitsmeinung bzw. Minderheitsmeinung mit den dazugehörigen Gründen vortragen. Der Bundestag geht genauso vor, d. h. Entscheidungen werden durch Mehrheiten getroffen, aber die Meinung der Minderheit wird ebenso festgehalten, genießt die gleiche Publizität und kann bei zukünftigen Verfahren berücksichtigt werden.

Helfen Sie der Klasse zu verstehen, daß ein Konsens auf verschiedenen Wegen erreicht werden kann!
Gehen Sie diese verschiednen Möglichkeiten mit den Klassenmitgliedern durch:

Eine Seite überzeugt die andere
Das ist natürlich das, was die meisten Gruppen denken, was sie tun, wenn sie eine Mehrheitsentscheidung treffen. Aber sie übersehen die Tatsache, daß sie möglicherweise nicht alle in der Gruppe überzeugt haben. Wenn ein Konsens durch Überzeugung erreicht worden ist, heißt das, daß im wesentlichen alle Gruppenmitglieder der Mehrheitsmeinung zustimmen, weil die Argumente dafür zwingend und überzeugend sind, und sie daher ihre vorherigen Positionen aufgegeben haben und nun den anderen Standpunkt einnehmen.

Eine Seite gibt nach
Oft sind einige Leute der Meinung, daß die Verteidigung ihres Standpunktes den Aufwand nicht lohnt und geben ihn daher auf. Aber es ist kein guter Weg der Konsensfindung, wenn eine Gruppe kapituliert, weil sie nicht viel Aufhebens davon machen will oder weil sie merkt, daß sie überstimmt wird; denn sie wird die andere Position nicht tatsächlich unterstützen. Die Meinung von Minderheiten ist wichtig für einen kreativen Meinungsbildungsprozeß; denn oft besitzt eine Einzelperson Schlüsselinformationen, die die Gruppe vor Fehlern schützen kann (wie beispielsweise bei den oben beschriebenen Rätselspielen). Konflikte, die aus Meinungsverschiedenheiten resultieren, sollten daher von der Gruppe positiv bewertet werden. Nachgeben sollte tabu sein, wenn es nicht durch Überlegung und Überzeugung geschieht.

Die Schüler müssen lernen, wann sie aufgeben oder weiterargumentieren müssen. Sie sollten in der Lage sein, ihre Meinungen zu ändern, wenn sie neue Informationen erhalten. Sie sollten bei der Konsensfindung unterschiedliche Positionen in Betarcht ziehen dürfen und sich nicht schuldig fühlen müssen, wenn sie sich der Gruppe mit der anderen Meinung anschließen, oder wenn ihnen ein Thema nicht wichtig erscheint und sie anderen die Entscheidung überlassen, oder wenn sie merken, daß andere mehr Informationen besitzen. Manchmal können Schüler zu dem Schluß kommen, daß es das kleinere Übel ist, sich der anderen Position anzuschließen, wenn sie in Rechnung stellen, was die Verteidigung der eigenen Position den anderen an Ungelegenheiten bringen würde. Andererseits sollten sie ihre Positionen nicht aufgeben müssen, wenn ihnen eine Sache wichtig erscheint.

Insofern zwingt der Prozeß der Konsensfindung die Schüler nicht allein dazu, ihre eigenen Positionen und die der anderen zu überprüfen, sondern zwingt sie auch zu einer Entscheidung darüber, wie wichtig ihnen ihr Standpunkt ist. Manchmal ist es sogar die Mehrheit, die ihre Meinung ändert; beispielsweise wenn eine Klasse darüber entscheiden muß, an welchem Tag ein Klassenfest stattfinden soll, wird sich vielleicht die Mehrheit, die den Sonntag dem Samstag vorzieht, ohne weiteres überzeugen lassen. Wenn ein Schüler aus religiösen Gründen am Sonntag nicht mitmachen kann, wird die ganze Klasse vielleicht darin übereinkommen, daß ihre eigene Bequemlichkeit nicht so wichtig wie die Motivation dieses Schülers ist, und sich für den Samstag entscheiden.

Beide Seiten finden eine neue Alternative
Meinungsverschiedenheiten können manchmal beigelegt werden, wenn beide Seiten aufhören, ihre Positionen zu verteidigen, und nach einer neuen Lösung suchen, die beide Seiten zufriedenstellt. Häufig muß dabei keine der beiden Gruppen irgendwelche Abstriche machen und beide haben dann das Gefühl, "gewonnen" zu haben.

Die Gruppe definiert das Problem anders
Ernsthaftes Bemühen um einen Konsens führt häufig dazu, daß die Gruppenmitglieder semantische Schwierigkeiten oder Mißverständnisse auf beiden Seiten als wahre Ursache der Meinungsunterschiede feststellen. Manchmal bemerken beide Seiten, daß sie bei der Verteidigung ihrer Positionen zu weit gegangen sind und sich daher mäßigen, um zu einer neuen Sichtweise des Problems zu kommen, die beide Gruppen akzeptieren können.

Jede Seite gibt etwas nach
Manchmal können Entscheidungen getroffen oder Vorgehensweisen gefunden werden, die die meisten Bedürfnisse beider Seiten befriedigen, statt alle Bedürfnisse der einen und keine der anderen Seite zu berücksichtigen. Personen, die mit dieser Methode der Konsensfindung vertraut sind, wissen, daß wenn eine Seite auf einiges verzichtet, dies nur ein kleiner Nachteil ist, verglichen mit der sich dann ergebenden Zufriedenheit und Unterstützung der anderen Seite.

Beide Seiten kommen darin überein, die Entscheidung zu vertagen
Manchmal kommen beide Seiten zu der Erkenntnis, daß sie noch nicht genug Informationen für eine vernünftige Entscheidung besitzen oder daß sie zu aufgeregt sind, um zu einer praktikablen Lösung zu gelangen. Sie können die Entscheidung auf einen Zeitpunkt vertagen, an dem sie genug Informationen haben und die Haltung besitzen, die bei einer rationalen Entscheidung vorauszusetzen ist.

Sie sollten sich aber sicher sein, daß diese Vertagung nicht bloß eine Ausrede ist, um Konflikte und anstrengende Auseinandersetzungen zu vermeiden. Wir alle haben Lehrerkonferenzen miterlebt, in denen ein kontroverses oder umstrittenes Thema schnell mit der Ausrede vertagt wurde, man müsse die Probleme erst einmal genauer untersuchen. Für viele Leute sind Meinungsverschiedenheiten und Konflikte ein Zeichen dafür, daß etwas in der Gruppe nicht in Ordnung ist, und ihre erste Reaktion ist, über angenehmere Themen zu sprechen. Es ist im Gegenteil gerade so, daß Konflikte ein Indikator dafür sind, daß jeder in der Gruppe sich frei fühlt, seine Meinung zu äußern, daß eine Vielzahl von Ideen hervorgerufen wird, und daß das Problem für die Gruppe wichtig ist. So gesehen können Konflikte also eher als eine Voraussetzung für eine bessere Entscheidungsfindung angesehen werden, als in den Fällen, wo sofort eine Übereinstimmung festgestellt wird. Die Gruppenmitglieder müssen darauf achten, ob eine Entscheidung aus berechtigten Gründen vertagt wird oder nur, um Konflikten aus dem Weg zu gehen.

Machen Sie den Gruppenmitgliedern Vorschläge, wie sie sich einander bei der Konsensfindung helfen können!
Jay Hall (21) gibt folgende Richtlinien an, die Sie für Ihre Schüler zusammenfassen können:

1) Vermeiden Sie es, Ihren Standpunkt stur zu verteidigen. Vertreten Sie ihn so klar und logisch wie möglich, aber seien Sie offen für die Reaktionen der Gruppe und weitere Beiträge zum Problem.

2) Vermeiden Sie bei Diskussionen über persönliche Ansichten einen "Gewinner-Verlierer-Ausgang", der nur eine Sackgasse darstellt. Machen Sie sich von der Vorstellung frei, daß in Diskussionen immer einer gewinnen und einer verlieren muß. Wenn die Diskussion in eine Sackgasse gerät, suchen Sie nach der bestmöglichen Alternative, die für alle Betroffenen akzep-

tabel ist.
3) Vermeiden Sie es, Ihre Meinung nur deshalb zu ändern, um Konflikten auszuweichen und um Übereinstimmung und Harmonie um jeden Preis zu erreichen. Geben Sie keinen Argumenten nach, die keine objektive oder logische Begründung besitzen. Streben Sie nach aufgeklärter Flexibilität und vermeiden Sie überhastete Kapitulationen.
4) Vermeiden Sie Konflikte umgehende Techniken wie Mehrheitsbeschlüsse, Durchschnittsberechnungen, Feilschen, Münzen werfen oder irgendeinen Kuhhandel. Sehen Sie Meinungs*unterschiede* als ein Zeichen von unvollständigem Austausch relevanter Informationen an, entweder, was das Verständnis des Problems angeht, was die ausgelösten Gefühle betrifft oder was sich auf spontane Intuitionen bezieht.
5) Betrachten Sie Meinungsverschiedenheiten bei der Entscheidungsfindung als natürlich und hilfreich statt als Hindernis. Generell ist es so: je mehr Meinungen vertreten werden, desto größer ist auch der Fundus, aus dem man schöpfen kann.
6) Eine sofortige Übereinstimmung ist verdächtig. Untersuchen Sie die Gründe, die zu einer scheinbaren Übereinstimmung führen könnten; gehen Sie sicher, daß die Leute ihre Entscheidungen in übereinstimmender oder sich ergänzender Weise begründen können.
7) Vermeiden Sie versteckte Formen der Beeinflussung und nachträglicher Änderung der Entscheidung; wenn z. B. jemand schließlich nachgibt, belohnen Sie ihn nicht dadurch, daß er bei den nächsten Punkten seine eigene Meinung durchsetzen darf.

Zeigen Sie selbst zu jeder Zeit der Klasse eine Haltung, die Konsensbildung modellhaft fördert!
Wenn immer Schüler Sie nach Meinungen fragen – z. B. ob die Klasse den Test lieber am Mittwoch oder am Donnerstag schreiben möchte – geben Sie sich nicht mit den ersten Wortmeldungen zufrieden.
Lassen Sie sich nicht von dem "Schulterklopf-Effekt" beeindrucken, bei dem ein einflußreicher oder populärer oder extrem lautstarker Schüler seine Meinung äußert, die anschließend sofort von seinem Kumpel unterstützt wird. Diese zwei Meinungen bilden – auch wenn keine unterschiedlichen Meinungen dazu kommen sollten – noch lange keinen Konsens. Lassen Sie ein Meinungsbild der ganzen Klasse herstellen – etwa durch Handheben, geheime oder offene Stimmabgabe – um herauszufin-

den, was die ganze Klasse denkt. Achten Sie speziell auf Schüler, die sich nicht äußern und fragen Sie sie nach den Gründen. Achten Sie auf die Minderheit mit abweichender Meinung und fordern Sie sie auf, ihre Meinung kundzutun, statt einfach zu sagen: "Nun ja, es sieht so aus, als ob die meisten von euch den Test am Mittwoch schreiben möchten. Nehmen wir also den Mittwoch." Es könnte sein, daß ein Schüler aus der "Donnerstagsgruppe" von einer am Dienstag geplanten gemeinschaftlichen Zusammenkunft weiß, von der die anderen noch nichts gehört haben. Dieser einzelne stille Schüler könnte die Gruppe vor einer Entscheidung bewahren, die die meisten später bedauern würden. Bei ihrer Arbeit mit Schülern sollten Sie abweichende Meinungen mit dem Respekt behandeln, den sich auch die Schüler bei ihrer Gruppenarbeit entgegenbringen sollten.

6.3 Strukturierte Übungen zur Bildung der 4. Norm: Entscheidung durch Konsensbildung

6.3.1 Die zwölf Geschworenen

Schüler werden oft die Wichtigkeit der Bemühungen in Frage stellen, den der oft frustrierende Prozeß der Konsensfindung verlangt. Sie werden vielleicht fragen: "Warum nicht einfach abstimmen und die Mehrheit entscheiden lassen?" Um ihnen die Möglichkeit zu geben, selbst zu ihrer Entscheidung zu kommen, lassen Sie sie das Stück "Die zwölf Geschworenen" lesen oder die Filmversion davon sehen (22). In diesem Stück entscheiden die Geschworenen über die Schuld einer Person, die des Mordes angeklagt ist. Eine Mehrheit von elf Personen stimmt sofort für schuldig und will anschließend gleich nach Hause gehen. Aber ein einzelner Geschworener hat eine Reihe sorgfältiger Beobachtungen gemacht, und besitzt aufgrund seiner Herkunft Informationen, die die anderen nicht besitzen. Weil das Urteil der Geschworenen für einen Schuldspruch in einem Mordprozeß einstimmig sein muß, sind die anderen elf gezwungen, seinen Argumenten zuzuhören, und werden schließlich von ihm überzeugt. So wurde das Leben eines unschuldigen Mannes gerettet.

6.3.2 Überleben im Gebirge (23)

Dieses Spiel befaßt sich nicht nur mit der Frage "Warum nicht einfach abstimmen und die Mehrheit entscheiden lassen?", sondern demonstriert auch, daß die Leistung sich verbessern kann, wenn zusammen statt individuell gearbeitet wird. Diese Übung verlangt, daß der einzelne Schüler zuerst einmal eine Aufgabe allein erledigen muß, daß er dies danach in einer Gruppe versucht, in der die Mehrheit entscheidet, und daß schließlich dieselbe Gruppe das Problem durch Konsens zu lösen versucht. Da es zu diesem Problem nur eine richtige Lösung gibt, die quantitativ bestimmt werden kann, ist es möglich, die in jeder dieser drei Spielsituationen erarbeiteten Problemlösungen quantitativ (in Form der Abweichung von der richtigen Lösung) zu vergleichen. Zur Vorbereitung für diese Übung geben Sie jedem Schüler mindesten drei Kopien des unten dargestellten Aufgabenbogens. Insgesamt werden ca. zwei Stunden (vielleicht verteilt auf zwei aufeinanderfolgende Tage) zum Durchspielen aller drei Stufen benötigt.

Überleben im Gebirge

Stell' dir vor, ein Freund kommt an einem Samstagmorgen im Oktober bei dir vorbei und schlägt dir vor, mit ihm einen Tagesausflug in die Berge zu unternehmen, um seinen neuen Jeep auszuprobieren. Du ziehst dir schnell Jeans, ein T-Shirt und Turnschuhe an. Am späten Nachmittag befindet ihr euch auf einem Weg in einem abgelegenen Teil des Gebirges, als plötzlich ein Schneesturm losbricht. Der Weg wird bald unpassierbar und man kann kaum eine Handbreit sehen. Plötzlich fängt der Jeep an zu rutschen und stürzt mehrere hundert Meter tief einen Abhang hinab. Dein Freund ist sofort tot und der Jeep ist total zerstört, aber glücklicherweise hast du nur ein paar Kratzer davongetragen. Du befindest dich mindestens 50 bis 70 km von der nächsten menschlichen Ansiedlung entfernt. Zum Glück entdeckst du in der Nähe eine Sommerhütte. Obwohl sie außer einem Kamin keine Heizmöglichkeiten und auch kein Telefon hat, bietet sie doch Schutz und Nahrungsmittel für etwa eine Woche. Bald bemerkst du, daß du bis zu deiner Rettung nicht in der Hütte bleiben kannst, weil keiner weiß, wo man dich suchen soll. Deshalb entscheidest du dich, den Pfad bis zur nächsten menschlichen Ansiedlung zurückzugehen, sobald der Sturm nachläßt. Es sind ja inzwischen 1,20 m Pulverschnee gefallen.

Du hast Glück, daß sich in der Hütte viele Camping-Gegenstände und andere Vorräte befinden und du fast alles mitnehmen kannst, was du brauchst. Du weißt, daß deine Überlebenschancen während der drei Tage, die du höchstwahrscheinlich brauchen wirst, um in die nächstliegende Ortschaft zu gelangen, teilweise davon abhängen, wie sorgfältig du deine Ausrüstung zusammenstellst. Es folgt eine Liste der Gegenstände mit Gewichtsangaben, die sich in der Hütte befinden. Entscheide dich, welche der folgenden Sachen du anziehen oder mitnehmen sollst, wobei das Gesamtgewicht 50 Pfund nicht überschreiten darf.

A. eine Wollmütze (1 Pfund)
B. ein paar dicke Wollhandschuhe (2 Pfund)
C. eine Axt (8 Pfund)
D. ein 15 m langes und 30 mm dickes Seil (1 Pfund)
E. einen Topf, um aus Schnee Trinkwasser zu bereiten (3 Pfund)
F. eine Camping-Klappsäge (1 Pfund)
G. eine Bergsteigerausrüstung, inklusive Hammer, Haken usw. (10 Pfund)
H. ein 46 m langes und 1,11 cm dickes Seil (8 Pfund)
I. ein Campingkocher mit Benzin (10 Pfund)
J. eine Plastikwasserflasche gefüllt mit Wasser (2 Pfund)
L. Utensilien, um ein Feuer anzumachen, inklusive Streichhölzer (1/2 Pfund)
M. ein dicke Wolljacke mit Kapuze (10 Pfund)
N. einen Rucksack mit Alu-Gestell (6 Pfund)
O. fünf 2-Pfund Dosen mit Suppe und Gemüse (10 Pfund)
P. einen Schlafsack (5 Pfund)
Q ein paar Abfahrtschier und Stöcke (1o Pfund)
R. eine Luftmatratze (3 Pfund)
S. eine daunengengefüllte Jacke ohne Kapuze (3 Pfund)
T. ein paar Jagdstiefel (6 Pfund)
U. ein paar Schneeschuhe (5 Pfund)
V. ein Leinenzelt (15 Pfund)
W. eine Plastikzeltbahn (2 Pfund)
X. acht Schachteln eiweißreiche Trockennahrung (4 Pfund insgesamt)
Y. eine Erstehilfeausrüstung mit Schienen und anderen Gegenständen, um gebrochene Knochen zu schienen (4 Pfund)
Z. eine Erstehilfeausrüstung ohne Schienen usw. (1 Pfund)
AA. ein paar dicke Wollhosen (4 Pfund)
BB. ein Messer mit Büchsenöffner (1/2 Pfund)

Zu Beginn dieser Übung geben Sie den Schülern diese Liste und fordern Sie sie zum Ankreuzen gemäß den vorgegebenen Hinweisen auf. Betonen Sie, daß jeder Schüler diese Aufgabe ganz allein erledigen muß, ohne andere Schüler zu fragen oder irgendwelche Hilfsquellen zu benutzen. Um Zeit zu sparen, können Sie dies als Hausaufgabe aufgeben, aber machen Sie die Schüler darauf aufmerksam, daß jeder seine Liste das nächste Mal wieder mitbringen und mit keinem anderen bei der Auswahl zusammenarbeiten soll. Die Schüler sollen ihren Namen auf ihre Liste schreiben und sie Ihnen zur Auswertung zurückgeben. Lassen Sie die Schüler ihre eigene Liste nicht selbst auswerten und sagen Sie ihnen nicht die richtigen Antworten.

Nachdem alle Schüler ihr erstes Blatt abgegeben haben, händigen Sie ihnen die zweite Kopie aus und lassen Sie sie kleine Gruppen von fünf bis sieben Personen (oder eine einzige Großgruppe) bilden. Die Schüler sollen die Aufgabe nochmals lösen, aber diesmal, indem sie die Gegenstände per Mehrheitsvotum der Gruppe auswählen. Schlagen sie ihnen vor, daß sie schon nach einer sehr kurzen Diskussion abstimmen sollen, und weisen Sie darauf hin, daß ihre Angaben dieses Mal sich von denen unterscheiden können, die sie vorher allein gemacht hatten.

Während die Gruppen arbeiten, können Sie die abgegebenen Arbeitsbögen korrigieren. Die richtigen Antworten (siehe S. 165) sind von *Bill May*, Autor von "Moutain Search and Rescue" zusammengestellt worden, und von *Bob Bruce*, Verkaufsmanager von Holubar Mountainreering, Ltd., und Mitglied der Prüfungskommission des U.S. Ski Association.

Antworten für das Spiel "Überleben im Gebirge":

A.	1 Pf.	R.	3 Pf.
B.	2 Pf.	S.	3 Pf.
D.	1 Pf.	T.	6 Pf.
E.	3 Pf.	U.	5 Pf.
F.	1 Pf.	W.	2 Pf.
J.	2 Pf.	X.	4 Pf.
L.	1/2 Pf.	Z.	1 Pf.
N.	6 Pf.	AA.	4 Pf.
P.	5 Pf.	BB.	1/2 Pf.

Um die einzeln ausgefüllten Arbeitsbögen zu bewerten, geben Sie einen Punkt für einen vom Schüler ausgewählten Gegenstand, der nicht auf der Lösungsliste steht. Geben Sie ebenfalls einen Punkt für jeden Gegenstand, der auf der Lösungsliste steht, aber nicht auf dem Arbeitsbogen des Schülers angekreuzt ist. Zählen Sie die Punkte zusammen. (Je geringer die Punktzahl ist, desto richtiger ist die Schülerlösung.)

Ordnen Sie dann die Arbeitsbögen nach den Gruppen, in denen die Schüler gemeinsam die Arbeitsbögen bearbeiten. Suchen Sie den Bogen des Schülers heraus, der in dieser Gruppe das beste Einzelergebnis (niedrigste Punktzahl) erzielt hatte.

Nachdem die Gruppen abgestimmt haben, fordern Sie jede Gruppe auf, ihre Wahl auf einem neuen Arbeitsbogen anzukreuzen. Geben Sie jeder Gruppe eine Nummer, die sie auf ihre gemeinsam erstellten Arbeitsbögen schreiben sollen. Sammeln Sie die Arbeitsbögen ein.

Dann geben Sie jedem Schüler wieder einen Arbeitsbogen. Die Schüler bleiben in derselben Gruppe und führen die gleiche Aufgabe durch, aber dieses Mal sollen sie hinsichtlich der auszuwählenden Gegenstände einen Konsens erreichen. Geben Sie dazu folgende Erklärung ab: "Wenn ihr zu euren Lösungen kommt, geht sicher, daß ihr folgerichtig denkt und die angegebenen Informationen berücksichtigt. Ihr sollt weder von vornherein einen Kompromiß ablehnen noch sollt ihr unbedingt euren Standpunkt aufgeben, nur um die Sache leichter zu machen. Versucht wirklich die Vorschläge der anderen zu verstehen, sogar dann, wenn sie mit eurer Auswahl nicht übereinstimmen. Gebt euren Standpunkt nicht auf, nur um Konflikte zu vermeiden. Seid sicher, daß ihr jede Entscheidung der Gruppe mitvertreten könnt. Trefft keine Entscheidung durch Mehrheitsbeschlüsse; strebt nach vollständiger Zustimmung durch alle Gruppenmitglieder." Lassen Sie jede Gruppe ihre Auswahl auf einem Arbeitsbogen festhalten.

Während die Gruppen versuchen zu einem Konsens zu kommen, bewerten Sie die durch Mehrheitsbeschluß getroffene Auswahl auf den Arbeitsbögen nach dem selben Schema wie oben angegeben. Fertigen Sie eine Tabelle an, die folgendes beinhaltet: 1) das Einzelergebnis des besten Schülers in jeder Gruppe, 2) das Ergebnis der durch Mehrheitsbeschluß getroffenen Auswahl, 3) das Ergebnis der Entscheidungsfindung durch Konsens.

Nachdem die Gruppen zu einem Konsens gekommen sind, oder so weit wie möglich in der zur Verfügung stehenden Zeit sich einigen konnten, sammeln Sie die Arbeitsbögen ein und werten Sie sie aus. Teilen Sie den Schülern die durch Experten getroffenen "richtigen" Lösungen mit. Vervollständigen Sie die Tabelle und zeigen Sie sie den Schülern.

Gruppennummer	das beste Einzelergebnis	Abstimmungsergebnis	Konsensergebnis
1			
2			
3			
4			

Teilen Sie jedem Schüler sein Einzelergebnis mit und fordern Sie die Schüler auf, ihr Ergebnis mit den Ergebnissen auf der Tabelle zu vergleichen. Machen Sie den Vorschlag, daß sie sich etwa die folgenden Fragen stellen: War mein Einzelergebnis besser (d.h. geringere Punktsumme) oder schlechter als das Ergebnis meiner Gruppe? (Wenn es schlechter ist, heißt das, daß die Arbeit in einer Gruppe zu fundierten und "richtigeren" Antworten führt.)

War das Einzelergebnis des besten Schülers in meiner Gruppe (mit der kleinsten Punktsumme also) schlechter als die durch Abstimmung und Konsensfindung gefundenen Ergebnisse? (Wenn das beste Einzelergebnis besser als das Gruppenergebnis war, hatte die Gruppe offensichtlich einen "Experten" in ihrer Gruppe vernachlässigt, wenn die Gruppenergebnisse besser waren, hatte die Gruppenarbeit bessere Ergebnisse hervorgerufen als das beste Ergebnis eines einzelnen Schülers — was "synergetischer Effekt" genannt wird.)

Waren die Ergebnisse meiner Gruppe besser (d.h. geringere Punktsumme) bei der Abstimmung oder bei der Konsensfindung?

Fahren Sie mit einer Klassendiskussion über etwa die folgenden Fragen fort:
"Wie können Unterschiede in den Ergebnissen erklärt werden?" "Warum war die Konsensfindung schwieriger als die Abstimmun?" "Welche Probleme hattet ihr bei der Konsensfindung?" "Welche Techniken des Zusammenarbeitens habt ihr auf der Suche nach einem Konsens entwickelt?" "Welche Methode der Entscheidungfindung (jeder für sich allein, Mehrheitsbeschluß der Gruppe, Konsens) hat dir am besten gefallen? Warum?"

6.3.3 Andere Konsensaufgaben

Eine Anzahl anderer Konsensaufgaben — ähnlich im Aufbau wie "Überleben im Gebirge" — stehen im Handbuch von Pfeiffer und Jones (24).

Der Konsensfindungsprozeß ist manchmal schwierig und zeitraubend und oft auch frustrierend für diejenigen, die eine schnelle und mühelose Entscheidungsfindung vorziehen. Konsens verlangt beträchtliche Geduld von den Teilnehmern und zumindest eine minimale Kompetenz, in Gruppen zu interagieren. Speziell verlangt sind die Fähigkeiten, aufmerksam zuzuhören und andere zu Beiträgen ermuntern zu können. Die Haltung der Teilnehmer muß von einer "gewinnen oder verlieren"-Orientierung überwechseln zu der Einstellung "Wie können wir sicher stellen, daß jeder gewinnen wird?" Deshalb sind die vorher beschriebenen Fähigkeiten und Haltungen zur Kooperation wichtige Voraussetzungen für den Versuch einer Konsensfindung. Da Konsensfindung einen hohen Grad an Können und beträchtliche Erfahrung verlangt, werden sich keine Wunder über Nacht einstellen. Nichtsdestotrotz wird eine Gruppe mit der Zeit durch Anleitung und eigene Erfahrungen höchstwahrscheinlich zur Konsensfindung fähig werden.

7 Zweites Stadium:
Die Einführung von Normen 5

7.1 Fünftes Ziel: Sich Problemen stellen

"Nicht alles, dem man gegenübertritt, kann geändert werden," schrieb *James Baldwin*, "aber nichts kann geändert werden, wenn man ihm nicht gegenübertritt." Nie trifft dies mehr zu, als wenn Gruppen auf Probleme stoßen. Wenn die Mitglieder nicht bereit sind, ihren Problemen entgegenzutreten und aus ihnen zu lernen, besteht wenig Hoffnung, daß die Gruppe ihre Wirksamkeit verbessern kann. Wenn die Mitglieder einem Problem keine Beachtung schenken — sei es der Widerwille einiger Personen, etwas beizutragen, oder eine Neigung der Gruppe, vom Thema abzuschweifen, oder das Fehlen eines Verantwortungsgefühls gegenüber der Aufgabe oder Rivalität zwischen einigen Mitgliedern oder dominanten Personen in der Gruppe, — wird man das Problem nicht los. Es wird die Gruppe weiterhin belästigen, und oft wird es sogar erst richtig akut, da man ihm erlaubt, weiter zu schwären.

Die meisten von uns besitzen den Drang, es zu vermeiden, mit interpersonellen (zwischenmenschlichen) Problemen konfrontiert zu werden, da wir uns nicht wohlfühlen, wenn wir uns mit den Spannungen beschäftigen müssen, die eine Konfrontation hervorrufen kann. Lehrer finden es gewöhnlich leichter, einseitig einzugreifen und mit einem Problem durch Schimpfen, Nörgeln, Scherzen oder Ändern der Situation fertig zu werden, anstatt sich mit der Gruppe hinzusetzen, die ein Problem hat, um dieses zu diskutieren. Und die Schüler entwickeln gewöhnlich auch nicht mehr Begeisterung für Konfrontationen mit Problemen als die Lehrer. Sie ziehen es vor, sich im geheimen zu beklagen oder einzeln beim Lehrer Einspruch einzulegen oder mit Widerwillen aufzugeben. Mit den Betroffenen direkt darüber zu sprechen, was sich in unseren Beziehungen abspielt, stellt eine neue und schwierige Erfahrung dar.

Aber nur, wenn sie den Drang überwindet, der Konfrontation aus dem Weg zu gehen, kann eine Gruppe sich zu einem Stadium der Reife entwickeln. Als ein Beispiel dafür möchte ich eine Episode aus einer meiner Englisch-Klassen an der Höheren Schule erzählen, die meine erste Erfahrung darstellt, einer Gruppe zu helfen, ein Problem anzugehen — anstatt einzuschreiten, um das Problem zu vertuschen. Alles fing damit an, daß Linda zu mir kam und darum bat, in eine andere Klasse versetzt zu werden. Sie war ein ziemlich unattraktives Mädchen mit Übergewicht, verfilzten Haaren und schlimmer Akne. Sie strengte sich sehr an, eine aktive Rolle in der Klasse zu spielen und zu den anderen Schülern freundlich zu sein.

Der anerkannte Führer der Klasse war Bob, der in der ganzen Schule für seinen persönlichen Charme und für seine Leistungen im Rennsport bekannt war. Bob ärgerte sich über Linda. Er machte ihr gegenüber sarkastische Bemerkungen in der Hoffnung, ihr den Mund zu stopfen, wenn sie Beiträge zur Klassen-Diskussion leistete. Linda sehnte sich nach Bobs Anerkennung und nahm ihm seine schneidenden Anmerkungen übel, wußte aber nicht wie sie sich verhalten sollte.

Das Problem zwischen Bob und Linda zog unmittelbar die gesamte Klasse in Mitleidenschaft. Ein Anzahl der Schüler ergriff Partei für Linda und ermutigte sie vertraulich, etwas zu unternehmen, um Bobs grausame Behandlung zu unterbinden. Bobs Freunde verteidigten ihn heftig gegen die Vorwürfe, daß er Linda schlecht behandele.

Da ich erkannte, daß eine Versetzung von Linda in eine andere Klasse das Problem nur "unter den Teppich kehren" würde, beschloß ich, der ganzen Klasse dabei zu helfen, das Problem anzugehen. Ich wußte nicht genau, wie ich das anstellen sollte, aber ich beschloß, es zu versuchen. Anstatt Bob und Linda getrennt zu beraten in der Hoffnung, etwas zu erreichen, forderte ich ihre Zusammenarbeit heraus, indem ich das Problem der ganzen Klasse vorstellte. Ich begann damit, der Gruppe zu erzählen, daß ich bemerkt hätte, daß zwischen Bob und Linda ein Problem bestehe, und daß ich gerne wissen wolle, ob sie dies auch wahrgenommen hätten. Ich bat jede Person in der Klasse darzustellen, was sich abspielte. Ich sagte ihnen, daß ich nicht nach ihrem Urteil verlangte, sondern nur nach ihrer objektiven Beschreibung von dem, was vor sich ging.

Nachdem die Schüler ihre Wahrnehmungen ausgetauscht hatten, bat ich Linda, speziell das darzulegen, was sie an Bobs Verhalten in der Klasse übelnahm, und dann ließ ich Bob erzählen, was ihn an Lindas Verhalten störte. Obwohl sie etwas ängstlich waren, dies zu tun, beschrieben beide ehrlich, was sie fühlten. Linda sagte, daß sie die Art nicht leiden könne, in der Bob sich in der Klasse lustig über sie zu machen schien. "Es bringt mich aus der Fassung und ich möchte mich am liebsten unter dem Tisch verkriechen. Es hört sich an, als würdest du nur Spaß machen, aber du demütigst mich." Bob erklärte, daß er es nicht leiden könne, daß Linda in Klassendiskussionen so viel rede, "selbst wenn du gar nichts von dem Thema weißt."

Dann bat ich Linda, Bob genau zu erklären, wie er sich verhalten müsse, damit sie sich in der Klasse wohler fühlen könne, und Bob machte mit ihr das gleiche. Linda sagte, sie wünsche, Bob würde aufhören, sich über sie lustig zu machen. "Rede einfach gar nicht mehr mit mir, wenn du es nicht vermeiden kannst, mich herabzusetzen." Bob verlangte von ihr, besser abzuwägen, ob sie zu Diskussionen etwas beitragen könne. "Sprich nicht nur um des Sprechens Willen. Warte, bis du wirklich etwas zu sagen hast." Beide kamen darin überein, darauf hinzuarbeiten, die Forderungen des anderen zu erfüllen, und so wurde mit der Hilfe der anderen Schüler eine Lösung ausgearbeitet, die jeden das Gesicht wahren ließ und beide für die Zukunft hoffnungsfroh machte.

In der Absicht, diesen beiden Mitgliedern vorzuführen, daß sie für die Gruppe wichtig seien und von ihr akzeptiert würden, ließ ich schließlich jedes Mitglied der Klasse eine Sache aufzählen, die es an Linda und Bob gern mochte oder schätzte. Dies erneuerte den Zusammenhalt der Gruppe und signalisierte das Ende der Polarisation unter den Schülern (25).

Diese Erfahrung lehrte mich, daß es nicht annähernd so Angst erregend ist, wie ich mir das vorgestellt hatte, wenn man einer Gruppe hilft, ihre Probleme offen anzugehen. Und das Ergebnis war so überwältigend positiv, daß ich davon überzeugt war, daß sich die Anstrengung gelohnt hatte. Dadurch, daß ich 20 Minuten zur Aussprache verwendete, wurde die Gruppe von einem Problem erlöst, daß die Mitglieder ablenkte und ihre emotionale Energie absorbierte. Jetzt konnten sie wieder ihre Aufmerksamkeit der Arbeit zuwenden.

Das offene Austragen von zwischenmenschlichen Problemen ist unerläßlich, wenn sich eine Gruppe optimal entwickeln will. Aber es hat noch einen zusätzlichen Vorteil. Die Schüler entwickeln Fähigkeiten, die in unzähligen künftigen zwischenmenschlichen Situationen hilfreich sein werden. Anstatt sich hilflos zu fühlen, wenn es in einer Gruppe nicht gut läuft, werden diese Schüler wissen, wie man die Probleme untersuchen und befriedigende Lösungen erarbeiten kann. Sie werden nicht von einem Lehrer oder Gruppenleiter abhängig sein, um die Verantwortung dafür zu übernehmen, die Sachen in Ordnung zu bringen.

7.2 Hilfreiches Lehrerverhalten für die Bildung der 5. Norm: Sich Problemen stellen

Beobachten Sie die Gruppe und melden Sie ihr problematische Verhaltensweisen zurück!
Zu Beginn besteht die Rolle des Lehrers beim Unterstützen einer Gruppe, ihre Probleme offen anzugehen, in der des Beobachters, der ein Feed-back gibt. Der Lehrer lenkt die Aufmerksamkeit der Gruppe auf die Probleme und unterstützt den Prozeß ihrer Analyse und Lösung. In einigen Fällen, wie bei Bob und Linda, müssen Sie etwas offen ausbreiten, dessen sich die Gruppe bereits bewußt ist, und die Mitglieder dazu ermutigen, offen und nicht heimlich darüber zu sprechen. In anderen Fällen kann sich die Gruppe nicht darüber im klaren sein, was die Probleme verursacht. Indem Sie Ihre Beobachtungen der Gruppe vortragen, können Sie helfen, die Aufmerksamkeit auf das zu richten, was geschieht.

Wenn Sie Ihre Beobachtungen über ihre Probleme der Gruppe vortragen, sollten Sie folgende Punkte beachten:
1) Fordern Sie die Gruppenmitglieder dazu auf, ihr Problem-Verhalten zu beschreiben, bevor Sie ihnen ihre Eindrücke davon vermitteln. Wenn sie ihre eigenen Probleme benennen können, werden sie eher damit ehrlich umgehen, als wenn sie ihnen etwas über ihre Probleme erzählen. Zum Beispiel, anstatt zu sagen: "Diese Diskussion war nicht erfolgreich, weil ihr nicht beim Thema geblieben seid", fragen Sie "Wie gut konntet ihr euer Ziel erreichen?"
2) Beschreiben Sie ein bestimmtes Verhalten anstatt abstrakt zu reden. Zum Beispiel ist "Bill, du und Ted, ihr habt abseits von der Gruppe gesessen und nur gesprochen, wenn euch jemand eine Frage gestellt hat, hilfreicher als "Bill, du und Tom, ihr wart nicht ins Gruppengeschehen einbezogen."
3) Prüfen Sie die Gültigkeit Ihres eigenen Eindrucks, indem Sie fragen, ob die Gruppen-Mitglieder ihr Verhalten auch so sehen wie Sie.
4) Vermeiden Sie Worte, die ein Urteil implizieren. Lassen Sie die Gruppe bewerten, ob das Verhalten, das Sie beobachtet haben, gut ist (z.B. hilfreich zum Erreichen des Ziels) oder nicht. Sagen Sie nicht: „Die heutige Diskussion war nicht das, was ich von einer Neunten Klasse erwartet habe. Ihr habt euch wirklich unreif benommen." Ein besserer Ansatz wäre: "Während der gesamten heutigen Diskussion haben viele von euch den Sprecher unterbrochen. Was glaubt ihr, welche Wirkung dies auf die

173

Diskussion gehabt hat?"
5) Versuchen Sie, sich auf das Verhalten zu konzentrieren, das die Gruppe irgendwie steuern kann, und nicht auf Faktoren, die außerhalb ihrer Kontrolle stehen. Es ist nicht sehr hilfreich, durchschnittlichen Schülern, die vielleicht ihr möglichstes tun, zu sagen:"Ihr habt von diesem Problem gewiß nicht viel verstanden," oder Schüler dafür zu tadeln, daß sie übermäßig mit einem Ereignis beschäftigt sind, das in Kürze stattfinden soll, z. B. ein Besuch der Schule durch einen berühmten Fußballstar. Fragen Sie sich selbst: "Ist dies etwas, von dem ich vernunftigerweise erwarten kann, daß diese Gruppe fähig ist, es zu verbessern oder zu ändern?" Lautet die Antwort nein, dann sollten Sie sie nicht damit belasten.
6) Bitten Sie die Mitglieder, Ihre Beschreibung des Verhaltens zu wiederholen, paraphrasieren oder zusammenzufassen, um zu entscheiden, ob Sie sich deutlich genug mitgeteilt haben.

Lassen Sie die Gruppe ihren eigenen Gruppenprozeß steuern!
Nachdem eine Gruppe ausreichend Erfahrung damit gesammelt hat, daß der Lehrer ihr Problem-Verhalten beschreibt, sollten die Mitglieder dazu ermutigt werden, ihre eigenen Gruppenprozesse zu steuern. Das bedeutet, daß sie selbst beobachten sollten, was ihre Gruppenarbeit fördert oder beeinträchtigt. So solte die Gruppe bald in der Lage sein, Probleme zu bereden, wenn sie auftreten, und sie offen zu diskutieren. Manchmal werden die Mitglieder den Wunsch äußern, eine der strukturierten Übungen anzuwenden, die später in diesem Kapitel vorgeschlagen werden — wie zum Beispiel ein Mitglied als Beobachter des Geschehens einzusetzen oder einen Fragebogen ausfüllen zu lassen und die Ergebnisse zu untersuchen. An anderen Tagen werden sie einfach darüber reden wollen, was in der Gruppe den Entwicklungsprozeß behindert.

Helfen Sie den Schülern, zwischen beschreibendem Feed-back und verletzender Ehrlichkeit zu unterscheiden!
Wenn Sie gedrängt werden, offen über Probleme in der Gruppe zu sprechen, glauben einige Schüler fälschlicherweise, daß sie alles das sagen sollten, was sie auf der Seele haben, ohne Rücksicht auf die Konsequenzen. Diese Einstellung gründet sich vielleicht auf das Mißverständnis, daß "Ehrlichkeit" den höchsten Wert in der Gruppen-Interaktion darstellt, sogar wenn sie dazu führt, daß Gruppenmitglieder sich grausam gegeneinander verhalten. Es läßt sich nicht gänzlich die Möglichkeit ausschlie-

ßen, daß Schüler die Gefühle von anderen verletzen, wenn sie offen über Probleme in der Gruppe sprechen, aber Sie können die Möglichkeit, daß sich Schüler in einer böswilligen Art gegenübertreten, auf ein Minimum reduzieren. Legen Sie der Klasse folgende Richtlinien vor und bestehen Sie darauf, daß sie eingehalten werden, wenn die Mitglieder in der Gruppe ihr Verhalten diskutieren:

1) Fordert die betroffene Person auf, über das problematische Verhalten zu reden, bevor ihr es selbst beschreibt.

2) Beschreibt nur *Verhalten*. Beschreibt, wie sich das Problem für euch darstellt und anhört und wie ihr es empfindet. Interpretiert nicht das Verhalten oder die Motive der Person. Zum Beispiel ist es besser, zu sagen: "Du hast andere Leute unterbrochen, als sie sprachen" (Beschreibung eines Verhaltens) als: "Du kümmerst dich nicht um die anderen Leute in der Gruppe" (Schlußfolgerung über Motive).

3) Urteilt nicht über das Verhalten anderer Personen; beschreibt es einfach und erklärt, wie dieses Verhalten die Gruppe davon abhält, ihr Ziel zu erreichen. Es ist besser, zu sagen: "Wir könnten die Aufgabe schneller erledigen, wenn du uns deine Gedanken mitteilen würdest" als: "Es ist nicht richtig, daß du nur dasitzt und nicht teilnimmst."

4) Versucht, allgemeine Ausdrücke wie "feindlich", "unkooperativ", "selbstsüchtig", "anmaßend", usw. zu vermeiden. Beschreibt stattdessen das *Verhalten*, das euch dazu veranlaßt, auf solche Eigenschaften zu schließen: "Du sprichst in einem schroffen Ton und lehnst vieles ab." oder: "Du löst die Probleme alleine und bist gewöhnlich eher fertig als sonst jemand, aber du hilfst uns restlichen nicht zu verstehen, wie man das macht;" oder: "Du nimmst dir die besten Unterlagen für dich selbst und läßt sie uns nicht einsehen, auch wenn wir höflich darum bitten;" oder: "Du sagst jedem, was er tun soll, und gibst sonst keinem die Möglichkeit, Vorschläge zu machen."

5) Konzentriert euch nicht auf ein Verhalten, das die betreffende Person nicht willentlich steuern kann, wie zum Beispiel ein Sprachfehler oder Verständnisschwierigkeiten.

6) Erklärt in Einzelheiten, was die betreffende Person eurer Meinung nach tun könnte, um für die Gruppe hilfreicher zu sein. Macht besondere Vorschläge für Verhaltens-Änderungen, auch wenn ihr nicht sicher seid, ob die betreffende Person sie akzeptieren wird.

7) Bittet die Person, zu der ihr sprecht, das zusammenzufassen, was ihr gesagt habt, um zu überprüfen, ob ihr euch deutlich aus-

gedrückt habt.
8) Fragt die anderen Mitglieder, ob sie die Dinge genauso beurteilen wie ihr. Vielleicht schätzt ihr die Situation falsch ein.

Überwachen Sie die Diskussionen sorgfältig, um sicherzustellen, daß die Richtlinien befolgt werden. Schreiten Sie jedesmal ein, wenn Mitglieder eine der Richtlinien verletzen, um das erwünschte Verfahren wieder durchzusetzen. Wenn zum Beispiel Jerry anfängt, Kevin anzuschreien: "Der Grund, daß wir zu nichts gelangen, liegt darin, daß du so verdammt anmaßend bist!", bitten Sie Jerry zu erklären, was Kevin tut, das dazu führt, daß Jerry glaubt, Kevin sei "anmaßend".

Helfen Sie den Schülern, zwischen dem Aufdecken von Problemen und "Petzen" zu unterscheiden!
Viele Schüler fühlen sich nicht wohl, wenn sie gebeten werden, darüber zu sprechen, wie sie zusammenarbeiten, weil sie dies mit "sich gegenseitig anschwärzen" gleichsetzen. Als ich zum Beispiel Mark bat, zu berichten, wer an einer Diskussion nicht teilgenommen hatte, war er nicht gerade froh darüber. Er beschrieb dieses Ereignis in seinem Tagebuch folgendermaßen:
0 Zum zweiten Mal wandte sich Mr. Stanford an mich, ich solle herausfinden, wer nicht an der Diskussion teilnehme. Ich mache das nicht gern, weil ich nicht gerne jemand "anklagen" oder in die Klemme bringen will, indem ich darauf hinweise, daß er während der Diskussion wie ein Klotz dasitzt. Ich fühlte mich ziemlich unwohl, als ich die Namen bekanntgab, aber ich nehme an, irgendjemand mußte es ja tun.

Offensichtlich war es mir mißlungen, der Gruppe dabei zu helfen, einzusehen, daß das Beschreiben des Verhaltens von anderen wertvoll und hilfreich ist, da es der Gruppe hilft, ihre Wirksamkeit zu verbessern. Sie sahen es immer noch als ein sich gegenseitiges Denuzieren beim Lehrer an. Die genannten Personen fühlten sich ungerecht "angeklagt" und Mark fühlte sich nicht wohl, weil er annahm, er würde von der Gruppe als ein "Petzer" abgelehnt werden. Bevor ich diese Frage stellte, hätte ich sicherstellen sollen, daß die Schüler einsehen, daß die Absicht darin besteht, der Gruppe dabei zu helfen, ihre Arbeit zu verbessern, und letztlich dafür zu sorgen, daß sich alle untereinander wohler fühlen, anstatt einfach Störenfriede herauszufinden und zu bestrafen.

Berücksichtigen Sie Ihre eigenen Grenzen!
Obwohl zwischenmenschliche Probleme, die die Entwicklung der Gruppe behindern, in der Regel am besten offen untersucht werden sollten, kann es vorkommen, daß ein Lehrer das Gefühl hat, man solle eine Angelegenheit auf sich beruhen lassen. Für die meisten von uns ist es ein wenig bedrohlich, einer Gruppe zu helfen, Probleme auszutragen. Sie mögen richtigerweise empfinden, daß einige Probleme einfach zu spannungsgeladen und möglicherweise zerstörerisch sein könnten, um offen ausgetragen zu werden. Bei dieser Einschätzung sollten Sie das tun, wobei Sie sich wohl fühlen. Nicht jedes Problem muß angegegangen werden, und wenn Sie sich beim Ausbreiten gewisser Angelegenheiten nicht wohlfühlen, sollten sie mit weniger bedrohlichen Problemen beginnen. Aber soweit Sie es können, sollten Sie der Gruppe helfen, die Probleme offen zu untersuchen, die sie hat, anstatt sie einfach zu übersehen.

7.3 Strukturierte Übungen für die Konfrontation mit Problemen

Der Prozeß der Konfrontation mit Problemen hat zwei Aspekte — das Problem zu entdecken und das Problem zu lösen. Oft ist sich eine Gruppe der Existenz eines Problems nicht bewußt, und deshalb sind regelmäßig Feed-back-Verfahren nötig, um den Mitgliedern zu zeigen, was sich abspielt. Zu Beginn übernimmt der Lehrer die Initiative, indem er der Gruppe Feedback über ihre Leistungsfähigkeit gibt.

Schließlich sollte die Gruppe lernen, Verfahrensweisen auszuarbeiten, um ihren Fortschritt zu überwachen und Probleme zu erkennen. Wenn die Gruppe es einmal gelernt hat, Probleme zu benennen, können strukturierte Verfahren für die Lösung von Problemen hilfreich sein.

7.3.1 Erkennen des Problems

Da das offene Reden über zwischenmenschliche Beziehungen wahrscheinlich dazu führen wird, daß sich eine Gruppe zu Beginn irgendwie unwohl fühlt, ist es das beste, mit Verfahren zu beginnen, die so wenig wie möglich bedrohlich sind und sich allmählich zu einer offeneren Diskussion entwickeln. Allgemein gesprochen sind anonyme Erhebungen weniger bedrohlich als

Beobachtungen durch Dritte, und diese beiden Verfahrensweisen sind wiederum weniger bedrohlich als die Aufforderung an die Gruppenmitglieder, direkt miteinander über die Probleme der Gruppe zu sprechen.

Fragebogen

Verteilen Sie an die Mitglieder der Gruppe einen Fragebogen, um Einzelheiten über mögliche Probleme zu sammeln, auf die die Gruppe stößt. Verwenden Sie eines der hier vorgeschlagenen Muster oder stellen Sie Ihre eigenen her, mit Fragen, die speziell auf Ihre Gruppe ausgerichtet sind. Sie können auch den Wunsch haben, einige der hier vorgestellten Fragen zu verwenden anstatt den gesamten Fragebogen zu benutzen. Sagen Sie den Schülern, daß sie ihre Namen *nicht* auf die Fragebogen schreiben sollen, damit die Ergebnisse vollständig anonym bleiben. Stellen Sie die Ergebnisse zusammen und legen Sie sie kurz mündlich der Klasse dar oder hinterlegen sie die Zusammenstellung im Klassenzimmer, damit die Schüler sie durchsehen können, wenn es ihnen paßt, oder verteilen Sie ein Exemplar der Zusammenstellung an jedes Mitglied. Fordern Sie die Gruppe auf zu diskutieren, welche Schlußfolgerung sie aus den Ergebnissen ziehen kann, indem sie Fragen wie die folgenden stellen:
"Was können wir über die Art lernen, in der die Gruppe arbeitet, wenn wir uns diese Ergebnisse ansehen?"
"Welche Aspekte der Gruppe haben offensichtlich eine Verbesserung nötig?"
"Wie können wir vorgehen, um die notwendigen Veränderungen zu erzielen?"
"Welchen Methoden der Veränderung, die vorgeschlagen wurden, sind wir bereit, uns anzuvertrauen?"

Fragebogen zum Gruppenprozeß

Anleitungen: Schreibe zu jeder der Fragen kurze Antworten. Unterschreibe nicht mit deinem Namen.
1) Hast du gewöhnlich in den Gruppen-Aktivitäten in dieser Klasse die Gelegenheit, so viel zu reden, wie du möchtest?
2) Gibt es etwas, das dich während der Klassen-Aktivitäten gewöhnlich "auf die Palme bringt"? Wenn ja, was?
3) Wer trägt zu der Arbeit der Gruppe anscheinend nichts bei?

4) Was könnte die Gruppe tun, damit du dich während der Klassen-Aktivitäten wohler fühlst?
5) Wer erledigt anscheinend die meiste Arbeit der Gruppe?
6) Was könnte die Gruppe tun, um die Art zu verbessern, in der die Mitglieder zusammenarbeiten?

Fragebogen zum Gruppenklima

Anleitungen: Unten findest du eine Anzahl von Aussagen, die alle beginnen:"Bei dieser Gruppe..." Benütze die Fünf-Punkte-Skala, die unten erläutert wird, um anzugeben, wie du über jede Aussage denkst. Antwortmodus:
S-Selten bedeutet zwischen 0 und 15 Prozent der Zeit.
G-Gelegentlich bedeutet zwischen 16 und 35 Prozent der Zeit.
R-Regelmäßig bedeutet zwischen 36 und 65 Prozent der Zeit.
M-Meistens bedeutet zwischen 66 und 85 Prozent der Zeit.
F-Fast immer bedeutet zwischen 86 und 100 Prozent der Zeit.

Bitte gib deine unmittelbaren Gefühle wieder, anstatt allzuviel Zeit darauf zu verwenden, über jede Frage nachzudenken. Es gibt keine richtigen oder falschen Antworten. Wichtig ist nur, daß du ehrlich anzeigst, wie du dich fühlst. Schreibe *nicht* deinen Namen auf dieses Formular.
In dieser Gruppe...
1) kann ich herzliche Gefühle äußern.
2) kann ich Gefühle der Angst äußern.
3) beachte ich Vorstellungen, die von meinen verschieden sind, nicht.
4) genieße ich es, andere mich kennenlernen zu lassen.
5) fürchte ich mich wegen meiner Dummheit.
6) fühle ich mich wohl.
7) erkenne ich meine Gefühle und kann sie anderen wissen lassen.
8) versuche ich, nur zu einigen Mitgliedern der Klasse Beziehungen zu unterhalten.
9) setze ich eine Maske auf.
10) fühle mich unsicher.
11) bin ich mir der Gefühle der anderen über sich selbst bewußt.
12) bin ich mir nicht sicher, wie die anderen mich sehen.
13) fühle ich, daß die anderen mich nicht beachten.
14) fühle ich, daß die anderen sich um mich kümmern.
15) fühle ich, daß die anderen mir nicht zuhören.

16) bin ich aufgeregt.
17) fühle ich, daß die anderen mich heruntermachen.
18) fühle ich, daß sich die anderen über mich lustig machen, wenn ich Fehler mache.
19) fühle ich, daß die anderen mich mögen.
20) fühle ich, daß mich die anderen nicht so sehen, wie ich bin.
21) fühle ich, daß die anderen distanziert sind.
22) fühle ich, daß die anderen unaufrichtig sind.
23) fühle ich, daß die anderen zuverlässig sind.
24) fühle ich, daß die anderen ungeduldig sind.

Fragebogen zum Gruppenverhalten (26)

Anleitungen: Beantworte die Fragen, indem du Mitglieder der Gruppe nennst. Stütze deine Antworten auf das, was sich in dieser Klasse ereignete. Versichere dich, daß du für jede Antwort *zwei* Personen ausgewählt hast. Du darfst denselben Namen mehr als einmal verwenden, wenn dies nötig ist. Unterschreibe nicht mit deinem Namen.

1) Welche beiden Mitglieder der Gruppe können am leichtesten andere beeinflussen, ihre Ansichten zu ändern.
2) Welche beiden sind am wenigsten dazu fähig, andere zu beeinflussen, ihre Ansichten zu ändern?
3) Welche beiden sind während Klassen-Diskussionen und anderen Aktivitäten am heftigsten aneinandergeraten?
4) Welche beiden werden von der ganzen Gruppe am meisten anerkannt?
5) Welche beiden sind am ehesten bereit, Mitglieder zu verteidigen und zu unterstützen, die angegriffen werden?
6) Welche beiden versuchen, sich selbst so weit wie möglich in den Mittelpunkt zu stellen?
7) Welche beiden stellen am ehesten Gruppenziele über persönliche Bedürfnisse?
8) Welche beiden stellen am ehesten persönliche Bedürfnisse über Gruppenziele?
9) Welche beiden waren am ehesten bereit, Themen zu diskutieren, die nichts mit der Aufgabe der Gruppe zu tun hatten?
10) Welche beiden haben das größte Verlangen gezeigt, etwas zu leisten?
11) Welche beiden bemühen sich am stärksten in den Gruppen-Diskussionen, Konflikte zu vermeiden?
12) Welche beiden haben versucht, bei den Lösungen von

Schwierigkeiten, die zwischen anderen entstanden sind, zu helfen?
13) Welche beiden neigen dazu, sich aus der aktiven Diskussion herauszuziehen, wenn starke Differenzen aufzutauchen beginnen?
14) Welche beiden wünschten, daß man in der Gruppe herzlich, freundlich und angenehm miteinander umgeht?
15) Welche beiden haben am stärksten mit den anderen konkurriert?
16) Welche beiden haben versucht, alles zu tun, um die Gruppe am Ball zu halten?
17) Welche beiden würdest du auswählen, um an einem Projekt zu arbeiten?
18) Mit welchen beiden sprichst du gewöhnlich am wenigsten?
19) An welche beiden würdest du dich um Hilfe wenden, wenn du in Schwierigkeiten wärst?
20) Welchen beiden in der Gruppe würdest du am ehesten ein Geheimnis anvertrauen?
21) Welche zwei in der Klasse sind die Ursache, wenn du unruhig bist oder dich nicht wohlfühlst?

Beobachtung

Lassen Sie ein oder zwei Mitglieder der Gruppe, die entweder von Ihnen oder der Gruppe ausgewählt werden, außerhalb des Kreises sitzen, und die Interaktion in der Gruppe beobachten. Die Beobachter können angewiesen werden, sich Notizen darüber zu machen, wie die Gruppe ihre Wirksamkeit verbessern könnte, oder sie können beauftragt werden, spezifische Dinge zu beobachten, wie zum Beispiel die Anzahl, wie oft Schüler andere zum Reden ermutigen, oder Fälle, in denen die Mitglieder sich gegenseitig nicht zuhören. Oder versehen Sie die Beobachter mit einem Formular, wie eins von denjenigen, die unten vorgeschlagen werden, auf dem sie ihre Beobachtungen festhalten sollen.

Fragen für Beobachter

1) Wer redet am meisten?
2) Wer redet am wenigsten?
3) Welche Versuche unternehmen einzelne Mitglieder, um an-

dere zu Beiträgen ermutigen?
4) Welche Versuche unternehmen einzelne Mitglieder, um ihre Beiträge an vorangegangene Beiträge anzuknüpfen?
5) Hören sich die Gruppenmitglieder gegenseitig zu? Wenn nicht, notiert euch Beispiele?
6) Wie effektiv arbeitet die Gruppe ihrem Ziel entgegen?
7) Was könnten die Mitglieder tun, um die Art und Weise zu verbessern, in der sie zusammenarbeiten?

Beobachtungsformular für Rollen in der Gruppe

Anleitungen: Tragen Sie die Namen der Gruppen-Mitglieder auf der linken Seite des Formulars ein. Jedesmal, wenn ein Mitglied eine der positiven oder negativen Rollen zu übernehmen scheint, die auf der oberen Seite aufgeführt sind, machen Sie ein Kontrollzeichen in die entsprechende Spalte.

Name	Organisieren	Beitragen	Ermutigen	Verbinden	Auf einen Nenner bringen	Verdeutlichen	Übereinstimmung überprüfen	Zusammenfassen	Dominieren	Späße machen	Aufgeben	Anderes

"Wer-spricht-zu-wem" Beobachtungsformular

Anleitungen: Zeichnen Sie einen Kreis (oder ein anderes Schema), der die Sitzanordnung der Gruppe darstellt. Tragen Sie die Namen der Mitglieder ein, um ihre Positionen in der Sitzandordnung zu markieren. Wenn die Gruppe zusammenarbeitet, malen Sie einen Pfeil von jedem Sprecher zu der angesprochenen Person. Wenn das Mitglied zu der Gruppe als Ganzes spricht, malen Sie einen Pfeil in die Mitte des Kreises.

Wenn die Beobachter der Gruppe berichten, fordern Sie sie auf, die Richtlinien einzuhalten, die oben für das Feed-back über Gruppen-Verhalten vorgeschlagen wurden (vgl. Seite 173 f.). Hier sind weitere Vorschläge, die den Beobachtern helfen sollen:
1) "Teilt den Gruppenmitgliedern sowohl das mit, was sie richtig machen, als auch das, was sie falsch machen."
2) "Überflutet nicht die Gruppe mit zu vielen verschiedenen Teilinformationen. Konzentriert euch auf die wichtigsten Beobachtungen."

Eine andere Art, Beobachter einzusetzen besteht darin, die Klasse in zwei Gruppe aufzuteilen und eine Gruppe die andere beobachten zu lassen. Lassen Sie diejenigen Gruppen-Mitglieder, die arbeiten sollen, in einem Kreis Platz nehmen, während die Beobachter in einem größeren Kreis hinter ihnen sitzen. Beauftragen Sie jede Person im äußeren Kreis, ein Mitglied des inneren Kreises zu beobachten. Lassen Sie die Beobachter Notizen über das Verhalten ihrer Partner im inneren Kreis machen. Danach lassen Sie die Beobachter ihren Partnern ihre Ergebnisse berichten, wobei sie die Richtlinien für Feed-back einhalten sollen.

Schließlich ist es möglich, der Gruppe zu erlauben, sich selbst zu beobachten, indem eine Klassen-Aktivität auf einem Tonband oder einem Videoband festgehalten und wieder abgespielt wird. Fordern Sie die Mitglieder auf, die Stärken und Schwächen ihrer Zusammenarbeit zu benennen.

Diskussion

Wenn die Gruppe sich einmal daran gewöhnt hat, ihren eigenen Prozeß zu untersuchen, ist es möglich, die Mitglieder einfach zu

bitten, über das zu sprechen, was sie gerade tun. Wenn zum Beispiel ein bestimmtes Problem in der Interaktion auftaucht, aber auch einfach aufs Geratewohl können Sie die Mitglieder über Fragen, wie die folgenden, nachdenken lassen:
"Wie arbeitet ihr als eine Gruppe?"
"Welche Schwierigkeiten habt ihr, eure Aufgabe zu erfüllen?"
"Wie denkt ihr über das, was sich gerade jetzt in der Gruppe ereignet?"
"Habt ihr euch gegenseitig aufmerksam zugehört?"
"Baut ihr auf den Beiträgen der anderen auf?"

Nach einer kurzen Diskussion fahren die Mitglieder in ihrer Arbeit fort, voller Hoffnung auf bessere Ergebnisse.

Eine Disksuion kann auch stattfinden, nachdem die Gruppe ihre Arbeit abgeschlossen hat (oder einige Minuten vor dem Ende der Schulstunde). Lassen Sie die Schüler über Fragen nachdenken wie: "Inwieweit habt ihr als Gruppe euer Ziel erreicht?" oder: "Wie hättet ihr als Gruppe eure Arbeit verbessern können?"

Nach einer kurzen Diskussion dieser Art, die in Janets Klasse stattfand, schrieb sie in ihr Tagebuch:
0 Während der Stunde sprachen wir heute darüber, wer uns am stärksten beeinflussen kann, und wer allen von uns am meisten zuzuhören scheint. Bruce, Nancy und Tom hatten den Eindruck, daß ihnen niemand zuhöre. Dies könnte an der "Art" liegen, wie sie sich äußern. Bruce hat wirklich gute Ideen, aber er scheint sie zur falschen Zeit oder zu leise zu sagen. Nancy spricht einfach zu leise. Sie sagt fast nie etwas, aber wenn sie etwas sagt, kann ich sie kaum verstehen, und dabei bin ich eine der ganz wenigen, die jedem zuhören. Ich habe trotzdem wirklich keinen Grund zur Kritik. Gewöhnlich sage ich nichts, außer wenn ich etwas von Bedeutung zu sagen habe. Dabei verwende ich eine energische Ausdrucksweise, damit sie mich zumindest verstehen, ob sie mir nun zustimmen oder nicht. Ich versuche sicherzustellen, daß alle oder die meisten meiner Klassenkameraden mir aufmerksam zuhören.

Bei Gruppen, die schon gut entwickelt sind und ein hohes Maß an Zusammenhalt erreicht haben, mögen Sie das folgende Verfahren angemessen finden, um den Schülern zu helfen, offen über Probleme in der Gruppe zu sprechen. Lassen Sie jeden sich in der Gruppe umsehen und dann den Namen desjenigen aufschreiben, dessen Verhalten ihn am meisten stört.

Geben Sie dann jedem Mitglied die Gelegenheit, die betreffende Person direkt anzusprechen und zu erzählen, was an dem Verhalten der Person so störend ist. Verlangen Sie von dem Sprechenden, das Verhalten zu *beschreiben* anstatt es zu beurteilen. Die angesprochene Person kann entweder still bleiben oder antworten, indem sie das Verhalten und die Gründe dafür erläutert. Nachdem die beiden kurz miteinander gesprochen haben, gehen Sie zum nächsten Mitglied weiter.

7.3.2 Lösen des Problems

Nachdem einmal ein bestimmtes Problem innerhalb der Gruppe herausgefunden wurde, können die folgenden Verfahren angewendet werden, um eine Lösung des Problems zu finden.

Brainstorm
Schreiben Sie an der Tafel das Problem an, daß die Klasse herausgefunden hat, wie zum Beispiel: "Wir können wir es vermeiden, in unseren Diskussionen vom Thema abzuschweifen?" Teilen Sie die Klasse in kleine Gruppen zu je vier oder fünf Schülern auf. Geben Sie den Klein-Gruppen folgende Anleitungen:
1) "Während den nächsten zehn Minuten sollt ihr so viele Vorschläge zur Sprache bringen, wie ihr könnt, die dieses Problem lösen können. Die Betonung liegt auf der Anzahl. Versucht so schnell wie ihr könnt so viele Vorschläge wie möglich hervorzubringen."
2) "Haltet nicht einen Vorschlag zurück, bloß weil er euch nutzlos oder undurchführbar oder ausgefallen erscheint."
3) "Wenn euch der Vorschlag eines anderen an einen ähnlichen Vorschlag erinnert, teilt ihn mit, auch wenn er nicht ganz vollständig ist."
4) "Diskutiert oder bewertet nicht die Beiträge anderer Mitglieder. Die Bewertung erfolgt später. Haltet einfach jeden Vorschlag ohne Kommentar fest."

Bestimmen Sie in jeder Gruppe einen Schüler, der als Protokollant der Vorschläge fungiert, die von allen Gruppen-Mitgliedern erzeugt werden. Sagen Sie nach zehn Minuten die Zeit an. Fordern Sie die Gruppen auf, die von ihnen angefertigten Listen noch einmal zu überprüfen und die drei Lösungen zu wählen, von denen die Gruppen annimmt, daß sie am nützlichsten sind. Lassen Sie ihnen für diesen Schritt ungefähr fünf oder zehn Minuten Zeit. Lassen Sie dann die gesamte Gruppe wieder zusammenkommen und jede Klein-Gruppe ihre drei Vorschläge vortragen, indem sie sie so, wie sie sind, an die Tafel schreiben. Lassen Sie schließlich die gesamte Klasse darüber nachdenken, welche der Vorschläge an der Tafel hilfreich sein könnten und welche zu übernehmen sie bereit sind.

Hilfreiche und störende Faktoren
Während die gesamte Klassen-Gruppe in einem großen Kreis arbeitet, schreiben Sie das Problem an die Tafel, das die Gruppe herausgefunden hat und lösen möchte. Wiederholen Sie das Problem in der Formulierung eines Ziels. Wenn zum Beispiel das Problem lautet: "Wir schweifen in Diskussionen vom Thema ab", besteht das Ziel darin: "Stärker auf das Diskussionsthema konzentrieren." Schreiben Sie das Ziel an die Tafel und darunter malen Sie zwei Spalten, von denen die eine die Überschrift trägt "Hilfreiche Faktoren" und die andere "Störende Faktoren". Ein hilfreicher Faktor bringt die Gruppe ihrem Ziel entgegen; ein störender Faktor hält die Gruppe davon ab, ihr Ziel zu erreichen. Fordern Sie die Gruppen-Mitglieder auf, sich alle möglichen hilfreichen und störenden Faktoren auszudenken, die mit diesem bestimmten Ziel verbunden sind, und ihre Vorschläge in die entsprechenden Spalten einzutragen.

Gehen Sie dann die Listen noch einmal durch und untersuchen Sie jeden Vorschlag gründlich. Lesen Sie jeden hilfreichen Faktor vor und fordern Sie die Schüler auf, sich Möglichkeiten zu überlegen, wie man ihn noch verstärken könnte. Wenn sie zum Beispiel gesagt haben, ein Faktor, der hilft, die Gruppe beim Thema zu halten, bestehe darin, daß einzelne Mitglieder die Gruppe ermahnen, wenn sie sehen, daß die Gruppe abweicht, fragen Sie sie, wie einzelne ermutigt werden könnten, diese Funktion wahrzunehmen — sollten spezielle "Wachhunde" ernannt werden, oder sollte sich jedes Mitglied einfach dazu entschließen, in dieser Beziehung etwas wachsamer zu sein?

Fragen Sie die Schüler dann bei jedem störenden Faktor, wie er auf ein Minimum reduziert werden könnte. Wenn sie zum Beispiel gesagt haben, der Grund, daß sie nicht beim Thema bleiben könnten, seien die ablenkenden Kommentare einiger weniger Schüler, die nicht am Diskussions-Thema interessiert seien, fragen Sie sie, wie dieses Problem beseitigt werden könne —

gibt es eine Möglichkeit, diese Personen dazu zu ermuntern, mehr Interesse zu zeigen, oder gibt es eine Möglichkeit, sie davon abzuhalten, Bemerkungen zu machen, die die Gruppe ablenken?

Stellen Sie schließlich eine Liste von den Schritten auf, von denen die Mitglieder beschlossen haben, daß sie sie beschreiben wollen, um das Ziel zu erreichen, Schritte, die sowohl die hilfreichen Faktoren verstärken als auch die störenden Faktoren reduzieren können. Erörtern Sie in einer späteren Stunde, welche Fortschritte die Gruppe inzwischen gemacht hat, um ihr Ziel zu erreichen.

Konflikte reduzieren
Wenn das von der Gruppe herausgearbeitete Problem zwischenmenschliche Konflikte berührt, werden die Vorschläge für strukturierte Übungen, die im nächsten Kapitel vorgestellt werden, nützlich sein.

Es ist nicht notwendig, alle Aktivitäten zu absolvieren, die für alle Normen des 2. Stadiums vorgeschlagen werden. Einige der Normen werden leichter erreicht werden können als andere; einige werden weniger bewußte Übung erfordern. Der Lehrer wird erkennen, wenn eine Norm wirklich von der Klasse angenommen wurde, und zwar dann, wenn die Mitglieder sie bei ihrer gesamten Arbeit anwenden, und nicht nur während den Übungs-Aktivitäten. Wenn dies sich nicht ereignet, sollte der Lehrer zusätzliche strukturierte Übungen anbieten. Aber warten Sie nicht auf eine umfassende dauerhafte Beherrschung der Normen; es wird immer wieder Rückschläge geben. Wichtig ist, daß ein massives Fundament gelegt wird und daß die Schüler eine klarere Vorstellung von dem Verhalten und den Einstellungen bekommen, die für die Zusammenarbeit wünschenswert und hilfreich sind. Wenn die Schüler anfangen, ihr eigenes Verhalten und das ihrer Klassenkameraden entsprechend den Normen zu regulieren ohne auf das Einschreiten eines Lehres zu warten, stellt dies ein gutes Zeichen dafür dar, daß sie als Gruppe willens sind, sich zu entwickeln.

8 Drittes Stadium:
Der Umgang mit Konflikten

"Nun, ich denke es ist offensichtlich, daß du die Fakten nicht untersucht hast! In der Zeitschrift "The New Republic" steht ..." Susan begann mit ihrer täglichen Tirade gegen Jay, und Janet schaltete ab wie gewöhnlich. Doch plötzlich passierte etwas Seltsames.

"Ehrlich gesagt, mir ist es egal, wie du darüber denkst," platzte Lee heraus. Janet war verblüfft. Es war eines der wenigen Male, in denen Lee in der Klasse spontan sprach, und Janet war überrascht, daß er nicht nur sprach, sondern daß er sich mit Susan auseinandersetzte.

"Jeden Tag sitzen wir hier, und du erwartest von uns, daß wir uns für deine Gedanken interessieren," fuhr Lee fort. "Offensichtlich kümmert es dich gar nicht, was wir denken. Du hörst niemals zu, wenn jemand anderes spricht. Und du weißt eigentlich nie, worüber du redest!"

"Nun, wenn es mich nicht gäbe, würde die ganze Klasse auseinanderfallen," erwiderte Susan empört. "Ich bin üblicherweise die einzige, die überhaupt etwas sagt. Ihr sitzt alle hier herum wie eine Bande von Stumpfsinnigen."

"Wie kannst du erwarten, daß jemand anderes spricht, wenn du in jedes Mal in deiner gewohnten sarkastischen Art fertig machst?" frage Lee. "Was ist denn, bist du dem nicht gewachsen?" fragte Susan. "Ich könnte, wenn ich wollte," antwortete Lee verärgert. "Aber es gibt Sachen, mit denen ich mich nicht näher abgeben möchte — wie z. B. mit Pocken und mit deiner großen Schnauze!"

Bruce und Mark jubelten. Janet war sich nicht sicher, wie sie sich verhalten sollte. Eigentlich hätte sie mitgejubelt, aber sie war auch der Meinung, daß es nicht richtig war, mit Susan so brutal ehrlich zu sein.

Es schien Janet so, als ob es in den letzten Wochen einen Konflikt nach dem anderen in dieser Klasse gegeben hätte. Leute wie Lee, die vorher nicht aktiv mitgemacht hatten, machten jetzt langsam mit. Aber jetzt gab es zunehmend harte Auseinandersetzungen. Seit mehreren Wochen ging alles ganz gut. Die Diskussionen waren interessant, und obwohl Susan immer noch dominierte, hatte sich sogar Janet freier gefühlt mitzumachen. Aber jetzt auf einmal gab es einen Streit nach dem anderen. Und sie wußte nicht, warum.

"Susan, wie fühlst du dich in diesem Moment", fragte Herr Stanford.

Plötzlich wußte Janet, was los war. Zum ersten Mal während ihrer zehnjährigen Schulzeit redetete sie, ohne sich vorher zu melden. "Warum fragen Sie die Leute eigentlich andauernd danach, wie sie sich fühlen?" fragte sie Herrn Stanford, selbst überrascht über die Feindseligkeit in ihrer Stimme. "Das ist doch die Ursache für die ganzen Schwierigkeiten in dieser Klasse. Sie bringen Leute immer dazu, Dinge zu sagen, die sie nicht sagen wollen, und jede Kleinigkeit zu analysieren. Warum lassen Sie uns nicht zufrieden und die Probleme selber lösen? Ich bin sicher, daß die Klasse mir darin zustimmt, daß wir in den letzten Wochen mit allem gut fertig geworden sind — wir haben wirklich gut zusammengearbeitet. Warum lassen Sie uns nicht einfach in Ruhe?"

Die anderen starrten Janet mit offenem Mund an, bestürzt von diesem total unerwarteten Ausbruch. Aber einer nach dem anderen begann mit dem Kopf zu nicken und zu murmeln — "Ja, sag es ihm, Janet" — und als sie ihre Fassung wiedergewonnen hatten, drehten sie sich zu Herrn Stanford um, um zu sehen, wie er darauf reagieren würde.

Janets Klasse, die seit einigen Wochen reibungslos und immer effektiver funktionierte, hatte ein neues, aber voraussehbares Stadium der Gruppenentwicklung erreicht — das Konfliktstadium. Was zuerst wie kleine Probleme im Interaktionsverhalten der Schüler aussah, hatte kritische Ausmaße erreicht — trotz aller Versuche des Lehrers, dies abzuwenden. Die Klasse schien tatsächlich explodieren zu wollen — wobei der vorher zurückgezogene Lee sich mit der dominierenden Susan auseinandersetzte und die üblichweise zurückhaltende und willige Janet ihren Lehrer attackierte. Das komplizierteste und verwirrendste Stadium der Entwicklung einer Gruppe war in vollem Gange.

8.1 Eigenschaften und Ursachen des Konfliktstadiums

Daß eine Gruppe, deren Produktivität und Zusammenhalt stetig zugenommen hat, plötzlich in ein Stadium der offenen Feindschaft geraten kann, ist zunächst schwer zu verstehen. Man würde annehmen, daß wenn wir alles richtig gemacht haben — den Schülern geholfen haben, sich kennenzulernen und produktive Arbeitsmethoden zu entwickeln — daß dann die Gruppenmitglieder immer mehr Gemeinschaftsgeist entwickeln und kooperationsfähiger werden. Wenn Gruppenmitglieder Fähigkeiten und Erfahrungen im Zusammenarbeiten erwerben, erscheint es nur logisch, daß die Wahrscheinlichkeit, in Konflikte zu geraten, geringer wird. Aber in Wirklichkeit ist das Gegenteil der Fall.

Es ist beinahe unvermeidlich, daß die Gruppe auf ihrem Entwicklungsweg in eine Phase kommt, in der Zank zwischen den einzelnen Mitgliedern zunimmt und die Angriffe auf den Lehrer häufiger werden. Diese Phase ist manchmal kurz, manchmal schmerzlich lang; dies hängt wesentlich vom Lehrerverhalten ab. Während meiner früheren gruppendynamsichen Arbeiten habe ich mich gefragt, ob ein Konfliktstadium im Grunde unvermeidlich sei, speziell dann, wenn der Lehrer die Gruppe ausreichend vorbereitet hat, sich kennenzulernen und gruppenkonstruktive Fähigkeiten auszubauen.

Meine Bedenken wurden aber schnell ausgeräumt, als ich eines Abends als gruppendynamischer Berater für eine Gruppe von etwa zwanzig Lehrern arbeitete, die ausgesucht worden waren, um an einem langfristigen Curriculum-Projekt zu arbeiten. Der Projekt-Leiter hatte, um sicher zu stellen, daß die Gruppe effektiv zusammenarbeiten würde, entschieden, sie solle direkte Unterstützung für die Gruppenentwicklung erhalten. In den ersten zwei oder drei Tagen lief alles ausgezeichnet. Ein hohes Maß an Zusammenhalt entstand in der Gruppe; die Gruppenmitglieder lernten sich einander auf einer Ebene kennen, die sie niemals zuvor mit anderen Kollegen erreicht hatten; und es machte ihnen großen Spaß, zusammenzuarbeiten. Innerlich war ich sehr zufrieden mit mir, daß ich zu dieser Veränderung in der Gruppe beigetragen hatte. Die Lehrer schienen zu einem sehr produktiven Arbeitsteam zusammenzuwachsen und ich wußte, daß dem Curriculum-Projekt aus diesem Grund ein weit größerer Erfolg beschieden sein würde.

Als ich mit den anderen Leitern des Kurses am dritten Tag beim Abendbrot saß, sonnte ich mich in den Komplimenten, die mir von meinen Kollegen ausgesprochen wurden. Der Leiter der Projektgruppe war offensichtlich zufrieden. Ich machte nebenbei die Bemerkung, daß viele Experten der Gruppendynamik jetzt behaupten würden, daß die Gruppe bald durch ein Stadium von Rebellion und Konflikten gehen würde."Ich denke, wir haben das Gegenteil bewiesen", sagte ich selbstgefällig. "Wenn wir auch den heutigen Abend ohne Probleme hinter uns bringen, werden wir gezeigt haben, daß das Konfliktstadium nur in den Vorstellungen der Experten existiert."

Dem war aber nicht so. Bald nachdem wir wieder zu arbeiten begonnen hatten, begannen die Schwierigkeiten. Entscheidungen, die die Gruppe vorher getroffen hatte, waren plötzlich nicht mehr akzeptabel. Kleinere Streiterein brachen zwischen Leuten aus, die einige Stunden vorher noch gesagt hatten, wie sehr sie sich auf die Zusammenarbeit freuen würden. Die Gruppe begann sich zu polarisieren in mehr traditionell eingestellte Lehrer und in solche, die radikale Neuerungen forderten. Schnell wurde die Projektleitung das Ziel der Angriffe: "Sie versuchen ständig, uns mit irgendwelchen Ideen zu überrumpeln! Warum fragen sie uns nicht, was wir machen wollen, statt uns Vorschriften zu machen? Warum müssen die Sitzungen so stark vorstrukturiert werden? Können wir nicht selbst bestimmen, was zu tun unserer Meinung nach nötig ist?" Die Lehrer beschwerten sich sogar darüber, daß die Projektleiter bei Mahlzeiten an eigenen Tischen getrennt von den anderen sitzen würden.

Indem wir die Konflikte zugaben und uns offen mit ihnen auseinandersetzten, konnten wir viele Probleme lösen, die sich an diesem Abend zugespitzt hatten, und die Gruppe entwickelte sich weiter zu einem sehr produktiven Team. Die Gruppenmitglieder sind aus diesem kurzen Konfliktstadium mit verbesserten Fähigkeiten und Haltungen herausgegangen und ich mit einem neuen Verständnis für das, was die Experten über das Konfliktstadium sagen!

Seitdem habe ich bemerkt, daß beinahe jede Gruppe, mit der ich arbeitete, ein Konfliktstadium durchmacht, nachdem sie die ersten Stadien der Normenbildung erfolgreich hinter sich gebracht hat. In der Tat gibt, es einige Gruppen, die sich nicht weit genug entwickelt haben, um das Konfliktstadium zu erreichen, sie sind in einem früheren Stadium der Entwicklung stehengeblieben. Wenn aber eine Gruppe zusammenbleibt und wenn der Gruppenleiter fortfährt, die Dynamik der Gruppe zu beobachten und der Gruppe bei ihrer Entwicklung zu helfen, wird eine Konfliktphase unausweichlich auftreten.

Obwohl die Ursachen für das Konfliktstadium nicht vollständig bekannt sind, ist eine logische Erklärung die folgende: wenn der Lehrer erfolgreich bei der Einführung der Norm Nr. 5 war — sich mit Problemen auseinanderzusetzen statt sie zu ignorieren — kommen Konflikte an die Oberfläche, die gewöhnlicherweise unausgetragen geblieben wären. Wo diese Norm nicht aufgestellt wurde, werden Konflikte unterdrückt und die Gruppe arbeitet mehr oder weniger effektiv, ohne Konflikte offen auszutragen. Wenn aber die Gruppenarbeit verbessert werden soll, können Probleme nicht länger ignoriert werden. Die "Büchse der Pandora" muß geöffnet und Konflikte offen ausgetragen werden. Die Konflikte, die dadurch entstehen, sind nicht "neue" Konflikte, sondern einfach die offene Austragung von Konflikten, die immer schon präsent waren, die aber ignoriert wurden. Lee hat sich z. B. die ganze Zeit innerlich über Susans dominierende Art schwarz geärgert, aber erst nachdem wir daran gearbeitet hatten, die Norm Nr. 5 aufzustellen, suchte er die offene Konfrontation mit Susan und rief so den Konflikt hervor.

Eine andere Erklärung für die Unvermeidbarkeit des Konfliktstadiums liegt darin, daß es als natürliches Ergebnis einer weit gestreuten Teilnahme zu erwarten ist. Wie *Jay Hall* feststellte: "Einer der am ehesten zu bemerkenden Effekte einer weitergestreuten Teilnahme von Gruppenmitgliedern ist das weite Spektrum divergierender Meinungen und Wertvorstellungen, die dabei deutlich werden. Meinungsunterschiede hinsichtlich der Definitionen von Zielen, Unterschiede in der Strategie diese zu erreichen, Beziehungsprobleme und unterschiedliche Wertvorstellungen werden den Gruppenmitgliedern bewußt, wenn die Teilnahme sich gleichmäßiger verteilt und offener, freier wird" (27). Wenn also die Normen Nr. 1 und 2 (Selbstverantwortlichkeit der Gruppe und Eingehen auf die anderen) akzeptiert worden sind und mehr Teilnehmer Beiträge liefern und andere zu Beiträgen ermuntern, können aus der daraus resultierenden Meinungsvielfalt Konflikte entstehen. Konflikte wird es weniger geben, wenn die einzigen aktiven Teilnehmer die sind, die sowieso miteinander übereinstimmen!

Ein weiterer Grund für die Entstehung von Konflikten nach der Normenbildung ist der, daß die Schüler meinen, die Aufrichtigkeit des Lehres herausfordern und testen zu müssen. Wenn der Lehrer z. B. den Schülern zu verstehen gibt: "Ich möchte, daß ihr eure Meinungen offen austauscht, auch wenn sie nicht der Meinung der Mehrheit entsprechen", werden die Schüler versuchen herauszufinden, ob der Lehrer dies wirklich meint. Manchmal tun sie das, indem sie die abstrusesten Gedanken äußern und verbissen auf unterschiedlichen Standpunkten beharren. Die Schüler werden vielleicht auch Probleme künstlich hervorrufen, nur um zu testen, ob der Lehrer gegen offene Problemkonfrontation wirklich nichts hat.

Manchmal sind die auftretenden Konflikte auch ein Ausdruck

der Rebellion gegen die Vorherrrschaft des Lehrers. Wenn die Gruppenmitglieder sich in der Übernahme von Verantwortung für ihre eigene Arbeit sicher fühlen, werden sie vielleicht die Lehrerkontrolle über die Gruppengeschehnisse in Frage stellen. Wenn Schüler bemerken, daß sie die meisten der Dinge selber machen können, die vormals der Lehrer tat, wollen sie alles bestimmen können. Es war die Erkenntnis, daß sie auch auf sich allein bestellt effektiv arbeiten können, die die Lehrer des oben erwähnten Curriculum-Projekts zu der Frage führte: "Können wir nicht selbst bestimmen, was zu tun unserer Meinung nach nötig ist?" und die Janet zu der Frage veranlaßte: "Warum lassen Sie uns nicht zufrieden und die Probleme selber lösen?"

Wenn die Gruppentwicklung verglichen wird mit der Entwicklung eines Menschen vom Kind zum Erwachsenen, kann das Konfliktstadium mit der Adoleszensphase verglichen werden, in der der junge Mensch durch Auseinandersetzung mit der Welt Kompetenzen erwirbt und sich bemüht, unabhängig und frei von der elterlichen Kontrolle zu werden. Und wie in der Adoleszenz übertreibt eine Gruppe im Konfliktstadium gewöhnlich das Ausmaß ihrer Auflehnung. Statt allmählich mehr und mehr Verantwortlichkeit zu übernehmen, verspüren Gruppenmitglieder häufig das Bedürfnis, ihre Unabhängigkeit durch Rebellion zu behaupten. Der Begriff "Konter-Dependenz" wird manchmal gebraucht, um das Verhalten der Gruppenmitglieder während dieses Stadiums zu beschreiben. Sie sind nicht wirklich unabhängig, sie versuchen lediglich ihrer Abhängigkeit in früheren Stadien entgegenzuwirken.

Schließlich kann das Konfliktstadium als eine natürliche Reaktion auf die fortschreitende zwischenmenschliche Nähe betrachtet werden, die aus den Entwicklungen der Gruppenaktivitäten resultiert. Das bessere Kennenlernen anderer Menschen, obwohl dies eine sehr wertvolle Erfahrung ist, kann auch sehr beunruhigend sein. Schüler sind nicht daran gewöhnt, nähere Beziehungen untereinander aufzubauen; sie sind nicht daran gewöhnt, eine zusammenhaltende Gemeinschaft zu bilden. Und obwohl sie die Erfahrungen der Nähe in vielerlei Hinsicht schätzen, können sie dabei verängstigt und verwirrt werden. Deshalb werden sie vielleicht unbewußt Konflikte in der Gruppe hervorrufen, nur um die Distanz wieder herzustellen.

In der gleichen Weise ist eine erfolgreiche gemeinsame Gruppenarbeit eine neue Erfahrung für die meisten Schüler. Sie waren höchstwahrscheinlich daran gewöhnt, so wenig wie möglich zu arbeiten, nur so viel wie nötig teilzunehmen, und die Arbeit in der Klasse nicht sonderlich zu genießen. Aber nachdem eine Gruppe erfolgreich das Stadium der Normenbildung durchlaufen hat, arbeiten ihre Mitglieder effektiv zusammen und genießen wahrscheinlich diese Erfahrung. Um nicht den Eindruck zu erwecken, "kapituliert" zu haben, fallen die Schüler manchmal unbewußt auf niedrigere Stufen von Produktivität und Gruppenreife zurück. Erfolg zu haben ist für sie unangenehm, weil dies in Widerspruch zu ihrer früheren Schülerrolle steht; um ihre Ängste auszuräumen, können sie unbewußt Konflikte in der Gruppe hervorrufen, nur um zu beweisen, daß sie als Gruppe doch nicht so erfolgreich sind.

8.2 Hilfreiches Lehrerverhalten im Konfliktstadium

Erklären Sie, daß der Konflikt eine positive Kraft darstellen kann!
Um besonders hilfreich für eine Klasse zu sein, die ins Konfliktstadium eintritt, sollten Sie sich über Ihre eigene Einstellung zu Konflikten im Klaren sein. Für viele Leute sind Konflikte etwas Schlimmes, das unter allen Umständen vermieden werden muß. Sie betrachten Meinungsverschiedenheiten als einen Beweis dafür, daß Leute nicht miteinander auskommen. In Gruppensituationen meiden diese Personen Konflikte, wiel sie der Meinung sind, daß sie effizienter Arbeit im Wege stehen. Sie machen sich Sorgen, daß die Beziehungen zwischen den einzelnen in der Gruppe für immer durch Konflikte geschädigt werden. Deshalb versuchen sie Harmonie herzustellen, und sie vermeiden und minimalisieren wirkliche Äußerungen von Feindseligkeit und Meinungsverschiedenheiten oder gehen schnell über sie hinweg.

Andererseits können Konflikte als natürliches Ergebnis der Interaktion von Personen mit unterschiedlichen Wertmaßstäben und Ansichten betrachtet werden. Unter diesem Gesichtspunkt ist der Konflikt ein Anzeichen dafür, daß sich in der Gruppe positive Prozesse abspielen; Leute fühlen sich frei, ihre Meinungen zu äußern; mehr als nur ein paar Mitglieder tauschen ihre Ansichten aus; und die Gruppenmitglieder fühlen sich den Gruppenzielen so stark verpflichtet, daß sie aktiv teilnehmen. Unter dieser Perspektive ist Konflikt nicht etwas, das vermieden oder unterdrückt gehört, sondern kann eine positive Kraft sein, die aus guten interpersonellen Interaktionen entsteht, und die zu hoher Qualität der Gruppenarbeit führen kann. In der Tat zeigen die Forschungsergebnisse von *Hall* und *Williams* (28), daß in Situationen mit hohem Konfliktgehalt die Gruppenmitglieder tatsächlich eher dazu tendieren, bessere Lösungen für Probleme zu finden als in Situationen mit niedrigerem Konfliktpotential.

Außerdem ist Konflikt beinahe eine notwendige Voraussetzung für Veränderungen und für die Persönlichkeitsreifung. *Kelley* und *Thibaut* (29) weisen darauf hin, daß Individuen dann, wenn sie sich bewußt werden, daß ihre Ansichten anders als die anderer Leute sind, eher ihre Gedanken und Wertvorvorstellungen überprüfen. Diese Erkenntnis stellt natürlich eine wesentliche Berechtigung für Gruppendiskussionen in der Klasse dar. Da Erziehung nach ihrer eigentlichen Definition kontinuierliches Überdenken der eigenen Vorstellungen und Werte verlangt, ist der Konflikt ein notwendiger Bestandteil dieses Prozesses.

Veränderungen der zwischenmenschlichen Beziehungen und persönliches Wachstum hängen auch von der Aufarbeitung von Konflikten ab. Beispielsweise war es Susan nur aufgrund des Konfliktes, der aus der Herausforderung durch Lee resultierte, möglich, daß sie ihre Auswirkung auf andere Leute untersuchen und ihr Verhalten verändern konnte. Zugegebenermaßen führen Konflikte manchmal zu Grausamkeiten, Gewalt, Bosheiten und anderen destruktiven Verhaltensweisen; aber diese Verhaltensformen sind nicht gleichbedeutend mit Konflikt; sie sind die Art und Weise, wie einige Leute in Konfliktsituationen reagieren. Den Schülern kann gezeigt werden, wie man mit Konflikten konstruktiv arbeitet, nämlich indem sie ihre Meinungsverschiedenheiten offen austragen, aber andere Personen während dieses Prozesses nicht verletzen.

Wenn der Lehrer glaubt, daß Konflikte etwas positives sind, und wenn er diese Haltung auf die Schüler überträgt, werden die Probleme des Konfliktstadiums wahrscheinlich geringer. Es ist wahrscheinlich eine gute Idee, mit der Klasse im Detail Ihren Standpunkt in Hinblick auf Konflikte zu diskutieren und den Schülern dabei zu helfen, ihren eigenen Standpunkt zu ergründen. Sie können ihnen dabei helfen einzusehen, daß Konflikte an sich nichts Schlimmes sind; es ist nur die verletzende Art und Weise, wie Leute manchmal darauf reagieren.

Ermutigen Sie und unterstützen Sie die Schüler, die offenen Konfliktsituationen ängstlich gegenüberstehen!
Einige Schüler werden vielleicht nervös, sogar aus der Fassung gebracht, wenn sie anderen Mitschülern bei heftigen Auseinandersetzungen zusehen. Sie sollten ihnen zu verstehen geben, daß Sie ihre Angstgefühle verstehen, und ihnen versichern, daß die Meinungsverschiedenheiten gerecht erörtert werden und nicht dazu führen, daß irgendwer dabei verletzt wird.

Eine Anzahl von Schülern wird vielleicht große Angst bekommen, wenn die Autorität des Lehres herausgefordert wird. Ein Schüler, der daran gewöhnt ist, "Respekt" vor dem Lehrer zu zeigen und die Kontrolle durch den Lehrer ohne Fragen zu akzeptieren, wird oft aus der Fassung gebracht, wenn ein Klassenkamerad den Lehrer herausfordert und gegen ihn rebelliert. Der "respektvolle" Schüler war auf die Lehrerautorität als einer Quelle der Sicherheit angewiesen, und wenn diese Sicherheit bedroht ist, kann der Schüler ängstlich werden und sich zurückziehen. Diese Schüler brauchen die Sicherheit, daß der Lehrer mit Schülerkritik fertig werden kann, ohne daß er dabei die Nerven verliert.

Um diesen ängstlichen Schülern Sicherheit zu geben, müssen Sie der Versuchung widerstehen, die Kontrolle voll aus der Hand zu geben, und ausuferndes Verhalten beim Kritisieren der Schüler verhindern. Ein Lehrer neigt manchmal dazu zu sagen:"Na gut, dann mach' es doch selber und zeige, daß du es besser kannst". Obwohl Sie offen dafür sein müssen, in Reaktion auf wachsende Wünsche der Schüler nach Unabhängigkeit flexibel vorzugehen, so würde doch der totale Verzicht, für das Geschehen in der Klasse die Verantwortung zu übernehmen, viele Schüler gefühlsmäßig verwirren. Wenn Sie die positiven Elemente der Schülerkritik finden und benutzen, zeigt dies, daß Konflikte konstruktiv sein können.

Werden Sie nicht autoritär!
Obwohl es wichtig ist, den Schülern durch das eigene Verhalten einen gewissen Rückhalt zu geben, sollten Sie der Versuchung widerstehen, in Panik zu geraten und wegen der Schülerkritik abweisend zu werden. Für viele Lehrer sind die Streitereien und Zankereien – ganz zu schweigen von den Angriffen auf die Autorität des Lehrers – während des Konfliktstadiums Indikatoren für "Disziplinschwierigkeiten" infolge dieser Sichtweise setzen sie dann engere Grenzen und straffen die Führung der Klasse.

Dies wird bestenfalls kurzfristig die Probleme der Schüler verdrängen statt sie lösen; schlimmstenfalls wird es die Konflikte verschärfen. Betrachten Sie das Konfliktstadium mit philosophischer Gelassenheit, statt es den Schülern mit harter Disziplin zu unterdrücken. Betrachten Sie es als für die Gruppenentwicklung unumgänglich. Erkennen Sie die Konflikte an, akzeptieren Sie sie und helfen Sie den Schülern beim Erlernen von Fähigkeiten, mit Konflikten konstruktiv umzugehen.

Machen Sie sich die Techniken des aktiven Zuhörens zunutze!
Die vielleicht wichtigste Sache, die Lehrer tun können, wenn die Schüler sie angreifen, ist *zuzuhören!* Keine Lösung wird jemals befriedigend sein, wenn die Schüler nicht das Gefühl haben, gehört und verstanden worden zu sein. Die Techniken des aktiven Zuhörens, wie sie im vierten Kapitel dargestellt wurden, sind kurz zusammengefaßt die folgenden:
Sehen Sie den Sprechenden an.
Geben Sie nonverbale Signale, die zeigen, daß Sie zuhören (z. B. indem Sie mit dem Kopf nicken).
Zeigen Sie, daß Sie ihn verstanden haben.
Haben Sie keine Angst vor plötzlicher Stille.
Lenken Sie nicht die Aufmerksamkeit der anderen vom Sprechenden weg auf sich selbst.
Ermuntern Sie den Sprechenden weiter zu reden.
Zeigen Sie, daß Sie die Äußerungen des Sprechenden verstanden haben, indem Sie sie von Zeit zu Zeit zusammenfassen oder wiederholen.

Während des Konflikstadiums werden Sie selbst die Techniken des aktiven Zuhörens kontinuierlich anwenden müssen. Zusätzlich werden Sie sicherstellen wollen, daß die Schüler diese Fähigkeiten besitzen. Es kann zu diesem Zeitpunkt in der Gruppenentwicklung hilfreich sein, einige Übungen zum aktiven Zuhören mit den Schülern zu wiederholen.

Gehen Sie auf die Gefühle ein, die bei den Äußerungen der Schüler mitschwingen!
In der Verbindung mit aktivem Zuhören, müssen Sie die Schüler, von denen Sie angegriffen wurden, wissen lassen, daß Sie sie verstehen und daß Sie die Gefühle, die hinter den eigentlichen Wörtern stehen, akzeptieren. Stellen Sie sich vor, Sarah schreit

Sie an: "Warum bin ich immer diejenige, auf der Sie herumhakken?" Bei der Auseinandersetzung mit dieser Schülerattacke wird es kaum helfen, wenn Sie das Gesagte nur paraphrasieren. Sie müssen versuchen herauszufinden, welche Gefühle höchstwahrscheinlich bei dieser Äußerung mitspielen und zeigen, daß Sie diese Gefühle verstanden und akzeptiert haben. Eine mögliche Antwort auf diesen Gefühlsausbruch könnte sein: "Du scheinst böse auf mich zu sein, Sarah. Kannst du mir näheres darüber sagen, was dich so stört?"

Oft tarnen Schüler ihre Feindseligkeiten, indem sie eine Frage stellen, wie Sarah das getan hat. Es ist eine große Versuchung, die Frage zu beantworten, statt über die dahinterstehenden Gefühle nachzudenken. Aber eine Antwort auf die nur verbale Äußerung hilft wenig, den Konflikt zu lösen, und kann ihn sogar verstärken. Wenn Sie auf Sarahs Frage folgendes gesagt hätten:"Ich müßte dich nicht immer zur Ordnung rufen, wenn du uns nicht immer stören würdest!" – würde sie sich wahrscheinlich noch mehr ärgern und nur auf eine Gelegenheit warten, es Ihnen heimzuzahlen. Andererseits, wenn Sie Verständnis für Sarahs Gefühle zeigen würden: "Du scheinst sehr wütend auf mich zu sein. Was ist der Grund?" – bleibt die Kommunikation mit Sarah aufrechterhalten und Sie könnten eine Lösung für das Problem finden. Auch, wenn Schüler untereinander Konflikte haben, ist es nützlich, wenn sie fähig sind, gegenseitig auf ihre Gefühle einzugehen.

Zeigen Sie ihnen diese Technik, lassen Sie sie in Rollenspielen üben, und fordern Sie sie auf, diese Technik zu gebrauchen, wann immer Konflikte in der Klasse auftreten.

8.3 Strukturierte Übungen zum konstruktiven Umgang mit Konflikten

8.3.1 "Ich"-Botschaften vermitteln

Eine "Ich"-Botschaft ist die Aussage einer Person über ihre Gefühle hinsichtlich des Verhaltens einer anderen Person:"Es ärgert mich wenn ich sehe, wie du das Papier auf den Boden wirfst." Eine "Du"-Botschaft – die Art und Weise, wie die meisten von uns gewöhnlich miteinander kommunizieren (speziell mit denen, die uns untergeordnet sind) – stellt fest, was mit der anderen Person nicht stimmt:"Du bist unordentlich", "Du bist anderen Leuten gegenüber rücksichtslos", "Du solltest nicht so unbesonnen sein", "Warum kannst du nicht vorsichtiger sein?" Eine "Ich"-Botschaft liefert exakte Informationen darüber, wie eine andere Person auf uns wirkt, wohingegen eine "Du"-Botschaft ein Versuch ist, eine Person abzustempeln oder ihr die Schuld zuzuschieben.

Der Psychologe *Thomas Gordon*, dessen "Effectiveness Training" zahlreichen Eltern und Lehrern bei der Verbesserung ihrer Kommunikation mit jungen Leuten geholfen hat, stellt fest:

"Ein Lehrer, der "Ich"-Botschaften vermittelt, übernimmt die Verantwortung für seine persönliche Reaktion (er hört auf *sich selbst*) und für seine Bereitschaft, die Einschätzung seiner selbst einem Schüler mitzuteilen; zweitens lassen "Ich"-Botschaften die Verantwortung für das Schülerverhalten beim Schüler. Gleichzeitig haben "Ich"-Botschaften nicht die negativen Auswirkungen wie "Du"-Botschaften. Sie ermöglichen es den Schülern rücksichtsvoll und hilfsbereit zu sein, statt nachtragend, wütend und hinterlistig. Schüler betrachten diesen Lehrer (der "Ich"-Botschaften sendet) als eine echte Persönlichkeit, weil er die innere Sicherheit entwickelt, seine Gefühle offen auszudrücken, einmal sich selbst und dann anderen gegenüber. Dadurch gibt er sich als eine Person zu verstehen, die in der Lage ist, zu zeigen, wenn er enttäuscht, verletzt, böse oder ängstlich ist. Er wird von den Schülern als verletzbar, als jemand mit Schwächen, der sogar von Zeit zu Zeit mit Gefühlen der Unzulänglichkeit und Angst behaftet ist, angesehen — als jemand, der den Schülern sehr ähnlich ist" (30).

In Konfliktsituationen ist es bis zu einem bestimmten Grad hilfreich, Äußerungen, die mit "du" beginnen, einfach zu vermeiden ("Du willst nie mit der Arbeit pünktlich anfangen,") und stattdessen mit Äußerungen anzufangen, die mit "Ich bin..." anfangen ("Ich bin entmutigt, wenn ich sehe, wie wenig wir in dieser Woche geschafft haben").

Die Schüler werden einsehen, wie wertvoll "Ich"-Botschaften in Konfliktsituationen sind und sollten diese Technik erlernen. Erklären Sie den Unterschied zwischen der *Beschreibung* einer Person ("Du"-Botschaften) und dem *Mitteilen von eigenen Gefühlen* ("Ich"-Botschaften) und fordern Sie sie dazu auf, "Du"-Botschaften bei Konflikten in der Klasse durch "Ich"-Botschaften zu ersetzen.

8.3.2 Lösungen, bei denen keiner verliert

Konflikte sind meistens das Ergebnis von Auseinandersetzungen, in denen zwei oder mehrere Parteien Unterschiedliches wollen. Die meisten Leute denken, daß Konflikte beigelegt werden, wenn eine Person "gewinnt" und die andere "verliert". Sie würden z. B. sagen, daß der Lehrer bei einem Konflikt zwei Möglichkeiten hat - über die Schüler zu "siegen", durch Einsatz seiner Autorität, oder zu "verlieren", indem er nachgibt und die Schüler machen läßt, was sie wollen. Sie mögen sich vielleicht an ihre Tage als Junglehrer erinnern, wo Sie von Ihren Kollegen gewarnt wurden, daß, wenn Sie sich nicht durchsetzen (in Konflikten mit Schülern "gewinnen"), Sie sich bald in einer Situation befinden würden, wo die Schüler alles mit Ihnen machen könnten ("verlieren"). Aber dieses Entweder-oder-Denken hilft während des Prozesses der Konfliktreduzierung nicht. Es gibt eine dritte Möglichkeit — nach einer Lösung zu suchen, der sowohl der Lehrer als auch die Schüler zustimmen können. Dies könnte als ein "Ansatz ohne Verlierer" oder als ein Konsensmodell für das Lösen von Konflikten begriffen werden. Dieser Ansatz geht davon aus, daß eine Lösung gefunden werden kann, die die Bedürfnisse beider Seiten befriedigt, sodaß keine der beiden "nachgeben" muß.

Der erste Schritt dabei ist natürlich, den Konflikt zu identifizieren. Der Lehrer fängt z. B. damit an, indem er einfach feststellt: "Es scheint, als ob hier ein Konflikt vorliegt. Ich würde euch lieber etwas Grammatik mit diesem programmierten Text durchnehmen lassen, aber ihr scheint wohl die Diskussion über Umgangssprache fortsetzen zu wollen. Stimmt das?"

Der nächste Schritt ist die Suche nach den möglichen Lösungen. Dabei ist es nützlich, zuerst die Schüler aufzufordern, Lösungsvorschläge zu machen, um ihnen zu zeigen, daß Sie ernsthaft an ihren Vorstellungen interessiert sind und nicht beabsichtigen, Ihre eigenen Vorstellungen durchzuboxen. Die Schüler schlagen vielleicht folgendes vor:"Wir könnten doch die Grammatiksache vergessen, es ist sowieso langweilig" oder:"Warum machen wir die Grammatikübungen nicht einfach morgen?" oder:"Warum machen wir die Grammatikübungen nicht als Hausaufgabe?" Nachdem Sie alle Lösungsvorschläge der Gruppe eruiert haben, können Sie Ihre eigenen Vorschläge hinzufügen, wie: "Ich denke, ihr habt genug Zeit mit der Diskussion über Umgangssprache verbracht. Warum hört ihr damit jetzt nicht auf und fahrt morgen damit fort, wenn ihr es dann immer noch wollt?"

Dann untersuchen Sie die Vorschläge, um herauszufinden, ob einer von ihnen für beide Seiten akzeptabel ist. Wenn Sie einen Vorschlag der Schüler absolut nicht annehmen können, erklären Sie ihnen den Grund. "Eure Idee, die Übungen als Hausaufgabe zu machen, ist gut, aber ich kann euch die Bücher nicht mit nach Hause nehmen lassen, weil ich sie in der sechsten Stunde für die andere Klasse ebenfalls brauche." Bei Durchsprechen aller Vorschläge ist es möglich, daß andere Lösungsmöglichkeiten gefunden werden oder daß Vorschläge so abgeändert werden können, daß eine befriedigende Lösung für beide Seiten herauskommt.

Wenn eine Lösung gefunden worden ist, gehen Sie sicher, daß beide Seiten bereit sind, tatsächlich hinter dieser Lösung zu stehen. Die Methode der Lösungsfindung funktioniert nicht mehr, wenn beide Seiten nicht ehrlich zum Ausdruck bringen, daß Sie mit dem Lösungsvorschlag einverstanden sind.

Verhandlungen dieses Stils sind nicht ungewöhnlich zwischen gleichberechtigten Partnern. Ehepaare z. B. suchen ständig nach Lösungen, die beide Partner akzeptieren können. Aber in der Klasse, wo der Lehrer mehr Macht hat als der Schüler, ist es theoretisch für den Lehrer möglich, jede Auseinandersetzung zu "gewinnen" und seinen Lösungsvorschlag bei den Schülern einfach deshalb durchzusetzen, weil er der "Boss" ist. Wir alle wissen natürlich, daß aufgezwungene Lösungen kaum befriedigende Ergebnisse bringen, weil sie Ressentiments hervorrufen. Wenn in einer Auseinandersetzung zwischen Lehrer und Schülern der Lehrer absichtlich von einer Durchsetzung seiner Vorschläge Abstand nimmt und stattdessen die Schuler auffordert, eine für beide Seiten akzeptable Lösung zu finden, werden die Schüler höchstwahrscheinlich auch bei Konflikten untereinander diese Methode anwenden. Dies ist die Art einer Konfliktlösung, die Shakespeare im Sinn hatte als er schrieb:"Ein Friedenschluß besitzt die Natur einer Eroberung; denn beide Seiten sind auf edele Weise unterworfen, ohne Verlierer zu sein."

8.3.3 Die Vier-Stufen-Strategie

Den Schülern sollte die Möglichkeit gegeben werden, bei Konfliktauseinandersetzungen die oben beschriebenen Techniken in einem systematischen vier-stufigen Ansatz zu üben. Der erste Schritt ist aktives Zuhören, um festzustellen, was die andere

Person denkt und fühlt. Der zweite Schritt besteht darin, der anderen Person zu zeigen, daß man ihre Gefühle, die bei der Äußerung dieser Person mitschwingen, versteht und akzeptiert. Der dritte Schritt ist die Beschreibung der eigenen Gefühle, indem man eine "Ich"– statt eine "Du"–Botschaft gebraucht ("Ich bin irritiert, daß du nicht daran interessiert zu sein scheinst, die notwendige Arbeit für die Lösung unserer Aufgabe zu tun"). Schließlich sollten sie eine Lösung gemeinsam suchen, bei der keiner "verliert".

8.3.4 Rollentausch

Wenn ein Konflikt zwischen zwei Leuten entsteht, machen Sie den Vorschlag, daß beide ihre Rollen kurz austauschen. Das bedeutet, daß sie für einige Minuten versuchen sollten, so zu handeln, als ob sie ihr Gegenüber wären. Dieser Rollenwechsel bietet beiden Seiten einen Perspektivenwechsel und ein tieferes Verständnis für den Standpunkt des anderen.
Hier ein Beispiel, wie eine mir bekannte Lehrerin in einer achten Klasse diese Methode anwandte:
"Frau Johnson, *müssen* Sie schon wieder weg? Es ist immer so langweilig, wenn Sie weg sind, weil Ihr Stellvertreter niemals etwas Interessantes machen!", beschwerte sich Dora. "Nach den Berichten, die ich gehört habe, kooperiert ihr nicht sehr gut mit meinen Stellvertretern," antwortet Frau Johnson, die Lehrerin.
"He, jetzt gibt's eine Auseinandersetzung," rief Denise plötzlich aus der hintersten Reihe.
"Du hast recht, Denise", gab Frau Johnson zu. "Und was können wir tun, um die Schwierigkeiten zu beseitigen?" "Laßt uns einen Rollentausch versuchen," schlug Mark begeistert vor. Mehrere meldeten sich. "Ich möchte Frau Johnson sein!" "Nein, ich!", "Ich möchte!"
"Nun, gut, Elaine. Warum spielst du nicht meine Rolle und ich deine," sagte Frau Johson und ging zu Elaines Platz. Elaine kicherte kurz und setzte sich dann auf den Lehrertisch, schlug die Bein übereinander, erstaunlich ähnlich wie dies Fr. Johnson zu tun pflegte. "Hört zu," begann sie mit einer etwas übertriebenen Betonung. "Ich werde am Freitag wieder nicht da sein, da ich noch einen Tag mit der Curriculumplanungsgruppe arbeiten muß."
Die ganze Klasse murrte laut, einschließlich Frau Johnson, die

Elaine spielte. "Warum müssen Sie so oft weg sein?" fragte Dora wieder.
"Ihr alle wißt", sagte Elaine, "Daß ich dabei mithelfe, das neue Curriculum für Sozialkunde zu schreiben. Und ihr habt alle gesagt, daß ihr die dafür vorgesehenen Übungen mögt, die ich bei euch ausprobiert habe."
"Ja," sagte Tod. "Die neuen Übungen sind prima. Aber wenn Sie weg sind, müssen wir so furchtbar langweiliges Zeug machen. Warum können wir nicht während Ihrer Abwesenheit das Simulationsspiel machen, von dem Sie uns erzählt haben?" "Ich habe hart an der Konstruktion des Simulationsspiels gearbeitet und ich möchte hier sein, um zu sehen, wie es funktioniert," antwortete Elaine, die Rolle der Lehrerin spielend.
Kollegin Johnson war perplex. Sie hatte den Schülern den Gebrauch des Rollenwechsels beigebracht, aber sie hatte niemals geglaubt, daß dies so gut klappen würde, so daß Elaine tatsächlich die Gedanken der Lehrerin vertreten konnte.
"Wir müssen aber sicherlich nicht so etwas langweiliges machen wie diese Aufgabenbögen, die Sie uns letztes Mal gegeben haben," flehte Rex.
"Was würdet ihr denn in meiner Abwesenheit lieber tun?" fragte Elaine. Sie war jetzt in die Rolle so hineingewachsen, daß die übertriebenen Gesten verschwunden waren. Die Schüler machten endlos Vorschläge; sie reichten von Freistunden bis zum Schreiben eines eigenen Simulationsspiels. Innerhalb von zehn Minuten war ein Kompromiß gefunden und das Problem war, obwohl nicht völlig gelöst, so doch einigermaßen aus dem Weg geräumt worden.

Rollenwechsel ist hilfreich bei Konflikten zwischen Schülern, aber auch bei Konflikten zwischen Lehrer und Schülern. Es kann als schnelle Intervention in überhitzten Auseinandersetzungen und bei anderen Konflikten dienen. Fordern zwei Schuler zum Platzwechsel und zum Weiterargumentieren auf, indem jeder die Rolle des anderen übernimmt. Nach kurzer Zeit beenden Sie das Spiel und sprechen Sie mit den Schulern darüber, was sie aus diesem Rollenwechsel gelernt haben.

8.3.5. " Du sagst / ich sage" (Kontrollierter Dialog)

Diese Methode zur Konfliktreduzierung ist deshalb brauchbar, weil sie sicher stellt, daß die beiden betroffenen Seiten offen miteinander sprechen und dem anderen genau zuhören. Die Spielregeln sind einfach: jeder Sprechende muß zuerst die Argumente der anderen Person in seinen Worten zusammenfassend wiederholen. Der Sprechende kann dann — und nur dann — mit seinen eigenen Äußerungen fortfahren. Wenn die andere Person mit der Zusammenfassung nicht zufrieden ist, muß der Sprechende ihr Fragen stellen, bis er eine gute Zusammenfassung liefern kann, dann erst kann weitergemacht werden.

In einer Auseinandersetzung mit einem Schüler kann der Lehrer diese Methode entweder einseitig oder beidseitig anwenden. D. h., der Lehrer kann vor seiner Antwort versuchen, die Äußerung des Schülers zusammenzufassen in der Hoffnung, daß dieses zu einer Einigung führt; oder er kann verlangen, daß der Schüler seine Äußerung zusammenfaßt, bevor dieser antwortet. Es ist gewöhnlich effektiver, beide Seiten eine Zusammenfassung machen zu lassen.

Wenn ein Konflikt entsteht, kann der Lehrer etwa folgendes sagen:"Randy, wir scheinen hinsichtlich dieser Sache gravierende Meinungsverschiedenheiten zu besitzen. Bist du bereit, vor deiner Antwort das zusammenzufassen, was ich sage? Ich werde dasselbe mit deinen Äußerungen machen. Auf diese Weise werden wir in der Lage sein, einander besser zu verstehen. O. K.? Also ich fange an. Du sagst, daß ich den Test auf nächsten Donnerstag verlegen soll, weil die meisten von euch die Texte noch nicht ganz gelesen haben. Stimmt das? O. K, dann sage ich, daß ich denke, daß ihr genug Zeit hattet, mit dem Lesen bis heute fertig zu werden. Nun bist du an der Reihe. Bevor du darauf antwortest, fasse bitte zusammen, was ich sagte."

"Du sagst/ich sage"—Sätze können mit Wendungen anfangen, wie:"Ich bin nicht sicher, daß ich richtig verstanden habe. Meinst du...?"; "Sagst du, daß...?"; "Habe ich dich richtig verstanden, du sagtest...?"; oder "Darf ich annehmen, daß du folgendes gemeint hast...?" Diese Methode mag Ihnen anfangs vielleicht unbeholfen und übertrieben vorkommen, aber wenn Sie sie anwenden, werden Sie feststellen, daß sie eine beinahe wundersame Wirkung bei Auseinandersetzungen besitzt, und mit der Zeit können Sie zu einem spontaneren Frage- und Antwort-Spiel übergehen.

Für weitere Übungen zu der "Du sagst / ich sage" -Methode, können die Übungen Nr. 6 (Eingehen auf den vorherigen Sprecher, S. 96 f.) und Nr. 7 (Wiederholen üben, S. 105 f.) aus dem Stadium der Normenbildung wiederholt werden. Wenn Konflikte zwischen den Schülern einer Klasse entstehen, können Sie sie an den Gebrauch dieser Techniken erinnern, damit sie besser aufeinander eingehen können. Sie können auch darauf hinweisen, daß diese Methode bei der Lösung von Konflikten außerhalb der Schule nützlich sein kann: "Wenn es jemanden gibt, den du gern magst, obwohl du öfters mit ihm streitest, erkläre ihm die Regeln von "Du sagst/ich sage", und wenn ihr beiden das nächste Mal in Streit geratet, fordere ihn auf, diese Spielregeln zu beachten. Wenn du diese Person nicht gut genug kennst oder wenn du meinst, es würde etwas peinlich sein, Regeln für eine Auseinandersetzung aufzustellen, kannst du gewöhnlich die Auseinandersetzung einfach durch den eigenen Gebrauch von "Du sagst / ich sage" beeinflussen. Die meisten von uns machen das nach, was die Person vormacht, mit der wir sprechen. Wenn diese Person schreit, schreien wir auch; wenn sie uns beschimpft, beschimpfen wir sie auch. Und wenn die Person unsere Äußerungen zu verstehen versucht, versuchen wir es gewöhnlich auch bei ihr. Wenn du also diese Methode zunächst einseitig verwendest, indem Du zusammenfaßt, was die andere Person gesagt hat, bevor du antwortest, wird diese Person wahrscheinlich auch damit anfangen."

8.3.6 Die Strategien der 3 Schritte

Oft sind sich Leute bei Auseinandersetzungen nicht wirklich sicher, worüber sie streiten, oder sie streiten über Dinge, die keiner der beiden je ändern kann. Der Gebrauch der "Ärger-Wunsch-Anerkennung"-Strategie zeigt, daß Konflikte viel leichter zu lösen sind als ursprünglich angenommen. Es war eine Version dieser Methode, die ich in der Auseinandersetzung zwischen Linda und Bob (S.169 f.) benutzt habe.

Um diese Methode in Konfliktsituationen anzuwenden, beginnt "A" damit, indem er sagt, was "B" getan hat, was ihn so *ärgerlich* machte. "B" muß ohne Unterbrechung zuhören, wonach er dann sagt, was ihn an "A" geärgert hatte, wobei "A" ebenfalls ohne Unterbrechung zuhören muß.

Dann äußern beide einen *Wunsch*. Jeder erzählt, was der andere machen könnte, damit sie sich besser fühlen und das Problem gelöst werden kann.

Der Schritt der *Anerkennung* besteht aus zwei Teilen. Erstens sollten "A" und "B" sagen, welche Wünsche des anderen sie bereit sind, zu erfüllen; dies muß im Sinne eines Kompromisses geschehen (ähnlich der "Herbeiführung von Lösungen, bei denen keiner verliert, "S.199 f.). Es kann sein, daß sie ein paar Minuten verhandeln müssen, bis ein Weg für eine beidseitig befriedigende Vorgehensweise gefunden wird.

Danach äußern sich beide über die Dinge, die sie am anderen liebenswert oder bewundernswert finden. Dieser letzte Schritt hilft sicherzustellen, daß beide beim anderen sowohl positive als auch negative Eigenschaften anerkennen.

8.3.7 Vermittlung durch einen Dritten

Die Aufgabe eines Vermittlers in einer Konfliktsituation ist es nicht herauszufinden, wer "recht" oder "unrecht" hat (wie es viele Lehrer zu tun pflegen), sondern beiden Partnern bei der Suche nach einer für beide Seiten befriedigenden Lösung zu helfen. *Allan P. Main* und *Albert E. Roark* (31) haben das folgende Vermittlungsverfahren erarbeitet:

Der erste Schritt dieser Konfliktlösungsmethode besteht darin, daß den betroffenen Personen erklärt wird, daß höchstwahrscheinlich eine für beide Seiten befriedigende Lösung gefunden werden kann und Sie bereit sind, ihnen bei der Suche danach zu helfen. Stellen Sie klar, daß Sie keine Partei ergreifen werden oder sich als Richter aufschwingen wollen, sondern daß Sie ihnen bei der Suche nach einer Lösung helfen wollen, die beide Seiten akzeptieren können. Machen Sie auch klar, daß für eine beidseitig befriedigende Lösung beide flexibel und kompromißbereit sein müssen.

Als zweiten Schritt sollten beide Seiten, eine nach der anderen, die Konfliktsituation beschreiben. Ermuntern Sie sie, daß sie sich auf die Situation konzentrieren sollen, wie sie jetzt vorliegt, statt eine lange Liste alter Streitpunkte vorzutragen. Sie sollten sich auf den Sachverhalt des Konfliktes konzentrieren; die Beschreibung von Gefühlen folgt in einer späteren Phase. Wenn sie dazu neigen, sich einander zu unterbrechen oder nicht aufmerksam zuzuhören, fordern Sie sie auf, die Argumente des anderen zusammenzufassen, bevor sie mit ihren eigenen Redebeiträgen fortfahren können.

Der dritte Schritt besteht in der Beschreibung der Gefühle, die durch den Konflikt hervorgerufen wurden. Da die meisten Menschen nicht daran gewöhnt sind, ihre Gefühle offen darzustellen, kann es sein, daß Sie Fragen stellen müssen, um die zwei Personen zu ermuntern, ihre Gefühle zu der Konfliktsituation im Detail zu beschreiben.

Beim vierten Schritt sollten beide Personen ihre Wunschlösung des Konfliktes nennen – d. h. was ihrer Meinung nach der "Idealzustand" sein sollte. Als Vermittler sollten Sie sie darin unterstützen, zu einer Beschreibung des Idealzustands zu kommen, der beide Seiten zustimmen und auf den beide hinarbeiten wollen.

Als fünften Schritt müssen beide Seiten sich über die Abstriche im klaren sein, die zur Erreichung der erwünschten Situation erforderlich sind. Als Vermittler müssen Sie vielleicht beide Seiten daran erinnern, daß sie eventuell etwas nachgeben müssen, wenn die Lösung für beide akzeptabel sein soll. Manchmal übersehen die Personen in einer Konfliktsituation mögliche Alternativen, und Sie sollten diese dann ruhig nennen. Es ist aber von höchster Wichtgikeit, daß beide Seiten dieser vorgeschlagenen Lösung tatsächlich zustimmen.

Der sechste und letzte Schritt besteht darin, eine Liste von gemeinsam als notwendig erachteten Maßnahmen für die Verwirklichung der im fünften Schritt getroffenen Entscheidungen aufzustellen.

Dieser Handlungsplan sollte die Möglichkeit vorsehen, mit dem Vermittler über den tatsächlichen Erfolg der vorgesehenen Maßnahmen Rücksprache zu halten.

Natürlich sind die zwei Parteien in einer Konfliktsituation nicht notwendigerweise zwei Individuen. Diese Methode kann auch angewendet werden, wenn sich zwei Gruppen in einer Konfliktsituation befinden. Beispielsweise fühlten sich mehrere Studenten in einem meiner Universitätsseminare durch obszöne Ausdrucksweisen anderer gestört. Die so beschuldigten Studenten waren empört und behaupteten, daß die Beschwerdeführer versuchen würden, ihr Recht auf Redefreiheit einzuschränken.

Um diesen beiden Gruppen bei der Konfliktlösung zu helfen, gebrauchte ich die oben beschriebene Methode. Da es anfangs nicht klar war, wie das Meinungsspektrum im Seminar aussah, forderte ich die Studenten zur Bildung einer "Meinungslinie" zu "schlimmen" Ausdrucksweisen im Seminar auf, die von totaler Freiheit der Ausdrucksweise bis zum absoluten Verbot des Fluchens reichte. Wie Sie es vielleicht erwartet haben, nahmen die meisten eine mittlere Position ein. Aber beide Extreme waren auch durch eine kleine Gruppe von Studenten vertreten.

Ich forderte Personen auf, sich in zwei Gruppen nach vorne zu setzen und arbeitete dann mit diesen Studenten, indem ich die von *Roark* und *Main* vorgeschlagenen sechs Schritte zur Arbeit mit Individuen benutzte. Die restlichen Studenten beobachteten diesen Prozeß, äußerten Gedanken, die zur Lösung des Konflikts beitragen konnten und schlugen mögliche Alternativlösungen in der entsprechenden Phase vor. Das Thema war kompliziert und emotionsgeladen und eine einfache Lösung war nicht möglich. Schließlich stimmte eine Gruppe zu, etwas zurückhaltender im Gebrauch obszöner Wörter zu sein, wenn die andere Gruppe versuchen würde, toleranter zu sein.

8.3.8 Treffen zwischen zwei Gruppen

Diese vorstrukturierte Vorgehensweise hilft zwei Gruppen in einer Konfliktsituation dabei, ihre Vorstellungen voneinander und die Vorstellungen anderer über sich selbst zu überprüfen. Diese Strategie ist dann besonders brauchbar, wenn eine Klasse sich in Gruppen von "Liberalen" und "Konservativen", "Hippies" und "Rockern", "Ausländern" und "Einheimischen", "Strebern" und "Schlaffies" usw. polarisiert.

Fordern Sie alle Schüler auf, sich nach Möglichkeit einer der beiden Gruppen zuzuordnen. Wenn einige Schüler darauf bestehen, zu keiner der beiden Gruppen zu gehören, schlagen Sie ihnen vor, daß sie als neutrale Beobachter fungieren sollen. Die beiden Gruppen, die je für sich einen Kreis bilden, setzen sich soweit wie möglich auseinander. Am besten ist es, wenn beide Gruppen weit genug voneinander getrennt sind, sodaß sie sich nicht hören können – am besten in zwei getrennten Räumen.

Geben Sie jeder der Gruppen drei große Bögen Papier und einen Filzstift. Lassen Sie jede der beiden Gruppen folgende Liste anfertigen:

Liste 1 Eigenschaften, die nach Meinung der Mitglieder die eigene Gruppe kennzeichnen; d. h. ihre eigenen Vorstellungen über sich selbst und nicht, wie sie denken, wie sie von anderen beschrieben werden würden.

Liste 2 Eigenschaften, von denen sie annehmen, daß die andere Gruppe sie ihnen zuspricht; z. B. würde die "Hippie"-Gruppe das aufschreiben, was ihrer Meinung nach die "Rocker"-Gruppe über die "Hippie"-Gruppe denkt.

Liste 3 Eigenschaften, die nach Meinung der Gruppenmitglieder die andere Gruppe beschreibt; z. B. würde die "Hippie"-Gruppe die Eigenschaften aufschreiben, die ihrer Meinung nach die "Rocker"-Gruppe besitzt.

Beide Gruppen sollten die drei Listen allein aufstellen, ohne daß eine Kommunikationsmöglichkeit zwischen den beiden Gruppen besteht.

Bringen Sie dann die beiden Gruppen wieder zusammen. Fordern Sie irgendjemand aus einer Gruppe auf, die erste Liste vorzulesen (die Selbsteinschätzung). Lassen Sie darauf keine Argumente oder Antworten aus der anderen Gruppe zu; Kommentare sollten auf Verständnisfragen beschränkt werden. Dann lassen Sie ein Gruppenmitglied aus der zweiten Gruppe deren erste Liste vorlesen. Fahren Sie in dieser Art und Weise fort, bis alle Listen vorgelesen worden sind. Dann teilen sich die Schüler wieder in dieselben zwei Gruppen auf, um Fragen wie die nun folgenden zu diskutieren:

"Wie unterscheidet sich die Selbsteinschätzung der Gruppe von der Fremdeinschätzung durch die andere Gruppe (eure eigene erste Liste versus die dritte Liste der anderen Gruppe)?"

"Welche Verhaltensweisen eines Teils der Mitglieder eurer Gruppe könnten zu den Unterschieden zwischen den beiden Listen geführt haben? D. h., was habt ihr getan, daß die andere Gruppe euch so anders einschätzt wie ihr euch selber?"

"Was haben die Mitglieder der anderen Gruppe getan, daß euch zu einer so divergierenden Einschätzung veranlaßt hat?"

Nachdem die zwei Gruppen diese Fragen getrennt diskutiert haben, lassen Sie einen großen Kreis mit allen Schülern bilden, einschließlich der neutralen Mitglieder, die als Beobachter fungiert haben. Achten sie darauf, daß die Schüler durcheinandersitzen. Lassen Sie die Schüler über Möglichkeiten sprechen, wie die Mitglieder jeder Gruppe sich in Zukunft anders verhalten können, um Fehleinschätzungen zu vermindern.

Was immer die Ursachen des Konfliktstadiums sind, so ist dieses Stadium doch ein konkretes Phänomen in Gruppen, die das Stadium der Normenbildung erfolgreich durchlaufen haben. Es ist sicherlich die schwierigste Phase während der Entwicklung zu einer Gruppe, sowohl für den Lehrer als auch für die Schüler. Wenn aber der Verlauf dieser Phase richtig gelenkt wird, kann sie zu verbesserten interpersonalen Fähigkeiten der Schüler führen, weil sie dann konstruktiv mit Konflikten umzugehen lernen. Sie kann auch in einem noch höheren Grad zur Gruppenproduktivität und -reife führen.

9 Viertes Stadium: Produktivität

"Susan", fragte Janet, "glaubst du wirklich, daß unser Brief die Meinung des Bürgermeisters ändern wird?" "Nun, ich bin nicht sicher, aber nach all dem, was ich über ihn herausgefunden habe, legt er sehr großen Wert darauf, daß auch Schulkinder in öffentlichen Belangen aktiv werden sollen. Und wenn Lees detaillierte Untersuchungen über die Gefährdung der Fahrradfahrer im Verkehr ihn nicht beeindruckt, dann weiß ich nicht, was ihn sonst beeindrucken könnte. Und was sie uns immer in unseren Rhetorikstunden erzählen – nichts überzeugt mehr als Fakten".
"Gut", antwortete Janet. "Lee, hast du unseren Brief noch einmal dahingehend überprüft, ob wir auch alle deine Untersuchungsergebnisse richtig zusammengefaßt haben?"
"Ja" sagte Lee. "Es ist alles okay, ausgenommen dieses grammatische Problem. Nun klingt der Satz so, als ob der Fahrradfahrer *wegen* der Ampeln gefährdet ist, wohingegen die Aussage lauten sollte, daß er *trotz* der Ampeln gefährdet ist."
"Okay, ich ändere das!" sagte Janet.
"Bist du sicher, daß Mo. die richtige Abkürzung für Missouri ist?" fragte Bruce. "Ich verwechsele das immer wieder, seitdem die Post das geändert hat."
"Ich bin ziemlich sicher, daß es die richtige Abkürzung ist", antwortete Janet, "aber vielleicht sollten wir lieber Herrn Stanford fragen, um ganz sicher zu gehen. Ruf ihn doch mal einer her. Während wir auf ihn warten – hat noch jemand Verbesserungsvorschläge zu unserem Brief? Dieser Brief muß in jeder Hinsicht perfekt sein, damit der Bürgermeister nicht das ignorieren kann, was wir zum Tagesordnungspunkt 'Radfahrerwege' in der nächsten Sitzung des Stadrates sagen wollen. Shari, was meinst du dazu?"
"Nein, du hast das schon verändert, was ich wollte," sagte Shari. "Weißt du noch? Der Teil über die finanziellen Vorteile, die daraus resultieren werden."
"Nachdem wir die Sache mit der Abkürzung von Missouri geklärt haben, können wir den Brief Bruce zum Tippen geben", sagte Janet. "Hast du heute Abend dafür Zeit, Bruce?"
Es war kaum zu glauben, daß dies dieselbe Klasse war, die Janet nur ein paar Monate vorher noch als "ziemlich schlecht" bezeichnet hatte, eine Klasse zusammengesetzt aus den Unruhestiftern und dümmsten Schülern der Schule. Sie haben gelernt,

kooperativ zusammenzuarbeiten und ihre Streitereien untereinander und mit dem Lehrer haben stark abgenommen. Sie respektieren einander, die Gruppenmitglieder nehmen, soweit sie können, an dem Klassengeschehen aktiv teil; und jeder einzelne Beitrag wird geschätzt. Die Gruppe kann selbständig und effektiv arbeiten, aber gleichzeitig fühlt sich die Gruppe nicht gehemmt, die Hilfe des Lehrers in Anspruch zu nehmen, wenn sie Hinweise von Dritten braucht. Sie hat das Produktivitätsstadium erreicht.

9.1 Eigenschaften des Produktivitätsstadiums

Dieses Stadium stellt das Ziel aller bisherigen Bemühungen dar. Die Klasse ist zu einer effektiven Arbeitsgruppe geworden, mit den Fähigkeiten und Haltungen, die für effektive Interaktionen in Lernprozessen nötig sind. Die Schüler können zusammenarbeiten, um die unterschiedlichsten Lernaufgaben zu bewältigen, und sie können mit Meinungsverschiedenheiten und interpersonalen Konflikten in konstruktiver Weise umgehen.

Ein wichtiges Charakteristikum des Produktivitätsstadiums ist jedoch, daß die Aufmerksamkeit der Gruppe zwischen der Aufgabe einerseits und den interpersonalen Bedürfnissen der Mitglieder andererseits hin- und herschwankt. Manchmal stehen die Schüler enthusiastisch hinter den Gruppenzielen (gewöhnlich bei fachorientierten Aufgaben) und sie arbeiten zusammen wie eine gut geölte Maschine. Dann wieder werden sie vielleicht mehr an ihren interpersonalen Beziehungen interessiert sein und können Schwierigkeiten haben, genug Interesse für die vorliegende Gruppenaufgabe aufzubringen.

Einige von Janets Tagebucheintragungen zeigen ein klares Bild von dem Zustand einer Gruppe, die mehr Aufmerksamkeit auf interpersonale Bedürfnisse als auf die Gruppenaufgaben richtet:

0 In den letzten Tagen hat mir die Klasse sehr viel Spaß gemacht aber gelernt wurde nicht viel. Ich fing an darüber nachzudenken, nachdem Shari mir erzählte, wie sehr sie manchmal die Klasse haßt. Sie sagt, sie mag die anderen, aber wie ich zugeben muß, schaffen wir oft überhaupt nichts. Der Unterricht macht mir Spaß, weil wir verschiedene Sachen machen und ich meine Mitschüler ganz prima finde, aber wir kriegen nie eine Aufgabe, die uns Herrr Stanford stellt, zu Ende. Ich weiß, daß das mich

und andere stört. Es bringt also nichts, wenn wir darüber reden würden, weil wir alle wissen, was falsch läuft. Keiner hat Lust, etwas dagegen zu machen. ... Herr Stanford scheint sehr unzufrieden mit unserer Klasse zu sein und ich nehme ihm das nicht einmal übel! Wir haben in den letzten fünf Tagen überhaupt nichts geschafft. ... Ich freue mich in dieser Klasse zu sein, einfach weil es mir dort Spaß macht, aber wir schaffen nie das, was Herr Stanford will. Eigentlich mag ich ja Science Fiction. Es ist sogar der liebste Englischkurs, den ich je gemacht habe. Es gibt ziemlich viel Abeit, aber die Aufgaben machen irgendwie Spaß und sind auch interessant.

Janet gibt zu, daß der Unterricht Spaß macht, aber da sie eine hoch motivierte Schülerin ist, die daran gewöhnt ist, konzentriert an sachbezogenen Aufgaben mit einem Minimum an Interaktion mit anderen Schülern zu arbeiten, ist das für sie auch frustrierend. Es ist interessant zu beobachten, daß Janet zugibt, daß die Gruppenmitglieder "alle wissen, was falsch läuft", aber daß "keiner Lust hat, etwas dagegen zu tun." Das heißt, die Schüler haben die für eine produktive Arbeit an einer Aufgabe benötigten Fähigkeiten, aber während dieser kurzen Übergangsphase stecken sie lieber ihre Energie in die Verbesserung interpersonaler Beziehungen. Es ist auch bezeichnend, daß Janet, obwohl sie frustriert ist und sich vielleicht wegen der mangelnden aufgabenorientierten Gruppenaktivität schuldig fühlt, trotzdem Spaß in der Klasse und an den Aufgaben hat. Das mag beruhigend für einen Lehrer sein, der sich Sorgen darüber macht, daß die Klasse während dieser Phase Zeit verschwendet, d. h. in Phasen, bei denen der Schwerpunkt des Gruppengeschehens auf der Beziehungsebene statt auf der Sachebene liegt.

Beide Ebenen sind natürlich sehr wichtig für den Gruppenerfolg: wenn die Gruppenmitglieder unwillig oder unfähig sind, sachbezogene Aufgaben zu übernehmen, ist der Zweck ihres Zusammenseins nicht erreicht, wenn sie aber ihren interpersonalen Beziehungen keine Aufmerksamkeit schenken, wird ihre Effektivität bei der Lösung sachbezogener Aufgaben durch Konflikte und unerfüllte emotionale Bedürfnisse eingeschränkt. Ein Ausgleich zwischen diesen beiden Tendenzen muß erreicht werden. Die Tendenz, die Aufmerksamkeit mehr auf interpersonale Beziehungen als auf Sachprobleme zu richten, ist für die Persönlichkeitsentwicklung der Schüler sehr wichtig. Die Verbesserung von sozialen Fähigkeiten und die emotionale Entwicklung von Individuen sind wichtige Bestandteile von Erziehung.

Deshalb besitzen diese Phasen ihren eigenen Wert und sollten nicht als eine Lücke in der Gruppenarbeit betrachtet werden, die dann von einem nervösen oder ungeduldigen Lehrer nur geduldet wird.

Das Produktivitätsstadium führt häufig zu größerer Intimität zwischen Schülern und zwischen Schülern und dem Lehrer. Der Lehrer hat während des Konfliktstadiums den Schülern persönliche Informationen und Gefühle offenbart und ihren Interesse und Zuneigung entgegengebracht. Dies führt bei den Schülern manchmal dazu, daß sie ihr Image vom Lehrer und ihre Beziehung zu ihm verändern. Vielleicht zum ersten Mal kommen sie einem Lehrer näher und sie wissen nicht, wie sie mit diesen Gefühlen fertig werden können.

Bei Mark H. in Janets Klasse zeigte sich das, indem er mich bei meinem Vornamen nannte – einerseits um zu testen, ob ich darauf wütend reagieren würde und andererseits um mir zu signalisieren, daß er mir emotional näher kam. Janet hat das wie folgt beschrieben:

0 Vor dem Unterrichtsbeginn am Freitag wurde ich wirklich geschockt. Herr Stanford kam herein und jemand sagte, "Hallo Gene!" und er sagte "Hallo!" Die meisten Lehrer sind sehr beleidigt, wenn Schüler ihren Vornamen rufen. Ich finde das eigentlich ganz prima, wie Herr Stanford darauf reagiert hat. Ich fühle mich einer Person näher, die ich bei ihrem Vornamen rufe. Ich glaube nicht, daß ich jemals "Hallo Gene" sagen würde, weil ich einen großen Respekt vor Herrn Stanford als Mensch und Lehrer habe. Ich finde, ein Lehrer sollte gesiezt werden, wenn nicht gerade jemand eine tiefergehende Beziehung zu ihm hat, die über die Lehrer-Schüler-Beziehung hinausgeht.

Auch die Schüler kommen sich in den Phasen, in denen sie sich auf interpersonale Beziehungen konzentrieren, viel näher.

0 Herr Stanford war heute nicht da, wir hatten Frau W. als Vertretung. Unsere Unterhaltung bestand größtenteils aus unanständigen Witzen. Ich habe nicht die Hälfte davon verstanden. Einmal mußte es mir die ganze Klasse erklären. Wir hatten heute viel Spaß gehabt. Shari, Bruce und ich hatten eine ungewöhnliche Unterhaltung über Sex. Bruce ist gar nicht so unschuldig wie ich dachte. Shari und ich lachten uns halb tot über das, was Bruce uns beschrieben hat. Er ist wirklich lustig!!! Heute habe ich mit Jay gesprochen und er hat mich sehr überrascht. Er erzählte mir, daß er letztes Jahr während des Unterrichtes nicht viel gesagt hat. Nun ist er Klassenprimus. Ich kann es einfach nicht glauben, daß er jemand anderem die führende

Rolle überlassen hat (letztes Jahr), wo er doch so klug ist. Herr Stanford setzt uns nun um. Er sagt, daß wir in der Klasse zu viel Zeit mit Klönen verbringen und zu wenig Zeit für die eigentliche Arbeit aufbringen. Er sagt, daß ich nicht mehr neben Shari sitzen darf. Ich bin so wütend. Ich mag sie sehr und nun kann ich nicht mehr viel mit ihr reden, fast nur noch in den Pausen. Weil wir nebeneinander in der Klasse gesessen haben, sind wir uns so nahe gekommen — ich wünschte, wir müßten uns nicht auseinandersetzen.

Diejenigen von uns, die die Gefühle der Entfremdung und Vereinsamung, die die Schule bei Schülern gewöhnlich hervorruft, nicht gutheißen, sehen es gern, wenn die Schüler ihre Beziehungen untereinander vertiefen. Wenn sich aber die verstärkte Intimität auf Kosten der Sacharbeit entwickelt, muß der Lehrer einige Schritte unternehmen, um die Balance wieder herzustellen (so wie ich es tat), sodaß kein Aspekt vernachlässigt wird.

9.2 Hilfreiches Lehrerverhalten im Produktivitätsstadium

Helfen Sie der Gruppe, ihre Fähigkeiten aufrechtzuerhalten!
Um die Fähigkeiten der Gruppe auf dem hohen Stand zu halten, den ihre Mitglieder bisher erreicht haben, erfordert dies gewöhnlich den Gebrauch von einigen weiter oben vorgeschlagenen, sich mit der Problemfindung und -lösung befassenden Ansätzen. Im allgemeinen sind direkte Übungen nicht länger erforderlich, solange nicht spezifische Schwächen herausgefunden werden, für die Übungen angebracht sein können. Normalerweise genügt einfach die Thematisierung von Schülerproblemen, um eine Gruppe während des Produktivitätsstadiums zurück zu ihrem optimalen Effektivitätsniveau zu bringen.

Rechnen Sie mit gelegentlichen Rückschritten!
Manchmal wird eine Gruppe in diesem Entwicklungsstadium kurzfristig Rückschritte machen. Dieses manifestiert sich in Symptomen wie: sich zurückziehen aus der Gruppe, Mangel an Beteiligung, Chaos, mangelnde Organisation, Feindseligkeiten und das Auftauchen von Konflikten, die für frühere Stadien kennzeichnend waren. Solche Rückschritte treten meistens

dann auf, wenn irgendein besonderes Ereignis die noramle Unterrichtsroutine unterbricht. Häufig wird z. B. eine Gruppe in ihrem Entwicklungsprozeß zurückfallen, wenn Ferien diesen Prozeß unterbrechen. Sogar eine Unterbrechung von nur drei oder vier Tagen aus Anlaß spezieller Feiertage kann dazu führen, daß die Gruppe auf frühere Interaktionsmuster zurückfällt. Ähnlich ist es, wenn zwei oder mehrere neue Mitglieder in die Klasse kommen. Dann brauchen die Schüler einige Zeit, um sich auf die neue Zusammensetzung der Gruppe einzustellen.

Rückschritte treten auch dann auf, wenn Schüler, die in kleinen Gruppe für mehrere Wochen gearbeitet haben — an einem speziellen Projekt vielleicht — sich wieder in eine große Gruppe oder in neu aufgeteilte kleine Gruppen integrieren müssen. Anschließend an solche Ereignisse wird der Lehrer sich wahrscheinlich besonders bemühen müssen, den Schülern zu helfen, wieder vertraut miteinander zu werden und sich an die neue Situation anzupassen.

Rechnen Sie mit einem ständigen Wechsel zwischen Sacharbeit und der Beschäftigung mit Beziehungsproblemen!
Der Umgang mit dem in diesem Stadium normalerweise auftretenden Wechsel zwischen aufgaben- und beziehungsorientierter Arbeit erfordert Geduld und Können. Einerseits will der Lehrer die Schüler nicht davon abhalten, Spaß aneinander zu haben und ihre Beziehungen zu vertiefen. Als Erzieher haben wir die ernsthafte Verpflichtung, den Schülern beim Erlernen sozialer Fähigkeiten und bei der sowohl sozialen und emotionalen als auch bei der kognitiven Entwicklung zu helfen. Andererseits ist dies eine Zeit, während der die Klasse am besten dafür geeignet ist, effektive sachbezogene Arbeit zu leisten, und es wäre schade, diese Gelegenheit nicht auszunutzen. Viele Schüler fühlen sich nicht wohl, wenn die Klasse für andere Dinge Zeit verwendet, statt sich auf sachbezogene Ziele zu konzentrieren. Eine Möglichkeit, sowohl dem aufgaben- wie dem sozialemotionalen Bereich gerecht zu werden, besteht in dem Angebot von Lernaktivitäten, die beide Bereiche verbinden. Zum Beispiel in der am Anfang dieses Kapitels beschriebenen Episode beschäftigte sich Janets Klasse mit dem Schreiben von offiziellen Briefen und zwar mit Inhalten, an denen die Schüler auch persönlich interessiert waren. Janet und einige andere Schüler haben spontan ihre Unzufriedenheit mit dem Bürgermeister zur Sprache gebracht, weil er dem Vorschlag, öffentliche

Gelder für den Bau eines Radfahrwegnetzes durch die Stadt bereitzustellen, entgegengetreten ist. Ich habe es den Schülern erlaubt, in dieser Diskussion fortzufahren, habe sie aber zur gleichen Zeit darin unterstützt, Praxis in der Rhetorik und im Schreiben zu erwerben, indem ich sie einen Protestbrief an den Bürgermeister schreiben ließ. Es war ein logisches Ergebnis ihres Gesprächs über dieses Problem und es war eine ausgezeichnete Übung in den Fertigkeiten, die ich ihnen in meinem Englischunterricht beibringen wollte. Auf diese Weise war es mir möglich, inhaltsbezogen weiterzuarbeiten, ohne das Bedürfnis der Schüler nach vertiefter Interaktion zu unterdrücken. (Eine ausgezeichnete Hilfsquelle zur Planung von Aktivitäten, die persönliche mit sachbezogenen Interessen verbindet, ist das Buch von *Merrill Harmin, Howard Kirschenbaum* und *Sidney B. Simon*, Clarifying Values Trough Subject Matter (32).

9.3 Lernaktivitäten für eine produktive Gruppe

Wenn sich eine Klasse erstmals erfolgreich zu einer produktiven Gruppe entwickelt hat, hat sich das Spektrum an Lernaktivitäten, die erfolgreich durchgeführt werden können, beträchtlich erweitert. Während viele Lehrmethoden bei einer unentwickelten Gruppe mit großer Wahrscheinlichkeit zum Scheitern verurteilt sind – z. B. Rollenspiele – werden sie gewöhnlich mit Begeisterung von einer Gruppe durchgeführt, die das Produktivitätsstadium erreicht hat. Die nun folgenden Lernaktivitäten machen sich die von den Schülern neu entwickelten Fähigkeiten der effektiven Zusammenarbeit zunutze.

9.3.1 Kleine Gruppenprojekte

Wenn es jemals einen traditionellen Grund für die Aufteilung einer Klasse in Kleingruppen gegeben hat, dann ist es das eigenständige Arbeiten an Projekten. In der Tat ist das für viele Erzieher der *einzig* legitime Grund für den Gebrauch der Gruppenarbeit in der Schule. Obwohl ich auch andere Gründe für die Kleingruppenbildung sehe, ist das Organisieren von Gruppenprojekten eine ausgezeichnete Übung für eine Klasse im Produktivitätsstadium. Gemäß diesem Ansatz arbeiten Gruppen von vier bis acht Schülern an Projekten über Themen ihrer Wahl – oft an einem Teilthema innerhalb eines Gesamtthemas, welches die ganze Klasse bearbeitet. Jede Gruppe unternimmt selbständige Untersuchungen und zwar ohne eine direkte Überwachung durch den Lehrer. Nach mehreren Tagen (oder mehreren Wochen) des Literaturstadiums, der Diskussion und des Austauschens von Materialien, referiert jede Gruppe ihre Ergebnisse vor der gesamten Klasse.

Diese Methode hat eine Reihe von Vorteilen. Sie erlaubt den Schülern die Wahl von Themen, an denen sie interessiert sind, und dadurch ergibt sich höchstwahrscheinlich ein ziemlich hohes Maß an Beteiligung und Engagement. Sie bietet auch die Möglichkeit einer Arbeitsteilung innerhalb der ganzen Klasse, bei der die Schüler die Gelegenheit haben, ihre individuellen Fähigkeiten und Begabungen einsetzen zu können. Sie fördert auch die Unabhängigkeit und unterstützt die Schüler darin, die Verantwortung für ihre eigenen Lernprozesse zu übernehmen.

Das Referieren der Gruppenergebnisse vor der ganzen Klasse kann aber sehr langweilig werden, wenn es nur darin besteht, daß ein Vertreter einer Gruppe sich vor die Klasse stellt und einen Bericht herunterleiert, während der Rest der Klasse unruhig wird oder schläft. Es sei denn, die Kleingruppen entdecken Informationen, die vom Rest der Klasse als wichtig für das Erreichen des gemeinsamen Ziels erachtet werden. Sonst rate ich vom Referieren von Einzelergebnissen ab. Planen Sie die Kleingruppenarbeit als eine in sich abgeschlossene Arbeit und bieten Sie als einen Folgeschritt den Schülern die Möglichkeit an, in einem Kreis einander Fragen über ihre Projekte zu stellen — wenn sie dies wünschen.

9.3.2 Kurze Kleingruppendiskussionen

Am liebsten arbeite ich mit Kleingruppen, wenn ich sie während eines Teils einer Unterrichtsstunde eine Frage diskutieren oder an einer Aufgabe arbeiten lassen will. Ein für mich angenehmer Beginn einer Unterrichtstunde besteht darin, eine Einführung zu geben (von mir als "Warmlaufphase" bezeichnet), in der ich das Thema definiere und der Klasse Instruktionen gebe. Dann teile ich die Klasse willkürlich in Gruppen von vier oder fünf Schülern auf und lasse sie an einer klar definierten Aufgabe arbeiten (es kann eine der Übungen zur Gruppenentwicklung oder eine sachbezogene Aufgabe sein). Nach etwa 20 Minuten lasse ich die Klasse wieder einen großen Kreis bilden und in einer lehrergeführten Diskussion die einzelnen Gruppenergebnisse zusammenstellen, um so zu weiteren Ergebnissen zu kommen. Diese dreistufige Vorgehensweise ist günstig für die Organisation einer jeden Unterrichtsstunde: eine Warmlaufphase, in der die Schüler eine Einführung ins Tagesprogramm bekommen; eine Arbeitsphase, in der sie die Aufgabe durchführen; und eine Integrationsphase, um Schlüsse zu ziehen und Implikationen zu untersuchen.

9.3.3 Simulationsspiele

Oft gibt die Diskussion eines Themas allein den Schülern keine ausreichende Einsicht in die Art und Weise, wie die betroffenen Menschen tatsächlich denken und fühlen, vor allem dann, wenn die Schüler nicht genug persönliche Erfahrungen zum Thema besitzen. Simulationsspiele können Schülern Erfahrungen aus zweiter Hand geben (und das ist das zweitbeste nach direkten Erfahrungen), um ihre Diskussionen über das Thema zu vertiefen.

Zum Beispiel sollte Janets Klasse die Kurzgeschichte "Der Bunker" lesen. Die Hauptperson in der Geschichte, die als einziger in der Gemeinde die Weitsicht hatte, einen Atombunker zu bauen, mußte sich entscheiden, welche ihrer Freunde — wenn überhaupt jemanden — sie beim Heulen der Warnsirenen mit in den Bunker nehmen würde. Und dabei wußte sie, daß jede weitere Person die eigenen Überlebenschancen wegen der begrenzten Vorräte an Nahrung und Wasser mindern würde. Bevor die Klasse die Geschichte lesen sollte, stellte ich die folgende Aufgabe: "Stell dir vor, du hast einen Atombunker gebaut und du müßtest dich entscheiden, welche von den Klassenmitgliedern du mitnehmen würdest — wenn überhaupt jemanden. Bedenke dabei, daß jede weitere Person deine eigenen Überlebenschancen um einige Tage verkürzen würde." Da die Klasse eine gut entwickelte Gruppe war, konnte ich eine offende Diskussion über diese Frage zulassen. Mit einer weniger reifen Gruppe hätte ich wahrscheinlich die Schüler ihre Entscheidung aufschreiben lassen, aber wir hätten sie vielleicht nicht offen erörtert.

Nachdem die Gruppe mit dieser schwierigen Entscheidung gerungen hatte, ließ ich die Kurzgeschichte lesen. Janet beschrieb ihre Reaktion darauf folgendermaßen:
0 Wir hatten heute die Kurzgeschichte "Der Bunker" auf. Es war das beste, was ich jemals gelesen habe!! Ich konnte mir

die ganze Geschichte bildhaft vorstellen. Ich konnte direkt hören, was die Leute gedacht haben. Es war einfach klasse!! Wie wir alle gemerkt haben, ist es leichter, besondere Dinge zu verstehen und nachzufühlen, wenn man selbst ähnliches erfahren und erlebt hat.

Ausgearbeitete Simulationen und Simulationsspiele sind für einen großen Bereich zur Unterrichtung von Themen ersonnen worden: z.B. "Ghetto", das die Situation eines benachteiligten Mitgliedes einer Minderheitsgruppe beschreibt; "Dangerous Parallel", das von Alternativen im Umgang mit internationalen Krisen (ähnlich der Korea-Krise) handelt, und "Napoli", bei dem bestimmte politische Prozesse simuliert werden. Simulationsspiele verlangen einen hohen Grad an Interaktion zwischen den Schülern, und sie lassen sich am besten in einer gut entwickelten Gruppe durchführen. Gute Informationen über Simulationsspiele lassen sich finden in "Simulation Games for the Social Studies Classroom" von *William Nesbitt, Thomas Crowell*; "Simulation Games in Learning" von *S. Boocock* und *E.O. Schild,* Sage; und "The Guide to Simulation Games for Education and Training" von *D. Zuckerman* und *R. Horn* (33).

9.3.4 Rollenspiele

Unentbehrlich für Rollenspiele ist eine gut entwickelte Gruppe, und wenn Rollenspiele mit so einer Gruppe durchgeführt werden, ist es eine der effektivsten Lernmethoden überhaupt. Statt nur über Themen zu reden, können die Schüler diese vorspielen, und gewinnen so Einsichten durch den Versuch, die betreffenden Personen tatsächlich "zu sein". Unter diesem Gesichtspunkt stehen Rollenspiele in enger Verbindung mit Simulationsspielen; generell gesagt bestehen aber Simulationsspiele aus sorgfältig strukturierten Situationen, wohingegen Rollenspiele den Schülern die Freiheit und Möglichkeit geben, die Situationen nach ihren Vorstellungen zu strukturieren.

Rollenspiele sind auch eine hilfreiche Methode, um im Unterricht gelernte soziale Fähigkeiten und Kommunikationstechniken zu proben. Zum Beispiel können Schüler, die gelernt haben, wie man eine Person zu Wort kommen läßt, statt mit ihr zu streiten, diese Technik üben, indem sie Auseinandersetzungen mit ihren Eltern in Rollenspiele umsetzen. Ausgezeichnete Hinweise für Lehrer, die sich für Rollenspiele interessieren, sind zu finden in "Value Exploration Through Role-Playing" von *Robert C. Hawley*; "Role-Playing Methods in the Classroom" von *M. Chester* und *R. Fox*; "Role-Playing for Social Values" von *F. Shaftel* und *G. Shaftel;* und "Human Interaction in Education" von *G. Stanford* und *A. Roark* (34).

9.3.5 Adaptionen von Übungen zur Gruppenentwicklung

Viele der Übungen, die schon in diesem Buch als besonders hilfreich für die Entwicklung einer Gruppe beschrieben wurden, speziell die aus dem Orientierungsstadium und dem Stadium der Normenbildung, können für die Bearbeitung sachorientierter Themem erfolgreich umstrukturiert werden. Beispielsweise können die Vorgehensweisen der folgenden Übungen für Diskussionen während des Produktivitätsstadiums übernommen werden: "Der Doppelkreis" (S. 46), "Abstimmung" (S. 47), "Erzwungene Wahl" (S. 49), "Die Meinungslinie" (S. 50), und "Rundherum" (S. 52), "Erzwungene Beiträge" (S. 70) und "Rätsel-Spiele" (S. 72). Für Diskussionen über kontroverse Themen können Schüler in Zweier- oder Dreiergruppen aufgeteilt und aufgefordert werden, die weiter oben genannten Regeln des aktiven Zuhörens anzuwenden (S. 97).

9.3.6 Projekte außerhalb der Schule

Schüler können dazu motiviert werden, Projekte auch außerhalb der Schule durchzuführen. Diese Projekte können sich mit der Erforschung sozialer Probleme anhand von Interviews, Berichten und Beobachtungen befassen oder sie können sich auf soziale Vorgänge konzentrieren, indem Probleme in der Öffentlichkeit deutlich gemacht werden, die öffentliche Meinung beeinflußt wird, Briefe geschrieben werden und mit Bürgerorgnisationen gesprochen wird, usw. Der wichtigste Aspekt bei dieser Art von Projekten ist, daß eine Gruppe von Schülern, die ein gemeinsames Anliegen haben zusammenarbeiten, um ihr Ziel zu erreichen.

Eine Reihe von Vorschlägen für solche Projekte (wie z. B. "Schüler organisieren und propagieren eine neue Dienstleistung bei der ältere Frauen jungen Müttern in der Gemeinde helfen") mit allen Details und Durchführungsvorschlägen sind zu finden in "Laboratory Practices in Citizenship: Learning Experiences in the Community", eine wenig bekannte Veröffentlichung des "Citizenship Education Project" an der Teachers College, Columbia University. Lassen Sie sich nicht vom langweiligen Titel und vom Veröffentlichungsjahr (1958) abschrecken, es ist eine ausgezeichnete Quelle für Lehrer aller Fachrichtungen.

Eine weitere gute Veröffentlichung ist "The Leader's Guide for Social Action" von *D.M. Paine* und *D. Martinez*. Dieses kleine Buch wird Schülern bei der Umsetzung ihrer Ideen in die Praxis helfen, wenn sie sich mit Umweltverschmutzung, ökologischen Problemen, politischen Fragen und vielen anderen Themen beschäftigen, die die von *Ralph Nader* unterstützten Gruppen erforscht haben.(35).

Selten hat ein Lehrer die Gelegenheit, mit so einer angenehmen, kooperativen und begeisterungsfähigen Klasse zu arbeiten wie mit einer, die im Laufe ihrer Entwicklung das Produktivitätsstadium erreicht hat. Aber das Paradies auf Erden gibt es nicht und wird es natürlich nicht geben. Um diese Effektivitätsebene aufrechtzuerhalten, müssen immer wieder gruppendynamische Übungen durchgeführt werden. Besondere Aufmerksamkeit muß ständig darauf gerichtet werden, den Entwicklungsprozeß der Gruppe abzuschätzen und die Gruppeninteraktion zu analysieren, obwohl dies jetzt in der Regel viel schneller und mit weniger Anstrengung gemacht werden kann als in den vorhergehenden Stadien.

10 Fünftes Stadium: Die Auflösung

"Herr Stanford, dies hier ist die reinste Zeitverschwendung," sagte Shari mit Nachdruck. "Offen gesagt, dieser ganze Kurs war eine Zeitverschwendung. Wir haben kein bißchen Englisch gelernt und nächsten Herbst, wenn wir Frau Kaplan als Lehrerin bekommen, werden wir sehr viel aufholen müssen."
"Ja, es war die größte Zeitverschwendug in einem ganzen nutzlosen Jahr," bestätigte Lee.
"Wie fühlt ihr euch, wenn ihr daran denkt, daß dies die letzte Schulwoche ist?" fragte Herr Stanford.
"Großartig! Endlich schulfrei!" jubelte Lee.
"Wirklich?" hakte Herr Stanford nach.
Lee wandt sich ein wenig. "Nun ja, ich werde die anderen vermissen", antwortete er langsam und sah sich dabei in der Klasse um. "Ich will damit sagen, daß dies die netteste Klasse ist, in der ich jemals gewesen bin. Wissen Sie, die Schüler in meinen anderen Klassen sind alle hochnäsig und eingebildet. Wir hatten hier allerhand Sapß – z. B. als wir den Brief an den Bürgermeister geschrieben haben und von ihm zu einem Treffen ins Rathaus eingeladen wurden."
"Ja, und erinnert ihr euch, als wir dieses Atombunkerspiel gemacht haben – als es darum ging, Leute auszuwählen. Das war schon etwas!" fügte Bruce hinzu.
"Ich denke, daß dies die für mich wertvollste Klasse war, die ich je gehabt habe", sagte Janet. "In allen unseren Englisch- Klassen haben wir Bücher über Kommunikation gelesen, aber hier haben wir wirklich gerlernt, miteinander zu reden."
"Ich bin auch der Meinung, daß es gut war, einander kennenzulernen und auch zu lernen, zusammenzuarbeiten". sagte Shari. "Aber ich glaube nicht, daß ich irgendetwas gelernt habe, das ich woanders gebrauchen kann. Zum Beispiel, wenn man gelernt hat, einen Aufsatz zu schreiben, dann weiß man, daß man auch in anderen Fächern schriftlich fitter sein kann. Aber zu lernen, mit dieser einen Gruppe von Personen zusammenzuarbeiten – was haben wir eigentlich davon? Am Ende dieser Woche wird diese Klasse auseinandergehen, also warum haben wir das dann überhaupt gemacht? Das, was in dieser Klasse passierte, war eine launige, – wissen Sie, eine einmalige Sache, die bald vorbei sein wird und nie wieder vorkommen wird... jedenfalls kann ich nichts dazu beitragen, daß sie noch einmal geschieht. Wir werden im nächsten Jahr in Frau Kaplans Klasse sein und wir wer-

den dann die Aufsätze nicht so schreiben können, wie sie es möchte, und wir werden auch nicht die anderen Schüler in jener Klasse besser kennen. Deshalb habe ich gesagt, daß es eine Zeitverschwendung war."
"Ich merke, daß du ziemlich deprimiert bist", sagte Herr Stanford mit sanfter Stimme.
"Warte einmal, Shari", sagte Mark. "Wir kennen uns doch prima. Meinst du nicht, daß wir nächsten Herbst alle noch Freunde sein werden?"
"Hoffentlich", sagte Bruce, "aber mir geht es wie Shari. Ich fürchte, daß unsere Freundschaft den Sommer nicht überdauern wird, und ich glaube nicht, daß ich noch einmal solche enge Freundschaften schließen kann. Ich glaube einfach nicht, daß man so etwas ein zweites Mal machen kann."

Es ist die letzte Schulwoche und die Schüler bringen zusätzlich zu der in dieser Zeit üblichen Unruhe Dinge zum Audruck, mit denen sie vorher noch nie konfrontiert waren. Eine angenehme und wertvolle Erfahrung geht ihrem Ende zu, und die Schüler sind traurig und verwirrt und manchmal sogar wütend. Sie kämpfen mit der Trennungsangst und müssen mit der Tatsache fertig werden, daß eine tiefreichende Erfahrung sich dem Ende nähert. Sie gehen durch das letzte Stadium einer Gruppe – die Auflösung.

10.1 Eigenschaften des Auflösungsstadiums

So ziemlich das einzige, was mit Sicherheit über eine Klassengruppe gesagt werden kann ist, daß sie einen Anfang und ein Ende hat. Sogar wenn dem Gruppenentwicklungsprozeß keine Aufmerksamkeit geschenkt wird, hat eine Klasse ein Anfang und ein Ende, manchmal ein gutes und manchmal ein schlechtes. Das Auflösungsstadium ist daher unvermeidbar, egal, was der Lehrer unternimmt oder nicht unternimmt, um die Gruppe in ihrem Entwicklungsprozeß zu fördern. Die Auflösung findet statt, egal welche Stadien die Gruppe durchlaufen hat. Auch die Klasse, die über das Orientierungsstadium nicht hinausgekommen ist, wird die Auflösungsphase erleben, genauso sicher wie eine Klasse, die das Produktivitätsstadium erreicht hat. Bei beiden wird sich aber das Auflösungsstadiun quantitativ unterscheiden.

Eine Klasse, die sich nicht zu einer Gruppe entwickelt hat,

wird höchstwahrscheinlich ein relativ ereignisloses Auflösungsstadium durchmachen. Da die Schüler wahrscheinlich keine tieferen emotionalen Beziehungen miteinander eingegangen sind, bedeutet das Verlassen dieser Klasse für sie keinen großen Verlust. In der Tat werden die Mitglieder einer — gruppendynamisch gesehen — unterentwickelten Klasse wahrscheinlich froh sein, daß das Ende des Schuljahres oder -semesters gekommen ist. Sie sind oft erleichtert, von einer nicht so befriedigenden Erfahrung befreit zu werden.

Andererseits wird wahrscheinlich die Klasse, die stetig alle Stadien der Gruppenentwicklung durchlaufen hat — die Klasse, die tatsächlich zu einer *Gruppe* zusammengewachsen ist — ein ziemlich stürmisches Auflösungsstadium durchmachen, und der Lehrer sollte darauf vorbereitet sein, angemessen eingreifen zu können. Das ist allerdings nur ein geringer Preis, der dafür gezahlt werden muß, daß die Klasse sich zu einer Gruppe entwickelt hat: die Schüler haben emotionale Beziehungen zueinander aufgenommen und es ist für sie schwieriger, sich am Ende voneinander zu trennen.

Die folgenden Symptome der Trennungsangst tauchen höchstwahrscheinlich in einer gut entwickelten Gruppe auf:

1) Gesteigerte Konflikte
Kleine Streitereien untereinander ohne erkennbaren und zumindest wichtigen Grund können auftreten. Es ist beinah so, als ob die Gruppenmitglieder sich selbst folgendes beweisen wollen: "Eigentlich mag ich diese Leute nicht — sonst würde ich mich ja nicht mit ihnen streiten. Und da ich sie nicht mag, ist es auch nicht schlimm, wenn ich mich von ihnen trennen muß."

2) Der Zusammenbruch gruppenkonstruktiver Fähigkeiten
Wenn eine Gruppe an einer Aufgabe arbeitet, mag es plötzlich so aussehen, als ob es ihr an Fähigkeiten mangelt, und sie wird vielleicht gegen sämtliche im zweiten Stadium aufgestellte Normen verstoßen. Es ist beinah so, als ob sie sich selbst und dem Lehrer sagen wollten: "Na also — wir haben uns dieses Jahr nicht viel verändert. Wir sind immer noch so wie jede andere Klasse. Und weil dies eine Klasse wie jede andere ist, wird es auch nicht so schwer sein, sie zu verlassen."

3) Teilnahmslosigkeit
Einige Schüler beginnen immer weniger Interesse an ihrer Arbeit zu zeigen, so als ob sie sagen wollen: "Was soll das ganze noch? Wenn wir auseinander gehen müssen, warum sollen wir noch länger etwas tun? Ihre Teilnahmslosigkeit kann auch ein Zeichen von Niedergeschlagenheit sein, die auf Gefühle der Traurigkeit über die bevorstehende Trennung der Gruppe zurückgeht. Janet z. B., normalerweise eine hoch motivierte Schülerin, schrieb während der letzten Schulwoche in ihr Tagebuch: 0 Ich kann mich nicht mehr dazu bringen, noch irgendetwas zu tun. Ich habe die Hausaufgaben so über, daß mir alles egal ist. Ich werde die anderen schrecklich vermissen, und daher will ich nicht, daß es vorbei ist, aber mit der Arbeit muß Schluß sein!

4) Krampfhafte Versuche, gute Arbeit zu leisten
Im Gegensatz dazu werden vielleicht andere Gruppen ihre Produktivität sogar steigern, indem sie immer mehr Projekte in Angriff nehmen und sich beeilen, noch alles Mögliche vor Schuljahresende zu erledigen. Sie werden vielleicht tadellose gruppenkonstruktive Fähigkeiten manifestieren, indem sie weitaus effektiver als jemals zuvor arbeiten. Durch dieses Verhalten soll vielleicht folgendes zum Ausdruck gebracht werden: "Wenn wir eine Musterklasse sind, wird uns der Lehrer vielleicht so sehr mögen, daß wir zusammenbleiben können. Vielleicht kann unsere Gruppe für immer zusammenbleiben." Einige Klassen arbeiten wie wahnsinn, um irgendein großes Projekt zu Ende zu bringen, das dann vielleicht als eine Art von "Denkmal" dasteht oder einen greifbaren Beweis dafür bietet, was sie zusammen erreicht haben.

5) Wut auf den Lehrer
Das frustierendste Symptom ist, wenn die Schüler auf den Lehrer wütend werden. Dies kann verschiedene Ursachen haben. Einerseits sagen Schüler sich vielleicht: "Wir sind wütend auf ihn, denn er zwingt uns zur Trennung. Er ist der Grund für das Ende einer guten Erfahrung. Er tat uns weh." Andererseits meinen sie vielleicht: "Dies war keine gute Erfahrung. Er hat uns zu Sachen gezwungen, die wir nicht tun wollten. Wir haben auch überhaupt nichts gelernt." So versuchen sich Schüler davon zu überzeugen, daß die Erfahrung unangenehm war, um so den Trennungsschmerz zu vermeiden.

Vielleicht ist nichts frustierender für den Lehrer als diese letzte Einstellung. Für einen Lehrer, der sehr hart gearbeitet hat, um Schülern wertvolle Erfahrungen zu vermitteln, der persönliche Gefühle offen und ehrlich mit der Gruppe geteilt hat, der mit Geduld die negativen Einstellungen der Schüler akzeptierte und ihre Probleme und Freuden geteilt hat, für den ist es dann sehr deprimierend, wenn die Schüler es ablehnen anzuerkennen, daß die Erfahrungen sich gelohnt haben. Der Lehrer verlangt von den Schülern Anerkennung, stattdessen wird er von ihnen beleidigt. Aber der Lehrer wird sich daran erinnern müssen, daß die meisten der krankhaften Symptome während der Trennungsphase nur Versuche der Schüler sind, den Schmerz der Gruppenauflösung (unbewußt) zu verleugnen. Für die meisten Menschen ist es schwer, mit Trauergefühlen direkt konfrontiert zu werden, und um diese Konfrontation zu vermeiden, wird Traurigkeit durch weniger schmerzliche Reaktionen ersetzt. Eine für die psychisch-gesundere Art und Weise, Traurigkeit und Trennungsschmerz zu bewältigen, besteht darin, mit ihren Gefühlen auf eine ehrliche Weise umzugehen statt sie zu verneinen oder sie zu verfälschen. Mit der Hilfe des Lehrers werden die Schüler vielleicht in der Lage sein, anzuerkennen, daß das Ende einer guten Erfahrung sie traurig macht, und auch in der Lage zu sein, die Unvermeidlichkeit der Gruppenauflösung zu akzeptieren und weitere Erfahrungen mit neuen Gruppen machen zu wollen.

10.2 Hilfreiches Lehrerverhalten während des Auflösungsstadiums

Eine "gute" Auflösung hilft den Schülern dabei, sich ihrer wirklichen Gefühle bewußt zu werden und sie auszudrücken, offengebliebenes zum Abschluß zu bringen, und führt sie zu dem Entschluß, ihre emotionale Energie in zukünftige Erfahrungen einzubringen. Die folgenden Ratschläge zum Lehrerverhalten werden den Schülern dabei helfen, ihr Zusammensein in der Klasse zu einem positiven Abschluß zu bringen:

Erkennen Sie an, daß die Gruppe sich tatsächlich auflöst! Es hilft nicht, wenn man den Gruppenmitgliedern versichert, daß sie sich in Zukunft auch sehen werden, oder wenn man eine Wiedersehensparty irgendwann nach Schuljahresende plant. Solche Versuche bestätigen die Schüler nur in ihrer Tendenz, die Tatsache, daß die Gruppe in der ihnen bekannten Form nie wieder existieren wird, zu verleugnen oder zu verschleiern. Es hilft weitaus mehr anzuerkennen, daß die Gruppe sich auflösen wird und daß Sie und die Schüler deshalb darüber traurig sind. Sie können ein Vorbild für positives Verhalten sein, indem Sie ehrlich über das näherkommende Ende der Gruppe sprechen und von falschen Hoffnungen Abstand nehmen.

Ermuntern Sie die Schüler dazu, ihre tatsächlichen Gefühle über die bevorstehende Gruppenauflösung zum Ausdruck zu bringen!
Wenn Schülern die Gelegenheit dazu gegeben wird, ihre tatsächlichen Gefühle hinsichtlich der Gruppenauflösung zum Ausdruck zu bringen, werden sie weniger dazu neigen, in einige der oben beschriebenen Verdrängungsmethoden zurückzufallen, indem sie z. B. Konflikte verursachen oder den Lehrer wütend angreifen. Sie können das von Ihnen erwünschte Verhalten vorbildlich zeigen, indem Sie "Ich"-Botschaften über Ihre Gefühle, die Klasse verlassen zu müssen, vermitteln: "Ich werde euch wirklich vermissen. Im Laufe der Zeit seid ihr mir näher gekommen und ans Herz gewachsen, und es wird nicht einfach sein für mich, euch zu verlieren." Sie können auch die Techniken des aktiven Zuhörens benutzen, um die unterschwelligen Gefühle bei dem, was die Schüler sagen, zu reflektieren und zu klären. Die Schüler können wegen der Auflösung der Gruppe eine Vielzahl von Gefühlen entwickeln, sie sind nicht notwendigerweise auf Gefühle von Traurigkeit beschränkt. Einige werden vielleicht wütend sein; andere sind vielleicht erleichtert, aus den für sie zu engen Beziehungen ausbrechen zu können. Die meisten Schüler haben diese verschiedenen Gefühle auf einmal, und der Lehrer sollte alle diese Gefühle akzeptieren.

Helfen Sie den Schülern, ihre Gruppenerfahrungen zu reflektieren!
Schüler brauchen eine Gelegenheit, die vielen verschiedenen in der Gruppe stattgefundenen Ereignisse einzuordnen. Das Überdenken der Ereignisse wird den Schülern helfen, ihre tatsächlichen Gefühle gegenüber ihren Erfahrungen in der Gruppe sorgfältiger zu analysieren und die persönliche Bedeutung dieser Ereignisse einzuschätzen.

Helfen Sie der Gruppe, eine Möglichkeit zu finden, die Gruppenerfahrungen lebendig zu halten!
Die Schüler wollen sich vergewissern, daß die Gruppe nicht umsonst existiert hat und werden nach einer Möglichkeit suchen, diese Erfahrungen lebendig zu halten. Es ist eine positive Tendenz, wenn die Aufmerksamkeit auf die Erhaltung einer Erinnerung statt auf die Verleugnung der Gruppenauflösung gerichtet ist. Sie können den Schülern helfen zu verstehen, daß die Gruppenerfahrungen das Leben einer jeden Person in signifikanter Weise verändert haben und daß diese Veränderungen bestehen bleiben, sogar wenn die Gruppe aufhört zu existieren. Die Schüler werden vielleicht auch darüber nachdenken, wie sie das, was sie in der Gruppe gelernt haben, in zukünftigen Situationen anwenden können.
Einige Gruppen wollen vielleicht ein konkreteres "Denkmal" hinterlassen, etwa das Produkt eines besonders bedeutenden Gruppenprojekts, oder sogar so etwas konkretes wie einen im Schulhof gepflanzten Baum oder Wandgemälde in einem der Schulflure. Helfen Sie ihnen bei der Suche nach einer für sie befriedigenden Lösung.

Suchen Sie nach Möglichkeiten, wie die Schüler ihre emotionalen Energien erneut einsetzen können!
Wenn die Gruppenerfahrungen sich dem Ende nähern, besitzen die Schüler ein großes emotionales "Kapital", das der erneuten Anwendung bedarf. Helfen Sie jedem Schüler bei Entscheidungen darüber, wie er das am besten erreichen kann. Einige wollen vielleicht sofort beginnen weiterzuarbeiten, indem sie die Gruppenprozesse in einer sozialen oder religiösen Organisation, der sie angehören, verbessern wollen. Andere denken an zukünftige Klassen und wollen vielleicht Wege herausfinden, wie sie die in dieser Gruppe gelernten Fähigkeiten für die Verbesserung zukünftiger Gruppenerfahrungen umsetzen können.

Bringen Sie alles noch Offengebliebene zum Abschluß!
Die Schüler brauchen die Möglichkeit, alles Unerledigte in der Gruppe zu Ende zu bringen. Einige haben vielleicht das Bedürfnis, den anderen dafür zu danken, daß sie akzeptiert wurden; andere wollen sich vielleicht bei einigen, die sie in der Vergangenheit möglicherweise beleidigt haben, entschuldigen; andere wiederum wollen vielleicht spezielle Aspekte ihres Verhaltens

erklären, wozu sie sich vorher noch nicht frei genug fühlten. Am allerbesten löst man eine Gruppe dann auf, wenn möglichst alles geklärt ist.

10.3 Strukturierte Übungen für das Auflösungsstadium

Diese Übungen bieten strukturierte Mittel und Wege, eine gute Gruppenauflösung herbeizuführen.

10.3.1 Weißt du noch, als...?

Lassen Sie eine Klassendiskussion über die Gruppenentwicklung vom ersten bis zum jetzigen Tag führen. Zeichnen Sie zur Darstellung des Gruppenlebens eine Zeitreihe an die Tafel, bei der die verschiedenen Perioden (Entwicklungsstadien) und wichtigen Ereignisse, an die sich die Gruppe erinnern kann, festgehalten werden. Ermuntern Sie die Schüler ihre Eindrücke über das Geschehen in der Klasse auf ihrem Weg zur Gruppenreife auszutauschen, indem Sie sie an Ereignisse erinnern, die für sie besonders bedeutsam waren. Erlauben sie den Schülern, jede Frage an Sie stellen zu dürfen, die Ihre Eindrücke über Gruppenveränderungen im Laufe der Zeit betreffen oder über Ihnen angenehme oder unangenehme Aspekte der Gruppenprozesse.

10.3.2 Das beste Ereignis des Schuljahres

Lassen Sie jeden Schüler erzählen, was für ihn das beste Ereignis in der Klasse während des Schuljahres war, indem Sie nach der im Orientierungsstadium auf S. 52 f. ("Rundherum") beschriebenen Vorgehensweise verfahren.

10.3.3 Nikolaus

Jeder Schüler soll sich der Reihe nach vorstellen, daß er irgendeinem anderen Gruppenmitglied ein Geschenk überreicht. Fordern Sie die Schüler auf, an Dinge zu denken, die sie übereinander während des vergangenen Schuljahres herausgefunden haben und zwar mit dem Ziel, daß der Schüler ein besonders geeignetes Geschenk für die betreffende Person aussuchen soll.

Beispielsweise könnte Charlie Jeff eine dreiwöchige Reise nach Kenya schenken, weil Jeff ununterbrochen über seinen Wunsch gesprochen hat, wilde Tiere aus der Nähe zu fotografieren. Einige Schüler wollen vielleicht ihre Gründe für die Auswahl eines speziellen Geschenks erklären, aber verlangen Sie dies nicht von ihnen.

10.3.4 Veränderte Eindrücke

Lassen Sie die Schüler darüber sprechen, wie sich ihr erster Eindruck voneinander im Laufe der Zeit geändert hat. Wenn die Schüler besonders zugänglich sind, brauchen Sie nur einen Kreis bilden zu lassen und zu fragen:"Erinnert ihr euch daran, welche Eindrücke ihr von euren Klassenkameraden hattet, als ihr das Klassenzimmer zu Beginn des Jahres (Semesters) betratet? Welchen Eindruck habt ihr jetzt von ihnen? Könnt ihr uns erzählen in welcher Weise eure Eindrücke sich geändert haben?" Bei einigen Gruppen kann eine größere Strukturierung notwenig sein. Zum Beispiel könnte der Reihe nach jedem Schüler die Möglichkeit gegeben werden, über nur *eine* Veränderung des Eindruckes von *einem* Mitglied oder der Gruppe als ganzer zu sprechen. Eine weitere Strukturierung könnte darin bestehen, jeden Schüler den Satz "Vorher dachte ich..., aber jetzt denke ich..." vollenden zu lassen.

10.3.5 Erinnerungskiste

Lassen Sie die Gruppe eine Art "Erinnerungskiste" zusammenstellen, eine Sammlung von Gegenständen, die ihre speziellen Eigenschaften als Gruppe wiedergibt. Sagen Sie ihnen, daß eine Person, die sich diese Sammlung in zehn Jahren anschauen wird, in der Lage sein muß, festzustellen, wie die Gruppe war und was die Besonderheit dieser Gruppe ausmachte. Mögliche Gegenstände sind Photos, Arbeitsergebnisse (Ergebnisse irgendwelcher Projekte, Berichte über spezielle von ihnen durchgeführte Aufgaben), Gedichte über die Gruppe, eine Collage aus Bildern und Wörtern, die aus Zeitschriften ausgeschnitten worden sind, ein kleines Stofftier als Gruppenmaskottchen oder irgendetwas, das die speziellen Interessen oder Aktivitäten der Gruppe symbolisiert (z.B. eine Keksdose für die Gruppe, deren Mitglieder abwechselnd Gebäck für die Klasse mitgebracht haben).

10.3.6 Übertragungen

Lassen Sie erörtern, wie die Schüler ihre in dieser Klasse gelernten interpersonalen Fähigkeiten in zukünftigen Klassen anwenden können. Sie sollen verschiedene Vorschläge machen, wie sogar nur *eine* Person den Gruppenentwicklungsprozeß beeinflussen kann. Mögliche Vorschläge wären, daß die Gruppenmitglieder sich selber persönlich vorstellen, oder indem sie vormachen, wie Fähigkeiten des guten Zuhörens geübt werden können, oder Probleme offen anzugehen sind. Lassen Sie Rollenspiele durchführen, in denen die Schüler Möglichkeiten ausprobieren können, wie sie ihre Fähigkeiten zukünftig anwenden können. Zum Beispiel: "Stell dir mal vor, du bist am ersten Tag des neuen Schuljahres in deiner Geschichtsstunde. Der Lehrer hat schon die Klassenliste fertiggestellt und die Bücher verteilt. Es bleiben nur noch zehn Minuten bis zum Stundenschluß. Der Lehrer sagt:"Nun, das ist alles was wir heute tun müssen. Warum verbringt ihr nicht den Rest der Zeit damit, euch euer neues Buch anzusehen?"; "Was sollte zu diesem Zeitpunkt in der Klasse passieren? Was könntest du als einzelner Schüler tun, um etwas in Gang zu setzen?"

10.3.7 Rollen, die die Schüler gespielt haben

Schlagen Sie vor, daß die Gruppe die verschiedenen Arten von Rollen diskutiert, die Mitglieder in der Gruppe gespielt haben, wie sie sich während der Zusammenarbeit gegeben und was sie erhalten haben. Lassen Sie die Klasse in einem Kreis sitzen und führen Sie eine Open–End–Diskussion, in der die Schüler ihre Gedanken vorbringen. Helfen Sie den Schülern herauszufinden, welche Rolle jedes Mitglied in der Gruppe gespielt hat – d. h. wer führte die Gruppe, wer teilte seine Informationen mit, wer hielt die Klasse mit Spaß bei der Stange, und alle anderen Rollen, die zum Erfolg der Gruppe beigetragen haben. Die Schüler könnten z. B. sagen: "Charlie, du hast dich immer freiwillig gemeldet, alles schriftlich festzuhalten, wenn wir an einem Projekt gearbeitet haben", oder: "Doris, es war ganz prima, wie du das immer fertig gebracht hast, deinen Vater zu überzeugen, uns Sachen zum Großhandelspreis zu verkaufen", oder: "Cathy, es hat mich immer gefreut, daß du mit mir gesprochen hast, wann immer ich in die Klasse kam, sogar wenn ich knatschig oder geistig abwesend war", oder: "Terry bestand immer darauf, daß wir unsere Entscheidungen sorgfältig durchdenken sollten, statt sie unbedacht zu treffen — erinnert ihr euch?"

10.3.8 Positive Botschaften

Geben Sie jedem Schüler so viele kleine Papierzettel, wie es Schüler in der Klasse gibt. Lassen Sie die Schüler auf jedem Zettel eine kurze Botschaft an jedes andere Gruppenmitglied schreiben, etwas, worüber sie sich freuen können. Schlagen Sie vor, daß sie die positiven Eigenschaften beschreiben, die sie an jeder Person im Laufe des Jahres bemerkt haben. Fordern Sie sie auf, daß sie dabei so genau wie möglich sein und versuchen sollen, besondere Ereignisse zu erwähnen. Überlassen Sie es den Schülern, ob sie ihre Namen darunter schreiben oder nicht. Nachdem sie fertig sind, sollen sie den Zettel zusammenfalten und den Namen der betreffenden Person außen draufschreiben. Mehrere Schüler können dann ausgewählt werden, die die Botschaften zu den betreffenen Personen bringen.

10.3.9 Wir stellen uns das Ende des Schuljahres vor

Fordern Sie die Schüler auf, ihre Augen zu schließen und sich vorzustellen, daß sie die Klasse für immer verlassen würden. Sie sollen sich über die Gefühle bewußt werden, die sie haben, während sie sich diese Szene vorstellen. Dann sollen sie an all das denken, was sie bedauern, nicht gesagt oder getan zu haben, bevor sie die Klasse verließen. Nach einigen Minuten sollen sie die Augen öffnen. Schließlich sollen sie dann der Klasse die Dinge mitteilen, die sie dabei gedacht und gefühlt haben.

Das Ende des Auflösungsstadiums markiert das Ende der Gruppenentwicklung. Nachdem Sie eine Klasse durch den ganzen Prozeß der Gruppenreifung geführt haben, fühlen Sie sich wahrscheinlich sehr stolz auf Ihre Leistung. Aber zur gleichen Zeit werden sich wahrscheinlich Gefühle des Bedauerns darüber einstellen, daß nicht alles genau so gelaufen ist, wie Sie es gehofft hatten. Obwohl es eine Versuchung ist, darüber zu grübeln, wie man mit dieser Gruppe hätte anders umgehen können, ist das nicht die richtige Zeit, rückwärts zu schauen. Denn wie *Elisabeth Kubler-Ross* in ihrer Einleitung zu "Wir sind nur der Funke eines Augenblicks" schrieb: "Jedes Ende ist ein strahlender neuer Anfang." Ihre nächste Klasse zu Beginn des neuen Schuljahres wird Ihnen eine neue Gelegenheit geben, die Arten der Gruppeninteraktion zu fördern, die sowohl zu einem effektiven sachbezogenen Lernprozeß als auch zur Persönlichkeitsreifung der Schüler und Ihrer selbst führen. Mit jeder nachfolgenden Erfahrung einer Gruppenentwicklung werden Sie neue Einsichten gewinnen und neue Fähigkeiten erwerben.

Hoffentlich war dieses Buch eine Hilfe, ein größeres Verständnis für Gruppenentwicklungsprozesse zu gewinnen und Ihre Kompetenzen als Gruppenleiter zu verbessern. Welche Wirkung hatte der Ansatz dieses Buches auf Ihre Klasse? Welche Übungen und Vorgehensweisen waren erfolgreich? Welche nicht? Stimmen Sie mit dem Autor in irgendetwas nicht überein? Haben Sie irgendwelche Fragen über Gruppenentwicklung, die in diesem Buch nicht beantwortet wurden? Der Autor (36) möchte gern Ihre Erfahrungen mit den in diesem Buch gemachten Vorschlägen kennenlernen.

Anhang I: Janets Epilog

Hinweis: Sechs Jahre sind vergangen, seitdem Janet ihre Tagebucheintragungen machte, die ich öfters in diesem Buch zitiert habe. Weil ich neugierig war, wie sie heute über ihre damaligen Erfahrungen denkt, habe ich sie gesucht und schließlich an der Universität von Arizona gefunden, wo sie begonnen hatte, Medizin zu studieren. Sie erklärte sich bereit, einen kurzen Bericht über ihre Erinnerungen, ihre Erfahrungen in meiner Klasse und deren Wirkung auf sie anzufertigen. Ihr Bericht, den ich hier wiedergebe, stimmt nicht immer mit meinen Erinnerungen über Janets Klasse überein, noch mit dem, was Janet damals schrieb. Trotz aller Widersprüche oder vielleicht gerade deshalb ist Janets Bericht eine wertvolle Quelle zusätzlicher, retrospektiver Informationen zu ihren Erfahrungen mit Gruppenentwicklung.

"Es ist sehr schwierig, die Ereignisse im Leben zu bestimmen, die einen Menschen zu dem gemacht haben, was er heute ist. Noch schwieriger aber ist es, diese sehr persönlichen Erfahrungen jemand anderem zu beschreiben, und dabei zu hoffen, daß er die eigenen Interpretationen akzeptieren kann. Ich werde aber diese schwiergie Aufgabe, eine meiner sehr persönlichen Erfahrungen darzustellen, in Angriff nehmen und glaube, daß Sie die große Bedeutung, die das für mich hat, zu würdigen wissen.

Bis vor sechs Jahren war der Englischunterricht für mich uninteressant. Das ganze Erziehungsziel der Schule hat, mich in der Tat gelangweilt. Es war, als ob ihr überaus strukturierter Lehrplan mich an meinen Versuchen gehindert hat, mit voller Leistungsfähigkeit zu arbeiten. Seit meiner Zeit im Kindergarten kann ich mich daran erinnern, daß mir jedermann (zumindest scheint es mir so, als wäre es jedermann gewesen) eingeredet hat, was für eine faszinierende und erfreuliche Erfahrung die Schule sein würde. Aber ich war sehr frustriert und irgendwie unfähig, diesen "faszinierenden" und abenteuerlichen Aspekt der Schule zu entdecken. Deshalb habe ich irgendwie die Schulzeit an mir vorbeiziehen lassen und habe fast nur "Einsen" mit wenig oder keiner Anstrengung bekommen. Abgesehen davon, daß ich die Schule nicht mochte, habe ich die üblichen traumatischen Erlebnisse des Jugendalters durchgemacht — mit Zahlklammern, mit Beliebtheitsängsten,

Unklarheiten über meine Zukunft und Sexualität, und ich bin sicher, daß ich diese Liste nicht fortzuführen brauche. Wegen meines ereignislosen Lebens, von dem ich nichts gehabt habe, war ich mit mir selbst sehr unzufrieden. Es reichte nicht aus, daß meine Eltern mich daran erinnerten, wie hübsch und klug ich war und wie stolz sie auf mich wären. Es war wichtig, daß ich das gleiche über mich selbst dachte, aber ich konnte es nicht. Ich wußte, daß irgendwann irgendetwas kommen würde, das mich glücklich machen würde, ein bestimmtes Ziel, wonach es sich zu streben lohnen würde, aber ich konnte mir nicht vorstellen, noch länger zu warten. Ich brauchte nicht lange, um zu erkennen, daß der Englischunterricht mit Gene Stanford den Beginn dieser Veränderung markierte.

Vorsichtig betrat ich das Klassenzimmer (wie ich alle meine Klassenzimmer am ersten Tag zu betreten pflegte), sah mir jeden ganz genau an und versuchte mich daran zu erinnern, was ich über jeden einzelnen schon gehört hatte, Herr Stanford eingeschlossen. Zu dieser Zeit war ein hohes Maß an Popularität (der Popularitätsrang wurde dabei von ein paar "Stars" bestimmt) das Kriterium, wonach alle in der High School beurteilt wurden. Als ich bemerkte, daß kein "populärer" Schüler in meiner Klasse war, war ich enttäuscht, saß schlaff da und verspürte eine weitere Niederlage. Zur gleichen Zeit war ich verängstigt, als Herr Stanford uns seine Planung für das Schuljahr vorstellte. Zum Beispiel forderte er uns auf, ihn bei seinem Vornamen 'Gene' zu nennen. Keiner von meinen bisherigen Lehrern erlaubte den Schülern, sie beim Vornamen zu nennen. Das ganze Semester versuchte ich mich zu überwinden, ihn Gene zu nennen, aber wie viele andere in meiner Klasse gelang es mir nicht, weil es mir respektlos vorkam. Im Laufe des Schuljahres aber verschwanden meine Ängste und als Folge der von Herrn Stanford propagierten Einstellungen begann ich Selbstvertrauen zu entwickeln. Er verhalf den Schülern zu der Erkenntnis, wie wichtig die Meinungen eines jeden waren und nicht nur derjenigen, die sich immer in den Vordergrund spielten. Das bestärkte mich darin, auch meine Meinung zu sagen. Wir hatten zahllose Diskussionen und im Laufe des Semersters wurde die Anzahl der erfolgreichen Diskussionen immer größer. Die Ehrlichkeit und das vereinte Bestreben aller, ein von Herrn Stanford näher bestimmtes Ziel zu erreichen, trugen dazu bei, daß die Diskussionen fruchtbar wurden. Wann immer ich an die Klasse denke, erinnere ich mich an die Diskussionen über den "Atombunker" und das "Geheimnis". Im ersten Fall mußte die Klasse sich den Zustand nach einem Nuklearkrieg vorstellen. Es gab einen einzigen Atombunker und die ganze Klasse mußte zu einer Entscheidung darüber kommen, welche von uns es wert waren, in diesem Atombunker zu überleben. Die Entscheidungsfindung war natürlich schmerzlich. In der Tat kann ich mich nicht daran erinnern, daß wir eine endgültige Entscheidung getroffen haben, denn wir haben gemerkt, daß keiner von uns solche unerwünschten Eigenschaften besaß, die einen Ausschluß gerechtfertigt hätten; ich wußte, daß wir uns alle mochten. Das "Geheimnis" war für mich schwieriger. Jeder von uns schrieb ein Geheimnis auf, von dem niemand anders in der Klasse wußte, und dann haben wir die Zettel willkürlich verteilt. Unsere Aufgabe bestand u.a. darin, das Geheimnis einer Person zu erzählen, von der wir nicht wußten, wer sie war, und zwar so, wie diese Person unserer Ansicht nach ihr Geheimnis erzählen würde. Ich schreckte zwar bei dem Gedanken zurück, wie jemand anderes mein Geheimnis erzählen würde, aber ich war mir sicher, daß keiner darüber lachen oder mich bemitleiden würde, weil wir ja alle die gleiche Erfahrung durchmachten.

Bald waren wir mehr als nur Klassenkameraden. Wir begannen uns auch außerhalb der Schulzeit zu treffen. Auch wenn die Unterrichtstunde zu Ende war, haben wir regelmäßig gemeinsam Aktivitäten geplant. Eine von diesen Aktivitäten war ein Abschiedspicknick für Gene. Der traurige Abschied wäre noch trauriger gewesen, wenn wir gewußt hätten, daß wir in Zukunft so wenig von ihm hören würden. In dem Jahr darauf nahmen Ärger und Enttäuschungen ihm gegenüber zu. Wir vermißten seine Unterstützung und dachten, daß er sich für uns nicht mehr interessieren würde. Wir waren durcheinander, weil wir uns eigentlich sicher waren, daß er die Gruppe ganz gern gemocht hat, sonst hätte er sich doch wohl kaum bemüht, unsere Beziehungen zueinander zu verbessern. Wir waren darüber unglücklich, mußten aber einsehen, daß er sein eigenes Leben führen mußte und uns den Rest unseres Weges allein gehen ließ. Was ich auch tat — ich habe so viel an Selbstvertrauen gewonnen, daß ich für die Stelle des Sprechers aller elften Klassen der High School kandidierte und gewann, dem Schulchor beitrat, meinen Freundeskreis erweiterte und mich verliebte — alles in einem Jahr. Es kann sein, daß ich damals sehr idealistisch dachte, aber ich war eigentlich glücklich. Mir wurde bewußt, daß ich früher enge Freundschaften mit anderen in meinem Leben vermißt hatte. Ich entdeckte, daß Popularität ein schlimmer Maßstab zur Beurteilung anderer ist und daß es viel mehr Spaß machte, mit anderen zu reden und zu hören, was sie für wichtige Ideen hatten, statt sie nach den Geschichten zu beurteilen, die ich über sie gehört hatte.

Ich bin nun 21 und hoffe, Medizinerin zu werden. Ich wählte den Medizinerberuf, um nahen Kontakt mit anderen zu halten und ihnen zu helfen, so glücklich und gesund zu leben, wie sie nur können. Wie man sehen kann, hat Gene mir dabei geholfen, an mir selbst und vor allem an anderen Menschen Freude zu haben. Jetzt möchte ich dir meinen Dank dafür aussprechen, Gene, daß du mir zu der Erkenntnis verholfen hast, daß der Mensch den anderen Menschen braucht und daß jeder etwas besitzt, was er dem anderen geben kann.

Anhang II: Begründung für das in diesem Buch dargestellte Modell der Gruppenbildung

Das Konzept der Gruppentwicklung ging ursprünglich aus Beobachtungen von Veränderungen hervor, die bei länger existierenden Gruppen ohne gezielte gruppendynamische Interventionen auftraten. Forscher bemerkten, daß Gruppen relativ vorhersagbare Stadien durchliefen, auch wenn der Gruppenleiter keine Versuche unternahm, in den Entwicklungsprozeß einzugreifen. Dabei kamen die erfolgreichen Gruppen weiter und die weniger erfolgreichen Gruppen blieben auf niedrigeren Entwicklungsstadien stehen. Es wurden systematische Beobachtungen von Gruppen unternommen und verschiedene Forscher legten ihre eigenen Beschreibungen der Reihefolge der Stadien vor, die eine Gruppe im Laufe ihrer Entwicklung ihres Erachtens durchmacht.

Oberflächlich gesehen scheinen diese Beschreibungen sich sehr voneinander zu unterscheiden; einige bestehen aus drei Stadien und andere aus sieben oder acht. Jedoch trotz dieser Mannigfaltigkeit ergeben sich auch wieder überraschend viele Übereinstimmungen. Anhand seiner Analyse von ca. fünfzig Zeitschriftenartikeln zum Thema Gruppenentwicklung unter den verschiedensten Bedingungen ist *Tuckman* (37) zu folgendem Ergebnis gekommen: Die meisten Forscher stimmen darüber überein, daß eine Ansammlung von Personen zuerst durch eine Phase der Unsicherheit geht, in der die Mitglieder herauszufinden versuchen, wo sie in der Gruppe stehen und was die "Regeln" dort sein werden ("forming"). Danach beginnen in einer Phase, von *Tuckman* "storming" genannt, Konflikte aufzutreten; die Gruppenmitglieder wehren sich gegen den Einfluß der Gruppe und rebellieren dagegen, die Aufgabe der Gruppe zu erfüllen. Wenn die Gruppen die Konfliktphase überstehen kann, wird sie in das Stadium der Bildung von Gruppenzusammenhalt und -bindung eintreten und dabei neue Wege der Zusammenarbeit entdecken und Verhaltensnormen aufstellen ("norming"). Schließlich wird die Gruppe immer geübter in der Verfolgung ihrer Ziele und flexibler, verschiedene Formen der Zusammenarbeit anzuwenden ("performing").

Wenn wir versuchen *Tuckmans* Stadien der Gruppenentwicklung auf Schulgruppen zu übertragen, tauchen zwei Fragen auf. Erstens, in beinahe allen Forschungen über Gruppenentwicklung, aus denen *Tuckman* seine Erkenntnisse zieht, versuchte der Leiter nicht in die Gruppenentwicklungsprozesse einzugreifen. D.h., der Leiter ließ die Dinge einfach laufen, um zu sehen, wie die Gruppe sich im Laufe der Zeit entwickeln würde. Das führt zu einer wichtigen Frage: "Wäre der Entwicklungsprozeß anders verlaufen oder zumindest schneller, wenn der Leiter bestimmte Schritte zur Verbesserung der Gruppenentwicklung unternommen hätte?" (38)

Zweitens wurde die meiste Forschung, auf denen *Tuckmans* Erkenntnisse beruhen, bei Gruppen gemacht, bei denen der Leiter kaum Leiterfunktionen ausgeübt hat. In diesen Gruppen zog sich der Leiter gewöhnlich von der traditionellen Führungsrolle zurück und delegierte die Hauptverantwortung für die Gruppen an die Mitglieder selbst. Viele der Leiter dieser Gruppen haben die Leitung bewußt verweigert, um zu sehen, wie die Gruppe darauf reagieren würde. Daher wissen wir sehr wenig über Veränderungen im Gruppenentwicklungsprozeß, die sich dann ergeben, wenn der Leiter – z. B. ein Lehrer – eine direktivere Rolle spielt. Beispielsweise resultiert ein großer Teil des Konflikts in *Tuckmans* "storming"-Phase aus der Wut der Gruppenmitglieder auf den Lehrer, weil dieser seine Leitungsfunktion nicht wahrnimmt. Würde dieses Stadium zu diesem Zeitpunkt, oder überhaupt, aufgetreten sein, wenn der Leiter direktiver gehandelt hätte (38)?

Angesichts dieser Probleme sind die meisten Beschreibungen zur Gruppenentwicklung auf die Situation in der Schule nicht anwendbar. Unter anderem bleiben folgende Fragen offen: Können verschiedene Arten von Aktivitäten und Lehrerverhaltensweisen die Wahrscheinlichkeit erhöhen, daß eine Ansammlung von Schülern alle Stadien der Gruppenentwicklung durchlaufen und produktiv wird? Beschleunigen diese Lehrerinterventionen einfach nur den Gruppenentwicklungsprozeß oder ändern sie tatsächlich die Art und die Reihenfolge der Stadien, die die Gruppe durchlaufen muß?

Soweit ich es feststellen kann, ist der einzige Forschungsansatz, der diese Fragen direkt behandelt, der von *Stiltner* (39. Sie beobachtete den Gruppenentwicklungsprozeß in einer Reihe von Junior High School-Klassen in verschiedenen Fächern, um so die Unterschiede der Gruppenentwicklung zwischen den Experimentalgruppen in der der Lehrer in den Gruppenentwicklungsprozeß eingriff, und den Kontrollgruppen, in denen die selben Lehrer in gewohnter Weie unterrichteten, vergleichen zu können. Im Vergleich zu den Gruppenleitern in den meisten von *Tuckman* genannten Studien spielten die Lehrer in *Stiltners* Studie die herkömmliche Führungsrolle und weigerten sich nicht, eine direktive Rolle zu spielen, um die Gruppenmitglieder zur Übernahme der Gruppenverantwortung zu zwingen.

Die Masse der von *Stiltner* gesammelten Daten scheint die folgenden Schlußfolgerungen zu unterstützen: Bei herkömmlicher Klassenführung wird die typische Junior High School-Klasse im Laufe des Semesters nicht zu einer produktiven Gruppe werden, wenn nicht Interventionen zur Gruppenentwickung unternommen werden. Diese Interventionen führen zu einer Verschiebung des "storming"- Stadiums. *Stiltners* Experimentalgruppen (die, in denen der Lehrer gruppendynamische Interventionen unternahm) traten während des Semesters, in dem sie Daten über sie sammelte, in kein "storming"-Stadium ein. Im Vergleich dazu traten die Kontrollgruppen schon zu Anfang des Semesters in das "stroming"-Stadium ein, und erst im Laufe der nächsten Wochen wurde das Klima in diesen Klassen weniger negativ.

Stiltners Untersuchungsergebnisse liefern eine etwas revidierte Beschreibung von dem, was bei der Gruppenentwicklung passiert, wenn eine Klasse durch einen Lehrer unterrichtet wird, der in systematischer Weise eingreift, um das Gruppenklima zu verbessern. Das daraus resultierende revidierte Modell der Gruppenentwicklung, basierend sowohl auf *Tuckmans* als auch auf *Stiltners* Ergebnissen — ist das in diesem Buch vorgestellte (s. Tabelle auf S. 18 f.).

Das Orientierungsstadium ist in etwa vergleichbar mit *Tuckmans* "forming"-Stadium. Es folgt eine Phase, während der die Gruppe mit Hilfe des Lehrers Formen und Vorgehensweisen für die Zusammenarbeit ausarbeitet. Dieses Stadium der Normenfindung ist in etwa identisch mit *Tuckmans* "norming"-Stadium. Wenn das Stadium der Normenfindung erfolgreich abgeschlossen wird, wird die Klasse wahrscheinlich eine Konfliktphase durchlaufen, ähnlich dem "storming"-Stadium bei *Tuckman*. Der Unterschied besteht darin, daß die meisten von *Tuckman* beschriebenen Konflikten zwischen den Mitgliedern durch den Zwang hervorgerufen wurden, mit einem nicht direktiven Leiter klar zu kommen. Bei dem in diesem Buch vorgestellten Modell resultiert das Konfliktstadium aus dem im Stadium der Normenfindung etablierten Normen, wie z. B. der offenen Kommunikation. Das Produktivitätsstadium ist *Tuckmans* "performing"-Stadium ähnlich. Ein letzter Unterschied in dem hier vorgestellten Modell ist die Einbeziehung eines Auflösungsstadiums, das es in *Tuckmans* Modell nicht gibt. Weil das Gruppenverhalten sich beinahe immer in gewissen voraussehbaren Weisen in den letzten Tagen oder Wochen des Zusammenseins der Gruppe ändert, halte ich es für wichtig, diese Zeit als ein klar definiertes Stadium zu bezeichnen, obwohl die meisten Autoren dies nicht tun.

241

Nachwort des Herausgebers

Der Ansatz der Gruppentwicklung im Vergleich zu anderen gruppenintegrativen Methoden

Das Anliegen, aus Ansammlungen von Schülern Gruppen zu machen, in denen der einzelne sich wohlfühlen kann *und* in denen effektiv gearbeitet und gelernt wird, ist keineswegs neu und hat auch im deutschen Sprachraum schon vielfältige theoretische und praktische Würdigungen erfahren. Diese methodischen Ansätze, die man bei allen unterschiedlichen Akzentsetzungen als *gruppenintegrativ* kennzeichnen kann, will ich im folgenden skizzieren. Eine solche vergleichende und zusamenfassende Darstellung kann helfen, einerseits den besonderen methodischen Ansatz von *Stanford* zu verdeutlichen und andererseits Maßnahmen und Orientierungen zu vermitteln, die den *Stanfordschen Ansatz* ergänzen und verstärken können. Zur systematischen Differenzierung dieser Ansätze unterscheide ich vier *gruppenintegrative Strukturelemente:*
— den Gruppenleiter,
— die Normen und Regeln des Umgangs miteinander,
— die interaktiven und co-aktiven Erfahrungen in und mit der Gruppe,
— das gemeinsame Ziel oder die "dritte Sache".

Meine Behauptung ist, daß jeder gruppenintegrative Ansatz eines dieser Strukturelemente in besonderer Weise betont und daß sich von daher diese Elemente besonders gut eigenen, die verschiedenen Ansätze systematisch voneinander zu differenzieren. Diese Behauptung will ich im folgenden zu belegen versuchen.

Gruppenintegration durch den Gruppenleiter

Theoretische und praktische Versuche, über den erwachsenen Gruppenleiter aus Ansammlungen von Kindern und Jugendlichen arbeitsfähige Gruppen mit Wir-Gefühl und prosozialen Gruppennormen zu machen, haben im Bereich der westlichen Demokratien die längste Tradition. Das mag einmal durch die vorgegebene natürliche Asymmetrie zwischen Lehrern und Erziehern auf der einen und den Kindern und Jugendlichen auf der anderen Seite bedingt sein. Dazu kommt der historische Grund, daß sich die Konstruktion eines *sozialintegrativen, demokratischen Führungsstils* bewußt im ideologischen Gegensatz zum traditionell besonders in Deutschland stark verwurzelten und durch die Nazis und Faschisten geradezu verabsolutierten autoritären Führungsstil verstand (*Lewin, Lipitt* und *White* 1939). In der Bundesrepublik Deutschland haben insbesondere *Reinhard Tausch* und seine Mitarbeiter diese Lehr- und Forschungsrichtung weiter verfolgt und ausgebaut. Danach ist es vor allem der akzeptierende, so wenig wie möglich kontrollierende, einfühlsame, echte, in nondirektiver Weise stimulierende und sich verständlich ausdrückende Lehrer und Erzieher, der in den Gruppen der Heranwachsenden ein positives Sozialklima bewirkt und sie zu prosozialen, psychisch gesunden, politisch demokratie-bewußten und -fähigen Persönlichkeiten sich bilden läßt. Dieser Vermittlungsprozeß wird vor allen lerntheoretisch erklärt (Beobachtungs- und Verstärkungslernen). Aber auch der Bezug zu Rogers' personenzentriertem Ansatz wird deutlich herausgestellt, und zwar insbesondere im Zusammenhang mit der Forderung nach "einfühlendem Verstehen und Echtheit-Fassadenfreiheit" (*Tausch* und *Tausch* 8 1977). Entsprechend liegt der Focus der *Tausch*'schen Überlegungen auch weniger auf der Entwicklung einer "guten Gruppe", sondern die "gute Gruppe" stellt eine Art stellvertretenden generalisierten Gruppenleiter dar, der die positiven Auswirkungen des *eigentlichen* Gruppenleiters auf das *einzelne* Gruppenmitglied unterstützt und verstärkt: "Förderliche gefühlsmäßige und soziale Beziehungen in einer Gruppe geben dem einzelnen Grupenmitglied persönlich Sicherheit und individuelle Freiheit, sich selbst zu verwirklichen in einem Nährklima von gegenseitigem Vertrauen und gegenseitigem Verstehen, geringer Bedrohung und geringer Fassadenhaftigkeit, gefühlsmäßiger Nähe, des Austausches von Gedanken und Erfahrungen und des Lernens voneinander (*Tausch* und *Tausch* 1977, S. 277). Ergo: "Lehrer und Erzieher werden also in ihren Bemühungen um den einzelnen durch eine gute Gruppe entlastet" (a.a.O., S. 278).

Tatsächlich dürfte der von den *Tauschs* propagierte Führungsstil insbesondere in der Orientierungsphase der Gruppenentwicklung eine sinnvolle Funktion erfüllen. An dieser Stelle stimmen die Empfehlungen Stanfords für ein hilfreiches Lehrerverhalten ja auch weitgehend mit den Komponenten eines sozialintegrativen Führungsstils im Sinne von Tausch überein.

Es soll hier aber auch nicht verschwiegen werden, daß die Überbetonung der Verhaltensqualitäten des Gruppenleiters als quasi unabhängige Variable des Gruppengeschehens und die Vernachlässigung der Eigendynamik der (Lern- und Arbeits-) Gruppe bei Tausch ernstzunehmende Kritiker gefunden (40) hat.

Auf einem beträchtlich anderen theoretischen und praktischen Hintergrund hat *Zulliger* einen gruppenintegrativen Ansatz entworfen, der besonders stark die Position und Funktion des Gruppenleiters betont. In seinem Buch "Horde – Bande – Gemeinschaft" beschreibt er – sich psychoanalytischer Kategorien bedienend – seine langjährigen Versuche als Schweizer Volksschullehrer, aus Schulklassen "Gemeinschaften" zu machen, wobei er "Gemeinschaft" als höchste Form der "Vergesellschaftung" den primitiven Gruppierungsformen "Horde" ("Vergesellschaftung ohne Führung und meist auch ohne Dauerziel" und "Bande" (Gruppe mit einem gleichaltrigen Führer, straff organisiert und meist antisozial ausgerichtet) gegenüberstellt. Eine "Gemeinschaft" kennzeichnet sich nach *Zulliger* dadurch aus, daß die Gruppenmitglieder "durch einen heftigen Identifikationswunsch mit einem *Führer* untereinander verbunden (sind), *der eine Idee verkörpert.* Der Führer ist für die Gemeinschaft das personifizierte, das 'fleischgewordene' Ich-Ideal. Er ist, weil er ein Mensch ist, für die Gemeinschaftsglieder erreichbar, zugleich der Mittler der alle tragenden Idee. Man *liebt* ihn, nicht weil man ihn in einer Paar-Relation besitzen, sondern weil man sich ihm seelisch *gleichsetzen* möchte" (*Zulliger* 1967, S. 201). Die ideele Wertung, mit der *Zulliger* den Leiter einer Gemeinschaft versieht, könnte einem in Versuchung bringen, seine Konzeption doch schwerpunktmäßig dem vierten Strukturelement (die "Dritte Sache") zuzuordnen. Aber die Wertladung des Gruppenleiters erfolgt bei *Zulliger* sozusagen von außen und mit einer gewissen Beliebigkeit. In *Zulligers* pädagogischer Praxis zählt vor allem die *affektive Bindung* der einzelnen Gruppenmitglieder an den Gruppenleiter, die insbesondere dadurch hergestellt und verstärkt wird, daß der Gruppenleiter sich den Kindern als Beichtvater und Berater zur Verfügung stellt. Denn: "Die Erlösung belasteter Schülergewissen durch den Lehrer 'bindet' die Schüler an den Lehrer und unter sich und dient außerdem der psychologischen Hygiene" (a.a.O., 129 f.). Dazu gehört auch, daß *Zulliger* eine Datensammlung zur Herkunft und Lebensgeschichte seiner Schüler anzulegen pflegte und sie regelmäßig in "freien Aufsätzen" über ihre persönlichen Kümmernisse und Probleme berichten ließ.

Wenngleich sowohl bei *Tausch* als auch bei *Zulliger* der Lehrer (oder Erzieher) als Gruppenleiter hauptsächlicher gruppenintegrativer Faktor ist, soll nicht verschwiegen werden, daß beide Autoren noch weitere gruppenintegrative Maßnahmen empfehlen, die den anderen Strukturelementen zugeordnet werden müssen. Insbesondere *Zulliger* stellt sehr unterrichtskonkrete "Maßnahmen, um aus einer Schulklasse eine Gemeinschaft zu bilden" dar; z.B. pflegte er durch Zusammenfassung aller individuellen Leistungswerte der Schüler klassenbezogene Leistungsgesamtwerte (z.B. Summe aller Diktatfehler in der Klasse) zu bilden und diese der Klasse am Anfang und am Ende des Schuljahres zurückzumelden.

Bemerkenswert erscheint mir im Vergleich zu Stanfords Vorgehen bei Zulliger insbesondere die *Datensammlung* und die Institution der *freien Ansätze,* da sie es dem Lehrer erlauben, das hic et nunc der gruppendynamischen Situation zu transzendieren und lebensgeschichtliche und lebensweltliche Aspekte der Schüler(gruppe) mit in den Blick zu bekommen.

Gruppenintegration durch Normen und Regeln

Jede Gruppe übernimmt oder produziert bestimmte Soll-Vorstellungen, die das Verhalten der Gruppenmitglieder zueinander regulieren. Diese generalisierten Verhaltenserwartungen, die je nach Abstraktionsgrad als Normen oder Regeln bezeichnet werden können, können die Kooperation und den Gruppenzusammenhalt begünstigen, sie können einer Gruppenintegration aber auch entgegenwirken. Gerade in der Schule existieren nun einige Bedingungsfaktoren, die einer *prosozialen* Normenbildung offensichtlich nicht förderlich sind. Sie hängen vor allem mit der Selektionsfunktion der Schule zusammen, finden ihren direkten lernorganisatorischen Ausdruck in der interindividuell vergleichenden, normorientierten Leistungsbeurteilung und werden in der pädagogischen Literatur unter anderem ausführlich unter dem Stichwort "Heimlicher Lehrplan" abgehandelt (siehe z. B. *Zinnecker* 1975). Gerade in der letzten Zeit aber werden zahlreiche Versuche berichtet, den in Richtung Leistungsindividualismus, Konkurrenzorientierung, defensive Kommunikation usw. normierenden Auswirkungen des "Heimlichen Lehrplans" bewußt prosoziale Normen und Regeln entgegenzusetzen. Das Regelsystem, das in dieser Hinsicht bei uns wohl die meiste Beachtung gefunden hat, ist das der Themenzentrierten Interaktion (TZI) nach *Ruth C. Cohn*. Bei der TZI handelt es sich um ein aus gruppentherapeutischen Ansätzen abgeleitetes Verfahren für Lern- und Arbeitsgruppen, das "lebendiges", d. h. die Gruppenmitglieder ganzheitlich erfassendes Lernen ermöglichen und die gleichgewichtige Beachtung des "Ichs" (der individuellen Gefühle, Bedürfnisse, Lernumstände) des "Wir" (der Gruppe) und des "Es" (das Thema oder die Aufgabe) herbeiführen soll. Zwar spielen bei der Herstellung dieser "dynamischen Balance" auch der Gruppenleiter und die Art der Themeneinführung und -formulierung eine gewichtige Rolle, im Zentrum aber stehen die Regeln der TZI. In ihrem Uraufsatz von 1969 (wieder abgedruckt in dem 1975 erschienenen Sammelwerk "Von der Psychoanalyse zur Themenzentrierten Interaktion", S, 111 ff.) unterscheidet *Ruth C. Cohn* sieben solcher Regeln. Später hat sie diesen Regelkanon erweitert und in "Postulate" und "Hilfsregeln" unterteilt. Die Postulate sind:

"1. *Sei dein eigener Chairman*, der Chairman deiner selbst. Das bedeutet:

a) Sei dir deiner inneren Gegebenheiten und deiner Umwelt bewußt.

b) Nimm jede Situation als Angebot für deine Entscheidungen. Nimm und gib wie du es verantwortlich für dich selbst und andere willst.

2. Beachte Hindernisse auf deinem Weg, deine eigenen und die von anderen. *Störungen haben Vorrang* ..."
(*Cohn* 1975, S. 120/121, Hervorhebungen durch mich, *G.S.*)

Eine Hilfsregel ist z.B.: "Halte dich mit Interpretationen von anderen so lange wie möglich zurück. Sprich stattdessen deine persönlichen Reaktionen aus" (a.a.O, S. 125). Diese Hilfsregeln sollen aber keineswegs dogmatisch verstanden werden: "Ihre Verabsolvierung ist Mißbrauch und dient dem Geist, den sie bekämpfen möchten" (*Cohn* 1975, S. 128). Es muß auch betont werden, daß *Cohn* vor dem rein technischen Einsatz der Regeln warnt und die Bedeutsamkeit der sich in den Postulaten ausdrückenden Haltung(en), den "Geist" der TZI, als vorrangig herausstellt. Gerade aus diesem Grund sind auch die persönlichen Qualitäten des Gruppenleiters für *Cohn* wichtig: "Die Persönlichkeit und Fähigkeit des Gruppenleiters sind natürlich ebenso wichtig wie seine Technik. Keine Methode ersetzt persönliche Wärme, Toleranz und positive Einstellung zum Menschen" (*Cohn* 1975, S. 114). Diese Gruppenleiterqualitäten werden aber nicht als quasi natürliche Tugenden betrachtet, die bei einem Menschen vorhanden sind oder eben nicht, sondern als weitgehend erlernbare Fähigkeiten und Haltungen. Die von

Ruth C. Cohn gegründeten WILL-Institute und Ihre Dependancen bieten zu diesem Zwecke ausgearbeitete Lehrgänge und Trainingsprogramme an (41).

Inzwischen wurde das Regelsystem der TZI auch von vielen anderen Autoren aufgenommen und erweitert (eine der interessantesten Erweiterungen siehe bei *Heigl-Evers & Heigl* 1973). Auch liegt schon eine Reihe von — überwiegend positiv getönten — Erfahrungsberichten über Versuche vor, TZI im Klassenraum einzuführen (siehe etwa *Dzick* 1975, *Moser* 1977, *Zöller* 1979). Dennoch möchte ich, auch auf der Basis eigener Erfahrungen mit der TZI, auf zwei Schwachstellen dieses Ansatzes hinweisen:

① Die Regeln der TZI sind vorgegeben und werden durch den Gruppenleiter direkt und indirekt (über die Beobachtung seines Verhaltens) vermittelt. Bei aller unbestrittenen Sinnhaltigkeit der TZI-Regeln ist zu fragen, ob nicht eine methodische Alternative zu einem solchen autoritativen Vorgehen denkbar ist, die es der Gruppe selbst ermöglicht, sich — die eigene Erfahrung reflektierend — Regeln zu setzen (siehe dazu nicht zuletzt die Vorschläge von *Stanford* in den Kapiteln 3 — 7 dieses Buches!):

② Die von *Ruth C. Cohn* vorgegebenen Regeln thematisieren kaum die Gruppenaufgabe und das Geschehen in der Gruppe, sondern vorrangig den Umgang mit sich selbst und *dem* anderen. Das aber entspricht nicht dem erwähnten Anspruch nach einer "dynamischen Balance" zwischen "Ich", "Wir" und "Es" und muß gerade unter dem Gesichtspunkt der *Gruppen*-integration als Defizit erscheinen.

Ein theoretisch sehr interessantes Verfahren zur Einführung und Begründung von Verhaltennsregeln für die Gruppenarbeit hat *Bürger* am Institut für die Pädagogik der Naturwissenschaften (Kiel) im Zusammenhang mit der Konstruktion eines Physik-Curriculums für das 9. und 10. Schuljahr entworfen. *Bürger* faßt zunächst alle Untersuchungsergebnisse und Theorien zusammen, die Bedingungen für den Arbeitserfolg *und* die Zufriedenheit von Kleingruppen bezeichnen. Diese Zusammenfassung führt er in Handlungsweisen für den Gruppenunterricht über, die er dem Erziehungsziel "Teamfähigkeit" zuordnet. Das Handlungskonzept "Teamfähigkeit" wiederum wird von ihm in "Schülermaterialien" übersetzt, das allgemeine Ausführungen über Ziele der Gruppenarbeit enthält, differenzierte Vorschläge zur Gestaltung der Gruppenarbeit und Anleitungen über die Bildung von Verhaltensregeln für die Gruppenarbeit. Im Zentrum der Schüler-

materialien, die den Schülern in einer 41-seitigen (!) Broschüre vorgelegt werden, stehen die Vorschläge zur Gestaltung der Gruppenarbeit, die direkt aus dem Handlungskonzept "Teamfähigkeit" abgeleitet wurden. Sie beziehen sich auf die Problembereiche
1) Gruppendiskussion
2) Kritik
3) Lernstörungen
4) Konflikt
5) Anerkennung und Respektierung
6) Individual- und Sozialphasen
7) Lernselbstkontrolle
8) Arbeitsteilung
9) Kenntnisaustausch
10) Protokolle
11) Mitbeteiligung
12) Gruppentscheidungen
13) Gruppenleitung,
die kurz skizziert werden und zu denen jeweils eine Reihe von detaillierten Regelempfehlungen im Sinne des "Erfolgstranges" und des "Zufriedenheitsstranges" formuliert werden. Zum Problembereich Gruppendiskussionen allein werden 10 (!) Vorschläge gemacht. *Kernsätze* dieser Vorschläge, die in den Schülermaterialien durch Unterstreichungen hervorgehoben und durch Erläuterungen und Beispiele ergänzt werden, sind z.B.:
Uns darüber verständigen, daß stets nur einer spricht.
Den andern möglichst genau zuzuhören versuchen.
Sich möglichst kurz fassen.
Sich darum bemühen, seine Gedanken möglichst klar und treffsicher auszudrücken.
Den erreichten Diskussionsstand von Zeit zu Zeit zusammenfassen.
In jedem Diskussionbeitrag den brauchbaren Anteil zu finden und weiterzuverwerten versuchen.

Den Schülern wird nun empfohlen, diese Vorschläge durchzulesen (wenn möglich, mehrere Male) und sich von ihnen für die Bildung eigener Verhaltensregeln anregen zu lassen.
Trotz der umfassenden sozialwissenschaftlichen Begründungen und der diffenrenzierten Ausarbeitung der Handlungsempfehlungen war dieses Vorgehen bisher von nicht allzu großem Erfolg gekrönt. Das braucht m.E. aber nicht zu wundern. Denn, wenn schon bei der TZI die autoritative Vorgabe eines Regel-

kanons kritisch zu sehen ist, wenngleich die Anzahl der Regeln dort noch ziemlich übersichtlich erscheint und ihre Vermittlung an das Verhalten des Gruppenleiters gekoppelt wird, so trifft diese Kritik im verstärktem Maße auf den *Bürgerschen* Ansatz zu. Eine derartig massierte, hochgradig elaborierte Vorgabe von Regeln muß die Eigeninitiative der Schüler erdrücken und eine Abwehr provozieren! Da hilft auch der Hinweis nicht: "Die Materialien enthalten keine bindenden Anweisungen, sondern lediglich *Vorschläge*, die auch abgeändert werden können" ("Anleitungen zur Gruppenarbeit", S. 6) (42). Dieser Hinweis muß im Kontext der zahlreichen, differenziert begründeten Vorschläge paradox wirken.

Sinvoller erscheint dann schon das Vorgehen des Schriftstellers und Lehres *Konrad Wünsche* in seiner 6. Hauptschulklasse (*Wünsche* 1972, S. 90 ff). *Zusammen* mit seinen Schülern arbeitete er 11 Grundsätze aus, "an die sich jeder, der in der Klasse ist, also selbstverständlich auch der Lehrer, halten soll". Bemerkenswert ist dabei besonders der letzte Grundsatz;
"11. Die Klasse muß beschließen, was geschehen soll, wenn einer gegen die Klassenordnung verstößt (täglich 10 Minuten)."
der doch eine gewisse Garantie dafür verspricht, daß die zu Papier gebrachten Regelvorstellungen nicht nur good-will-Erklärungen ohne Konsequenzen bleiben.

Insgesamt gesehen, so möchte ich festhalten, haben die hier berichteten Ansätze, vielleicht mit der Ausnahme des Ansatzes von *Wünsche* (43), – bei allen inhaltlichen und sinnvollen Orientierungen und Anregungen, die sie vermitteln – das Problem der Normenbildung nur sehr unzulänglich gelöst. Ihnen gegenüber dürfte der *erfahrungs- und übungsorientierte* Ansatz von *Stanford* eine fruchtbare Alternative anbieten.

Gruppenintegration durch interaktive und co-aktive Erfahrungen

So trivial die Erkenntnis erscheint, so wird sie in der pädagogischen Praxis doch häufig vernachlässigt: angenehme, stimulierende und auch dosiert herausfordernde Erfahrungen miteinander können dazu beitragen, daß eine Ansammlung von Personen sich zu einer Gruppe mit Wir-Gefühl entwickelt. Das ist auch den Theoretikern, die bisher erwähnt und schwerpunktmäßig anderen gruppenintegrativen Strukturelementen zugeordnet wurden, keineswegs fremd. *Zulliger* etwa stellt ausführlich dar,

wie aus einer Klasse "von lauter Individualisten" durch die gemeinsame Planung und Durchführung einer längernen Radtour eine "Gemeinschaft" wurde (a.a.O., S. 146 ff.). Aber der Bereich der interaktiven und co-aktiven Erfahrungen in und mit der Gruppe (im folgenden kurz Gruppenerfahrungen genannt) stellt ein weites Feld dar, das sich nicht so leicht in den (Be-)Griff bekommen läßt. Um eine gewisse Übersicht und Systematik zu gewinnen, schlage ich folgende Unterscheidung von Gruppenerfahrungen vor:
a) Spiele,
b) gruppendynamische Übungen,
c) Feste und Geselligkeiten,
d) gemeinsame (außerplanmäßige) Unternehmungen.

Allen diesen Gruppenerfahrungen ist gemeinsam, sofern ihnen ein gruppenintegrativer Effekt zugesprochen werden kann, daß sie die Interaktionsdichte in der Gruppe erhöhen und vom einzelnen Gruppenmitglied – in irgendeiner Weise – positiv bewertet werden. Unterschieden werden können sie vom Inhalt und der Organisationsform der Tätigkeiten her, die ihnen zugrundeliegen. Da hier nicht der Platz für langatmige definitorische Erläuterungen und die Herausarbeitung von perfekten begrifflichen Trennschärfen ist, weil ich mich mit der Angabe von einigen pragmatischen Kriterien begnüge, die wenigstens eine ungefähre Zuordnung von organisierten Gruppenerfahrungen zu den oben unterschiedenen Kategorien ermöglichen. Mit *Spielen* bezeichne ich solche Tätigkeiten, die von sich aus Spaß machen, nicht von äußeren Anreizen abhängen, die "Als-ob"-Charakter haben, die eine geregelte Kommunikation und/oder Interaktion erfordern, wobei diese Regeln, ob sie nun gemeinsam festgelegt oder vorgegeben, eng oder weit formuliert sind, für alle Mitspieler verbindlich sind (vgl. *Portele* 1975). Viele Spiele gerade in unserem Kulturkreis haben Wettbewerbscharakter, was natürlich ihren gruppenintegrativen Effekt beeinträchtigen kann. Aber in vielen Spielen stehen sich Wettbewerb und Kooperation nicht unversöhnlich gegenüber, sondern gehen eine gewisse zweckbestimmte Liason ein. Besonders *Krappmann* (1973, S. 211 f.) hat diese Beziehungen m. E. differenziert herausgearbeitet. Er unterscheidet zwei Spieltypen, deren Struktur sowohl konkurrentiell als auch kooperativ ist. Den ersten Spieltyp könnte man als Mannschaftspiele bezeichnen: diejenige Teilgruppe oder Gruppe gewinnt, die besser kooperiert. Beim zweiten Spieltyp konkurriert die ganze Gruppe mit sich selbst; Beispiel: Schnelligkeit der Informationsweitergabe in einem Gruppenkreis "rechtsherum" gegen "linksherum".

Dann gibt es noch die Spiele, die zwar eine eindeutig konkurrentielle Struktur haben, wo aber der Wettkampfcharakter hinter der Freude an lustigen Einfällen zurücktritt: um die Wette blödeln, Geräusche nachahmen, Lügenmärchen erzählen, usw. Und schließlich zeigt nicht zuletzt *Stanford* (S.115 f.) auf, wie konkurrentielle Spiele in kooperative umfunktiert werden können.

Zur Zeit werden auf dem deutschen Buchmarkt diverse Sammlungen von Spielvorschlägen angeboten. Besonders empfehlenswert erscheint mir *Benita Daublebsky*: Spielen in der Schule — Vorschläge und Begründungen für ein Spielcurriculum. Stuttgart 1973.

Daublebsky stellt dort zahlreiche Spiele vor, die sie mit 10 - 12-jährigen Kindern im Rahmen von "Spielstunden" erprobt hat. Sie begnügt sich nicht mit der bloßen Darstellung der Spielarrangements, sonders skizziert auch ihre Erfahrungen mit der jeweiligen Spielart (Spiele mit Bildern, Beobachtungsspiele, Geschicklichkeitspiele usw.). Der Band enthält außerdem eine Reihe fundierter Beiträge von ausgewiesenen Erziehungswissenschaftlern zur Planung, Durchführung, Auswertung und zum didaktisch-methodischen Stellenwert von Spielen.

Schwierig von Spielen abzugrenzen sind gruppendynamische Übungen, die oft auch als "Interaktionsspiele" bezeichnet werden. Nach *Gudjons* (1978, S. 30) unterscheidet sich eine Übung von einem Spiel vor allen dadurch, daß sie "mehr nach einer bestimmten engeren Zielvorgabe bestimmte Probleme angeht und Verhaltensmöglichkeiten trainiert". Hinzu kommt, daß Spiele zumeist einen unmittelbaren Belohnungswert haben, während gruppendynamische Übungen (soziale) Lerneffekte hervorrufen wollen, die in späteren Ernstsituationen erfolgreichere und fruchtbarere Interaktionen ermöglichen sollen. Um einen Eindruck zu vermitteln, welche Lernbereiche dabei fokussiert werden, sollen hier die "Lernfelder" bezeichnet werden, die der Registerband zur deutschen Ausgabe der 6-bändigen Sammlung von *J. William Pfeiffer* und *John E. Jones*: Arbeitsmaterial zur Gruppendynamik. Nürnberg/München, 1974 — 79 aufführt. In diesem z. Z. wohl umfangreichsten Sammelwerk, das insgesamt 278 Übungen enthält, werden 14 "Lernfelder" unterschieden, die wie folgt betitelt werden:

Selbst- und Fremdwahrnehmung
Sinneseindrücke, Phantasie
Nonverbale Gruppenwahrnehmung
Beziehung aufnehmen, weiterführen, beenden
Partnerbeziehungen erproben
Identität
Einstellungen, Bewertungen
Kooperation erproben
Mit Konkurrenz umgehen, Wettbewerb
Entscheidungen treffen, Konflikte bearbeiten
Mit Führung, Macht, Rolle umgehen
Gruppenfunktion wahrnehmen
Erwartungen an eine Gruppe
Strategien entwickeln

Die Bände von *Pfeiffer* und *Jones* stellen also — ebenso wie ihre inzwischen zahlreichen deutschen Ableger — ein schillerndes Sammelsurium dar, offen für alle möglichen Übungsanregungen mit ganz verschiedenen Zielvorstellungen. Die Selektion wird dem Leser überlassen und ihm etwas durch ein Register erleichtert, das in Tabellen die Übungen nach den Gesichtspunkten Teilnehmerzahl, Zeitdauer, Hilfsmittel und Vorbereitungen, Räume und Arrangement, Auflistung nach Lernfeldern (s.o.) und Gruppenentwicklung (!) kennzeichnet. Allerdings ist diese Kennzeichnung gerade, was den letzten Aspekt betrifft, nicht sehr genau. Die Übungen werden hier drei Kategorien zugeordnet: "Geeignet im Gruppenprozeß: *am Anfang — während — am Ende*". Gerade in dieser Hinsicht liefert *Stanford* mit seinem Modell der Gruppenentwicklung also ein wesentlich präziseres Ordnungsschema für gruppendynamische Übungen.

Auch *Feste* können durch die befriedigenden gemeinsamen Erlebnisse, die sie hervorrufen können, gruppenintegrative Erfahrungen produzieren. Das wird überzeugend in dem Buch *Peter Kraft* u. a.: Feste und Geselligkeiten in der Schule. Braunschweig, 1979. herausgearbeitet. Wann wird ein Fest zu einem "richtigen Fest"? Nach den dort (S. 32) aufgezählten "Bestimmungsstücken" läßt sich ein "richtiges Fest" wie folgt kennzeichnen.
"Feste
— haben stets einen freudigen Anlaß.
— können als Kern eine Feier haben.
— umfassen Spiel, Gesang, Musik, Tanz, Gespräch, Speise, Trank ...

— sind bunt, heiter, leicht, beschwingt, unterhaltsam ...
— werden in ihrem Ablauf nicht durch ein vorher genau festgelegtes Programm bestimmt.
— benötigen Raum und Bewegungsfreiheit.
— sind auf das Mittun ihrer Teilnehmer angewiesen.
— können mißlingen."

Wenngleich das Buch von *Kraft* u.a. Feste in einen (Klassen-) gruppenübergreifenden Rahmen stellt, gibt ihr Buch auch zahlreiche Anregungen für Feste und Geselligkeiten, die von einer abgegrenzten (Klassen-) Gruppe geplant und durchgeführt werden und somit der Gruppenintegration in dieser Klasse dienen können. Feste wirken allerdingst nicht per se gruppenintegrativ. Es kann bei Festen ja nicht gerade selten beobachtet werden, daß alte Cliquen wieder zusammenglucken und die, die sich nicht so gut kennen, auch dort fernbleiben. Deshalb sollte die Planung von Festen — bei allem Spielraum für spontanes Verhalten, der zu lassen ist — solche Tätigkeiten vorsehen, die möglichst alle Festteilnehmer einbeziehen. Hier wiederum hat das gemeinsame Spiel, wie auch *Kraft* herausstellt, eine hervorragende Bedeutung. Aber auch gemeinsames Singen und das bei uns zugunsten von Partner- und Solotänzen immer mehr vernachlässigte — Gruppentanzen stellen solche gruppenintegrativen Tätigkeiten dar.

Neben Spielen, Übungen und Festen gibt es noch eine Reihe von anderen außerplanmäßigen organisierten Gruppenerfahrungen, die das Wir-Gefühl einer Gruppe festigen können: Nachtwanderungen, sportliche Wettkämpfe gegen andere Klassen, das gemeinsame Ausschmücken des eigenen Klassenraumes..

Die Dänen *Andersen, Hansen* und *Jensen* haben in ihrem Kleinen Roten Schülerbuch (1969, S. 36) eine Reihe weiterer Tätigkeiten bezeichnet, die über den inneren Erfahrungsraum der Gruppe hinausweisen und damit das nächste gruppenintegrative Strukturelement, die "dritte Sache", vorbereiten können:
"Ihr könnt irgendwo hingehen:
ins konzert und in einen beatschuppen, in eine fabrik und in ein altersheim, zu einem länderspiel und zu einer wahlveranstaltung, zur maikundgebung der gewerkschaften und zu einer wirklichen politischen demonstration (vietnam, griechenland), zu einem politischen prozeß und zu einem verkehrssünderprozeß, zum beratungszentrum für geburtenregelung und zu einer kirchlichen trauung, in eine kaserne und auf einen soldatenfriedhof, in ein zigeunerlager und ein ehemaliges kz, zu einem

kriegerdenkmal und in eine wertpapierbörse, zu einer modenschau und zu arbeiterinnen am fließband, in einen atombunker und in einen kindergarten. Außerdem könnt ihr euch mit eurem lehrer interessante leute zu diskussionen einladen. Auch dabei lernt ihr euch besser kennen ..."

Natürlich kann die Vorbereitung eines Festes oder die Ausschmückung des Klassenraumes eine Aufgabe sein, die mehr als die Selbstunterhaltung einer Gruppe darstellt und die zu intensiverer Erfahrung eines Wir-Gefühls führt als etwa ein unterhaltsames Gesellschaftsspiel oder eine anregende Kommunikationsübung. Denn eine solche Aufgabe verlangt eine arbeitsbezogene Rollenverteilung in der Gruppe, die ein arbeitsfähiges Wir konstituieren soll, und eine gewisse nicht mehr nur der Hervorhebung des eigenen Ichs dienende Leistungbereitschaft des einzelnen Gruppenmitglieds. Schließlich führt diese Kooperation zu einem *Produkt*, das mehr oder weniger dauerhaft die gemeinsame Anstrengung − u. U. auch für andere − erfahrbar werden läßt und sichtbar macht, − sozusagen materialisierter Ausdruck des "Wir".

Deshalb ist zweifellos in vielen der vorher bezeichneten Gruppenerfahrungen schon eine "dritte Sache" enthalten. Allerdings ist der *Leistungscharakter* dieser "dritten Sache" in der Regel nicht sehr ausgeprägt, die *Dauerhaftigkeit* der dabei entstandenen Produkte üblicherweise nicht sehr groß und ihr sozialer Geltungsbereich geht kaum über die Grenzen der Gruppe hinaus. Es ist aber nicht abwegig zu vermuten, daß das Zugehörigkeitsgefühl eines Individuums zu einer Gruppe durch eine gemeinsame Aufgabe um so stabiler ist, je mehr Kraft es in die "dritte Sache" der Gruppe investiert (hat), je dauerhafter das dabei entstandene Produkt ist und je mehr Bedeutung dieses Produkt − auch − für andere außerhalb der Gruppe hat (vgl. *Portele* 1978).

Pädagogisch am gründlichsten aufbereitet, wenngleich in einem sehr verschiedenen gesellschaftlichen Kontext und deshalb nur sehr bruchstückhaft übertragbar, wurde die "dritte Sache" m. E. in der Theorie der sozialistischen Kollektiverziehung, und zwar insbesondere in *Makarenkos* "System der Perspektiven" (*Makarenko* 1974, S. 217 ff.). *Makarenko* unterscheidet dort zwischen der "nahen Perspektive", der "mittleren Perspektive", der "weiten Perspektive", und schließlich der "umfassenden Perspektive", wobei die Entfernung der Perspektiven voneinander sowohl nach ihrem sozialen Geltungsbereich als auch nach der Größe und Dauer des notwendigen Arbeitsaufwandes bestimmt wird. Die kollektivpädagogische Aufgabe besteht nun darin, bei den Zöglingen gemeinsame Perspektiven herauszubilden, und zwar zunächst nahe und leicht zu realisierende, um allmählich zu umfassenderen hinzuführen. "Man kann sowohl mit einem guten Mittagessen als auch mit einem Zirkusbesuch beginnen, stets aber muß man die Perspektiven des ganzen Kollektivs mit Leben erfüllen, sie allmählich erweitern und bis zu den Perspektiven der ganzen (Sowjet-)Union führen" (a.a.O., S. 218; Klammer von mir, *G.S.*). Diese perspektivische Weiterführung ist aber nur möglich, weil eine grundsätzliche Übereinstimmung zwischen persönlichen Zielen, Zielen des Kollektivs und allgemein-gesellschaftlichen Zielen angenommen wird. Jedes Kollektiv kann und soll deshalb — zumindest der Zielvorstellung nach — harmonisch in die umfassende Gesellschaft eingebettet werden und mit anderen Kollektiven in lebhaftem Austausch und organisierten Abhängigkeiten stehen, was wiederum verhindern soll, daß die allgemeingesellschaftliche Perspektive aus den Augen verloren wird. Deshalb wird von einigen Theoretikern der Kollektiverziehung auch engagiert gegen ein allzu intensives Innenleben und eine darauf bezogene Selbstgenügsamkeit von *Grundkollektiven* (z. B. einer Schulklasse) argumentiert. "Wenn die gesamte Erziehungsarbeit nur über die Arbeit in der Klasse erfolgt, steigt der Grad der Kontaktbeziehungen, die ihrem Charakter nach persönlich-freundschaftliche Kontakte sind, 'über die Norm', d. h. diese persönlich-freundschaftlichen Beziehungen können den Übergang zu gesellschaftlichen Beziehungen, zur Wahrnehmung allgemeiner und gesellschaftlicher Interessen, hemmen. Es entsteht gewissermaßen eine *Gruppenideologie,* die nichts mit der Kollektivideologie zu tun hat, da sie kleinbürgerliche Züge trägt" (*Kumarin* 1973, S. 69).

Bedingt durch die pluralistische Verfaßtheit unserer Gesellschaft und die in ihr nicht nur ideell verstärkten Individualismen und Gruppenegoismen ist es bei uns eine wesentlich schwierigere Aufgabe, eine "dritte Sache" mit weitreichenderer sozialer Bedeutung zu orten, in der der einzelne sich mit seinen persönlichen Zielvorstellungen wiederfinden und deren Realisierung er als Selbstverwirklichung betrachten kann (44). Darum erscheint es aber keineswegs etwas unmögliches zu sein. Zu erwähnen ist z. B. die in Frankreich weitverbreitete *Freinet - Pädagogik,* die auch bei uns zunehmend Befürworter findet, und die sich von der herkömmlichen Schulpädagogik u.a. dadurch ausgezeichnet, das Schüler zusammen Texte schreiben und drucken, aber auch Musikinstrumente und Geräte für Labor und Werkstatt herstellen (*Wünsche* 1978, *Hennig* 1976). Versteht sich schon die *Freinet-Pädagogik* als eine Pädagogik der Arbeit und Zusammenarbeit, so ist dieser Zug in den dänischen *Tvind-Schulen*, die mit der selbstgeschaffenen großen, Elektrizität generierenden Windmühle ein großartiges Symbol für ihre "dritte Sache" gesetzt haben, vielleicht noch ausgeprägter (45).

Auch in bundesrepublikanischen Regelschulen ist eine Pädagogik der "dritten Sache" nicht ganz unbekannt. In einigen Bundesländern z. B. ist *Projektunterricht* kein seltenes Ereignis mehr (siehe z. B. den Bericht von *Struck* über die Situation an Hamburger Schulen). Und Projektunterricht kann eine ausgezeichnete Methode sein, das in unseren Regelschulen vorherrschende leistungsindividualistische und konkurrentielle Lernarragement zu durchbrechen und die Schüler für eine "dritte Sache" zu engagieren, was nicht zuletzt auch der Gruppenintegration zugute kommen dürfte. Das wird z. B. durch die Kennzeichnung des Projektunterrichts — in Absetzung vom Lehrgang — verdeutlicht, die *Struck* (1979, S. 256) vornimmt:
"Primäres Ziel ist die Lösung *in der Realität bestehender Aufgaben*. Die Bearbeitung des gesamten Projektes wird geplant, die einzelnen Arbeitsschritte ergeben sich aber erst in der Auseinandersetzung mit den Sachverhalten.
Alle arbeiten am gleichen Werk, aber nicht das gleiche. Spontanität und selbständiges Handeln belegen die Projektarbeit. *Kooperation aller Beteiligten ist Voraussetzung zur Lösung der Aufgabe.*" (Hervorhebung durch mich, *G. S.*).

Und daß Projektarbeit auch eine enorme soziale Reichweite haben kann, belegt der Bericht von *Dudek* (1980) über ein antifaschistisches Projekt einer 10. Klasse in Frankfurt/Main.

Auch die Schüler des Lehres *Stanford* gelangen zu einer "dritten Sache", die nicht mehr nur für die Klassengruppe Bedeutung hat: einen Antrag bei der Stadtverwaltung zu stellen, die Radfahrwege auszubauen (s. Kap. 9). Nach der Darstellung von *Stanford* geschieht das aber erst im Produktivitätsstadium der betreffenden Klassengruppe. Zu fragen aber ist m.E., ob die "dritte Sache" erst dann zu einem sinnvollen Gruppenziel werden kann, wenn sich die Gruppe die Normen der Selbstverantwortlichkeit, der Empathie, der Kooperation usw. zueigen gemacht hat oder ob die Normenaneignung und die Beschäftigung mit einer "dritten Sache" nicht Hand in Hand gehen können. Ich vermute, daß *an dieser Stelle* die Logik des *Stanfordschen* Entwicklungsmodells nicht zwingend ist. Denn nach allen gruppendynamischen Einsichten ist hier ein sinnvolles Wechselverhältnis anzunehmen: gruppenintegrative Normen befähigen zur gemeinsamen Arbeit an der "dritten Sache" und die "dritte Sache" *kann* eine, wenn nicht *die* wesentliche Motivation, sich gruppenintegrative Normen anzueignen, liefern.

Zusammenfassung

Die Frage, von der ausgegangen wurde, war, wie aus einer Ansammlung von Schülern eine Gruppe gemacht werden kann, die sich sowohl durch Arbeitsfähigkeit als auch durch Zufriedenheit der Mitglieder auszeichnet. Um die Antworten, die von pädagogischen Theoretikern bisher auf diese Frage gegeben wurden, systematisch erfassen und vergleichen zu können, wurden vier gruppenintegrative Strukturelemente unterschieden: den sozialintegrativen Gruppenleiter, prosoziale Normen und Regeln, organisierte Gruppenerfahrungen und die "dritte Sache". Es konnte gezeigt werden, daß alle diese Strukturelemente im Ansatz der Gruppenentwicklung von *Stanford* enthalten sind, der darüber hinaus eine sorgfältig ausgearbeitete Entwicklungssequenz vorgestellt hat, in die die bezeichneten Strukturelemente in entwicklungspädagogisch begründeter Weise eingegliedert werden können. Das bedeutet allerdings nicht, daß das *Stanfordsche* Modell der Gruppenentwicklung schon als komplett und endgültig zu betrachten ist. Den hier vorgestellten Ansätzen können viele Anregungen entnommen werden, mit denen *Stanfords* Handlungsempfehlungen in sinnvoller, d. h. die Gruppenintegration unterstützender Weise erweitert und ergänzt werden können. Auch erscheint es plausibel anzunehmen, daß *Stanford* das Produktivitätsstadium und das damit verknüpfte Gruppenengagement für eine "dritte Sache" zu spät ansetzt. Von dieser Annahme her deutet sich eine Revision seines Entwicklungsmodells an, die zum Ziel hat, der Zusammenarbeit einer Gruppe für ihre "dritte Sache" mehr inhaltliche und zeitliche Priorität einzuräumen und die Aneignung von prosozialen Normen, wenn nicht dieser Zusammenarbeit nachzuordnen, so doch in einen größeren inhaltlichen und zeitlichen Zusammenhang mit dieser Zusammenarbeit zu stellen.

Anmerkungen

1) Da dieses Buch praktisch ausgerichtet sein soll, wurden theoretische Ausführungen auf ein Minimum beschränkt. Den Leser, der mehr theoretische Hintergrundinformationen wünscht, möchte ich verweisen auf "Group Processes in the Classroom" von *Richard A. Schmuck* und *Patricia A. Schmuck*, Dubuque, Iowa: Wm.C. Brown Company, 1971.

2) *Erikson, E. H.*: Childhood and Society. New York: W. W. Norton and Co., 1964 (deutsch: Kindheit und Gesellschaft, Stuttgart: Klett—Cotta, 1974.)

3) *Havighurst, R. J.*: Developement Tasks and Education (3 rd. ed.). New York: David McKay, 1972.

4) Zum Verständnis des Grundprinzips dieser Konzeption der Gruppenentwicklungsstadien siehe Anhang II, Seite 237.

5) *Stanford, G.*: The Effect of Interaction Exercises on the Quality of Class Discussions in Junior High Schools. Unveröffentlichte Doktorarbeit, Unversity of Colorado, 1973. Junior High Schools umfassen in den USA üblicherweise die Jahrgänge 7 und 8.

6) *Stanford, G.*: Psychological Education in the Classroom. Personnel and Guidance Journal, 50 (1972), 585-592.

7) Das Wahlfragen-Spiel und die zwei darauffolgenden Übungen sind aus "Values Clarification" (von *Sindney B. Simon, Leland W. Howe* u. *Howard Kirschenbaum*, New York: Hart Publishing Co., 1972) in veränderter Form übernommen worden.

8) "Aufführungen" ist von "Self-Awareness Through Group Dynamics" von *Richard Reichert*, Dayton, Ohio: Pflaum/Standard, 1970, in veränderter Form mit Erlaubnis des Verfassers übernommen worden.

9) Gedruckt mit Erlaubnis von "Learning Ventures", einer Abteilung für Multimedien der Bantam Books, aus dem Kapitel "Interaktion" von *Sweet, Blankenship* und *Stanford*, veröffentlicht, 1977, Bantam Books.

10) Mit Erlaubnis übernommen aus "Elements of Finite Mathematics" von *A. J. Pettofrezzo* (Belmont, California: Wadsworth Publishing Company, 1974.)

11) Erfunden von *Günter Schreiner*.

12) *Chester R. Cromwell, William Ohs, Albert E. Roark* u. *Gene Stanford*: Becoming: A. Course in Human Relations. Philadelphia, Pa.; J.B. Lippincott, 1975. Mit Erlaubnis des Verfassers übernommen.

13) *Deutsch, Morton*: An experiment study of the effects of cooperation upon group process. Human Relations, 2 (1949), 199-231.
14) *Hammond, Lee Keith*, and *Morton Goldman*: Competition and noncompetition and its relationship to individual and group productivity. Sociometry, 24 (1961), 46-60.
15) *Sherif, Muzafer*: Superordinate goals in the reduction of intergroup conflict. American Journal of Sociology, 63 (1956), 349-356.
16) *Benedict, Ruth*: Patterns of the Good Culture, Psychology Today (Juni 1970), 53.
17) Für ältere Schüler liefert die Einheit über Unterstützung in "Becoming: A Course in Human Relations" eine wertvolle Einführung in das, was hilfreiche Unterstützung ausmacht und was nicht. Siehe: *Chester, R. Cormwell, William Ohs, Albert E. Roark, Gene Stanford*: Becoming: A Course in Human Relations.Philadelphia, Pa.: J. B. Lippincott Co., 1975.
18) *Glatthorn, Allan A.*: Write On: Scenario for Poetry. Vervielfältigtes Lernprogramm. Ohne Jahrgang. Abgedruckt mit Erlaubnis des Autors.
19) Das Material über kooperative Spiele, das ab Seite 141 f. vorgestellt wird, wurde von einem vervielfältigten Bericht übernommen, der von *Ruth Cornelius*, zuständig für die öffentlichen Schulen in St. Louis, und *Theodore F. Lentz*, dem Direktor des Friedensforschungs-Instituts in St. Louis, zusammengestellt wurde, und wird verwendet mit Erlaubnis von *Louise Robinson* im Namen des verstorbenen Mr. *Lentz*.
20) Das in den USA sehr beliebte Jacks Spiel stellt ein Geschicklichkeitsspiel dar, von dem viele Variationen existieren. Die Grundform wird wie folgt gespielt: Ein Spieler wirft zehn kleine Sterne auf dem Boden, die sich möglichst nicht berühren sollen. Dann wirft er einen kleinen Gummiball in die Luft, versucht einen Stern vom Boden aufzusammeln und den Ball aufzufangen, bevor er ein zweites Mal den Boden berührt. Das versucht er fortzuführen, bis er alle Sterne aufgesammelt hat. Macht er einen Fehler, kommt der nächste Spieler dran. Im zweiten Durchgang müssen dann zwei Sterne, im dritten drei Sterne usw. aufgesammelt werden. Gewonnen hat, wer auf diese Weise am weitesten gekommen ist. G. S..
21) *Hall, Jay*: Toward Group Effectiveness. Conore, Texas, Teleometrics International, 1971, S. 8. Mit Erlaubnis des Verfassers übernommen.
22) "Twelve Angry Men" von Reginald Rose. In: Great Tele-

vision Plays, hrsg. von *William. I. Kaufmann* (New York: Dell Publishing Company, 1969). Filmvertrieb United Artists, 16, 729 Seventh Avenue, New York, New York 10019. Eine interessante Spielmöglichkeit anhand der Filmversion bietet "Twelve Angry Men Prediction Task". In: The 1972 Annual Handbook for Group Facilitators von *John E. Jones* und *J. Wiliams Pfeiffer* (La Jolla: University Associates, 1972), S. 13 - 16 (in der deutschen Ausgabe im Band 4, S. 11 - 17.
23) Übernommen von S. 117 - 120 aus "Human Interaction in Education" von *Gene Stanford* und *Albert E. Roark* (Allyn & Bacon, 1974) mit der Erlaubnis des Verlags. Es basiert auf der bekannten NASA-Version "Lost on the Moon" von *Jay Hall*, Teleometric International. Materialien für diese NASA-Übung, die eine hervorragende Alternative oder Abschlußübung für das Spiel "Überleben im Gebirge" darstellt, sind bei Teleometrics International (P.O. Drawer 1850, Conroe, Texas 77301) erhältlich. Die deutsche Version des NASA-Spiels findet sich u.a. in: *C.-J. Höper*: Die spielende Gruppe — 115 Vorschläge für soziales Lernen. Wuppertal, Jugenddienst-Verlag, 1974, S. 71 - 73.
24) *Pfeiffer, J.William, John E. Jones*: A Handbook of Structured Experiences for Human Relations Training. 5 Bände, La Jolla, Ca., 1973 - 75 (deutsche Ausgabe: Arbeitsmaterial zur Grauppendynamik. 6 Bände und 1 Register, BCS, Freiburg i.Br., 1974 - 79; siehe daselbst im Register: Tabelle 5 b, Lernfelder). Zur deutschen Ausgabe dieses Handbuchs siehe auch die ausführlichen Anmerkungen im Nachwort des Herausgebers (S. 233 f.).
25) Dieses Verfahren ähnelt der 3R Strategie (vgl. Seite 171) und der R–D–A Methode, die beschrieben wird in "Values Clarification", by *Sidney B. Simon, Leland W. Howe*, and *Howard Kirschenbaum*. Hart Publishing Co., New York, 1972.
26) Nachdruck aus: *J. Wiliam Pfeiffer* and *John E. Jones* (Eds.) A. Handbook of Structured Experiences for Human Relations Training, Volume III (Rev.). La Jolla, Calif., University Asuiates, 1974. Nachdruck genehmigt.
27) *Hall, J.* und *M. S. Williams*: A Comparison of Decision-Making. Performances in Established and Ad-hoc Groups Journal of Personality und Social Psychology, 3 (2), S. 214.
28) Ebenda, S. 214 - 222.
29) *Kelley, H. H.* und *J. W. Thibaut*. Experimental Studies of Group Problem Solving and Process. In: Handbook of Social Psychology, herausgegeben von G. Lindzey, Bd. 2. (1954),

S. 735 - 785.

30) Von *Thomas Gordon* 1974 herausgegeben. Aus dem Buch "Teacher Effectiveness Training", herausgegeben von *Peter H. Wyden*, eine Abteilung der David McKay Company, Inc. Nachgedruckt mit Erlaubnis des Verfassers. (deutsche Ausgabe: Lehrer – Schüler – Konferenz – Wie man Konflikte in der Schule löst. Hamburg: Hoffmann und Campe, 1977).

31) *Main, Allen P.* und *Albert E. Roark*: A Consensus Method to Reduce Conflict. In: The Personnel und Guidance Journal 53 (Juni 1975), S. 754 - 759.

32) Siehe auch: *L.E. Raths, M. Harmin* und *S.B. Simon*. Werte und Ziele – Methoden zur Sinnfindung im Unterricht. München 1976. *G. S.*

33) In der Bundesrepublik haben vor allem *Jürgen Lehmann* und *Gerhard Portele* die Theorie und Praxis der Simulationsspiele literarisch bearbeitet. Siehe: *Lehmann, J.*: Grundlagen und Anwendungen des pädagogischen Simulationsspiels. Weinhein 1975; *Lehmann, J.* und *Portele, G.* (Hrsg.): Simulationsspiele in der Erziehung Weinheim 1976; *Lehmann, J.* (Hrsg.): Simulations- und Planspiele in der Schule. Bad Heilbrunn/Obb. 1977. *G. S.*

34) Die Bücher von *Hawley* und *Shaftel/Shaftel* liegen auch übersetzt vor und sind auf dem deutschen Markt unter den Titeln "Werte spielen eine Rolle" (München, 1979) und "Rollenspiele als soziales Entscheidungstraining" (zus. mit *Weinmann, W.*, München/Basel, 1978) erschienen. Brauchbare Anregungen für Rollenspiele und szenische Darstellungen in der Schulklasse finden sich auch bei *Jürgen Fritz*, "Methoden des sozialen Lernens" (München, 1977). Daneben gibt es auf dem deutschen Markt inzwischen eine ganze Reihe von Aufsätzen und Monographien zur theoretischen Begründung und Methodik des Rollenspiels; siehe etwa die von *Wolfgang Wendtlandt* (Rollenspiel in Erziehung und Unterricht, München/Basel, 1977) und von der *Barbara Kochan* (Rollenspiel als Methode sprachlichen und sozialen Lernens, Kronberg/Ts., 1974) herausgegeben Reader, die auch einige praktische Anregungen enthalten. *G.S.*

35) Entsprechene Veröffentlichungen im deutschen Sprachraum sind mir nicht bekannt. Es finden sich nur hier und da einmal Hinweise auf außerschulische, sozialpolitisch motivierte Projekte, wie z. B. in: Strategisches Lernen in der Gesamtschule (*Rolff, H.-G.* u.a., Reinbek 1974, S. 96 f.) die Kurzbeschreibung eines Projektes, in dem Kamener Gesamtschüler die Situa-

tion der Gastarbeiter an ihrem Ort untersucht haben. Projektskizzen zu ökologischen Problemen siehe auch in: Umwelterziehung in der Schule (*Bolscho, D.* u.a., Die Deutsche Schule 11/79). *G.S.*

36) Da sich ein Erfahrungsaustausch mit dem amerikanischen Verfasser des Originalwerkes, *Gene Stanford*, aufgrund des unterschiedlichen kulturellen und schulischen Erfahrungshintergrundes und vielleicht auch aufgrund der Sprache schwierig gestalten dürfte, möchte ich mich als Adressat für Erfolgs- und Mißerfolgsmeldungen anbieten. Da ich die Übersetzung des Buches betreut und seinen Inhalt für deutsche Leser bearbeitet habe, außerdem selbst dabei bin, *Stanfords* Vorschläge praktisch zu erproben, darf ich es wohl wagen, mich als Adressaten für derartige Feedbacks anzubieten. Auf jeden Fall würde ich mich über jedwede Anfragen, Problematisierungen, Erfahrungsberichte usw. freuen und kein Brief soll unbeantwortet bleiben. Eventuell können bei einer zweiten Auflage des Buches auch Anregungen berücksichtigt werden, die mir auf diese Weise zukommen. Meine Anschrift: Dr. Günter Schreiner, Pädagogisches Seminar der Universität, Calsowstraße 73, D 3400 Göttingen.

37) *Tuckman, B.W.*: Developmental Sequence in Small Groups. In: Psychological Bulletin 63 (1965), S. 384 - 399.

38) Drittens ist *Tuckmans* Entwicklungsmodell hauptsächlich aus Studien abgeleitet, die sich auf ambulante therapeutische Gruppen beziehen. Insbesondere der Stellenwert und die Ausprägung der "storming"-Phase werden von ihm selbst auf diesen Faktor zurückgeführt: "Emotionalität und Widerstand sind Hauptzüge der Entwicklung von Therapiegruppen und stellen persönliche und zwischenmenschliche Erschwerungen der Gruppenentwicklung und Problemlösung als Folge der emotional äußerst stark besetzten Aufgabe von Therapiegruppen dar (a.a. O., S. 397). *G.S.*

39) *Stiltner, Barbara*: The Effects of Interaction Activities and Teacher Role on Group Development in Junior High School Classrooms. Nicht veröffentlichte Dissertation, University of Colorado, 1973.

40) Eine Zusammenfassung der Kritiken am Konzept des sozialintegrativen Führungsstils findet sich bei *Schreiner* und *Sowa* 1977.

41) WILL = Workshop Institute of Living Learning; europäisches Sekretatriat: CH-8008 Zürich, Flühgasse 39. Einen Wegweiser für die Ausbildung in TZI haben *Ockel* und *Wrage* (1976) geschrieben.

42) In einem persönlichen Gespräch hat mir W. *Bürger* mitgeteilt, daß er es inzwischen vorziehe, die Schüler sich nach erlebter — mehr oder weniger gut gelungener — Gruppenarbeit selbst Regeln setzen zu lassen, wobei der Gruppenleiter nur noch beratend tätig ist; — ein Vorgehen also, wie es auch weitgehend dem *Standfordschen* Ansatz entspricht.

43) Der Bericht von *Wünsche* ist leider zu ungenau und essayistisch, als daß daraus präzise Schlußfolgerungen und Empfehlungen abgeleitet werden könnten.

44) Allerdings muß auch die von sozialistischen Theoretikern des Kollektivs und der Kollektiverziehung angenommene quasi natürliche Harmonie zwischen persönlichen und kollektiven sowie zwischen kollektiven und gesellschaftlichen Zielen bezweifelt werden." Die neuen Leiden des jungen W." etwa, in einem Schauspiel des DDR-Schriftstellers *Plenzdorf* dramatisch in Szene gesetzt, können als ein Symptom für tiefgehende Disharmonien zwischen Individuum und — real existierender sozialistischer — Gesellschaft interpretiert werden (s. dazu ausführlich *Bach* 1978).

45) Eine Darstellung des Systems der Tvind-Schulen findet sich u.a. im Oktoberheft (1977) der Zeitschrift betrifft: erziehung.

46) Nicht *muß*! Gerade die Erfahrung mit politischen Studenten- und Schülergruppen (siehe etwa *Schreiner* 1973, S. 323 f.) lehrt, daß das Engagement für eine dritte Sache nicht automatisch zu einem sensibleren und hilfreicheren Umgang miteinander führen muß. Gruppierungen, die ihre dritte Sache mit dogmatischem Glaubenseifer verfolgen, verfallen offensichtlich auch leicht einem autoritären und repressiven Umgang miteinander (siehe dazu auch die sehr aufschlußreichen Erfahrungsberichte aus der "Welt der K-Gruppen": "Wir warn die stärkste der Parteien...").

Literatur

Andersen, B.D., Hansen, S., Jensen, J.: Das kleine rote Schülerbuch. Kopenhagen, 1969.
Bach, M.: Kollektiverziehung und abweichendes Verhalten in der Sowjetunion. In: *O. Anweiler* (Hrsg.): Erziehungs- und Sozialisationsprobleme in der Sowjetunion, der DDR und Polen. Hannover, 1978, 79 - 92.
Bürger, W.: Teamfähigkeit im Gruppenunterricht. Weinheim und Basel, 1978.
Bürger, W.: Anleitungen zur Gruppenarbeit − Schülermaterial. IPN-Curriculum Physik für das 9. und 10. Schuljahr. Stuttgart, 1975.
Cohn, Ruth C.: Von der Psychoanalyse zur Themenzentrierten Interaktion. Stuttgart, 1975.
Dudek, P.: Antifaschismus an der Schule − aber wie? Bericht über ein antifaschistisches Schülerprojekt (Klasse 10). Die Deutsche Schule 718, 1980 (im Druck).
Dzick, E.: Themenzentrierte Interaktionelle Methode (Cohn) im Mathematik-Unterricht − ein Erfahrungsbericht. Gruppenpsychotherapie und Gruppendynamik 2 (1975), 156 - 164.
Gudjohns, H.: Praxis der Interaktionserziehung. Bad Heilbrunn/Obb., 1978.
Heigl-Evers, Annelise & Heigl, F.: Die themenzentrierte interaktionelle Gruppenmethode (Ruth C. Cohn): Erfahrungen, Überlegungen, Modifikationen. In: Gruppenpsychotherapie und Gruppendynamik 1 (1973), 237 - 255.
Hennig, Chr.: Freinet-Pädagogik. Eine konkrete Alternative für die Schule. In: *Aida Vasquez* u.a., Vorschläge für die Arbeit im Klassenzimmer. rororo 6957, 1976, 9 - 36.
Krappmann, L.: Soziale Kommunikation und Kooperation im Spiel und ihre Auswirkungen auf das Lernen. In: *B. Daublebsky*, Spielen in der Schule. Stuttgart, 1973, 190 - 226.
Kumarin, V.: Einige Probleme und Erfahrungen bei der Anwendung der Theorie A.S. Makarenkos, dargestellt am Beispiel einer Moskauer Schule. In.: *A. Bolz & E. Günther* (Hrsg.): Makarenko heute. Berlin (Ost), 1973. 51 - 80.
Lewin, K., Lippitt, R. & White, R. K.: Patterns of aggressive behavior in experimentally created 'social climates'. Journal of Social Psychology 10, 1939, 217 - 299.
Makarenko, A. S.: Eine Auswahl. Berlin (West), 1974.
Moser, B.: Wie können die Empfindungen und Bedürfnisse der

Schüler im Unterricht besser wahrgenommen und berücksichtigt werden? Die Deutsche Schule 7/8 (1977), (464 - 470).

Ockel, Anita & Wrage, K.: Ein Wegweiser für die Aus- und Fortbildung in themenzentrierter Interaktion (TZI) nach Ruth C. Cohn. Integrative Therapie 2/3 (1976), 80 - 93.

Portele, H.: Überlegungen zur Verwendung von Spielen. Gruppendynamik 6 (3), 1975, 205 - 214.

Portele, H.: Lob der dritten Sache (oder: was wir von Brecht und was wir von den Alternativlern lernen können). Gruppendynamik im Bildungsbereich 5 (3), 1978, 2 - 9.

Schreiner, G.: Schule als sozialer Erfahrungsraum. FAT 3007, 1973.

Schreiner, G. & Sowa, A.: Lehrerverhalten bei Disziplinkonflikten. Die Deutsche Schule 7/8 (1977), 436 - 451.

Struck, P.: Zur Entwicklung des Projektunterrichtes an Hamburger Schulen. Die Deutsche Schule 4 (1979), 255 - 267.

Tausch, R. & Tausch, Anne-Marie: Erziehungspsychologie — Begegnung von Person zu Person. Göttingen, Toronto, Zürich, 1977.

"Wir warn die stärkste der Parteien..." — Erfahrungsberichte aus der Welt der K—Gruppen, Berlin, 1977.

Wünsche, K.: Die Wirklichkeit des Hauptschülers. Köln, 1972.

Wünsche, K.: Praxis, Technik, Theorie der Freinet-Pädagogik-Neue Sammlung 2 (1978), 108 - 121.

Zinnecker, J.: (Hrsg.): Der heimliche Lehrplan. Weinheim und Basel, 1975.

Zöller, W.: Gemeinsam lernen — Die Beschreibung eines Versuchs, Unterricht in der Praxis zu verändern. München, 1979.

Zulliger, H.: Horde-Bande-Gemeinschaft. Stuttgart, ^{2} 1967.

Baumgärtel (Hrsg.)
Familiensozialisation
370 S., kart.
3-89 294-100-9 / 39,- DM

Baumgärtner/Dahrendorf (Hrsg.)
Zurück zum Literaturunterricht?
155 S., kart.
3-89 294-101-7 / 21,- DM

Baurmann/Cherubim/Rehbock
Neben-Kommunikationen
Beobachtungen und Analysen
zum Schülerverhalten
277 S., kart.
3-89 294-102-5 / 32,- DM

Beckmann (Hrsg.)
Leistung in der Schule
256 S., Taschenbuch, kart.
3-89 294-103-3 / 22,- DM

Beckmann/Biller (Hrsg.)
Unterrichtsvorbereitung
268 S., Taschenbuch, kart.
3-89 294-104-1 / 22,- DM

Berndt/Busch/Schönwälder
Schul-Arbeit
Belastung und Beanspruchung
von Schülern
256 S., kart.
3-89 294-105-0 / 38,- DM

Bleuel
**Kinder – und die Welt,
in der sie leben**
237 S., kart.
3-89 294-011-8 / 29,80 DM

Brand/Schulze (Hrsg.)
**Medienkundliches Handbuch
Die Zeitung**
ca. 224 S., kart.
3-89 294-062-2 / 34,- DM

Brand/Brand/Schulze (Hrsg.)
**Medienkundliches Handbuch
Die Zeitung im Unterricht**
581 S., kart.
3-89 294-063-0 / 60,- DM

Brand/Brand/Schulze (Hrsg.)
**Medienkundliches Handbuch
Die Zeitungsanzeige**
400 S. kart.
3-89 294-000-2 / 54,- DM

Braune/Bessoth
Konferenzen in der Schule
192 S., kart.
3-89 294-106-8 / 22,- DM

Brauns
Agrarökologie im Spannungsfeld des Umweltschutzes
396 S., kart.
3-89 294-045-2 / 48,- DM

Bunk/Tausch
**Moderne Biologie
im Unterricht**
252 S., Taschenbuch, kart.
3-89 294-107-6 / 22,- DM

Bunk/Tausch
Grundlagen der Verhaltenslehre
276 S., kart.
3-89 294-108-4 / 25,- DM

Bunk/Tausch
Verhaltenslehre
Handbuch der Unterrichtsversuche
402 S., kart.
3-89 294-109-2 / 46,- DM

Claußen
**Didaktik und
Sozialwissenschaften**
ca. 200 S., kart.
3-89 294-026-6 / 34,- DM

Claußen/Wasmund (Hrsg.)
**Handbuch der politischen
Sozialisation**
512 S., kart.
3-89 294-012-6 / 48,80 DM

Decker
**Berufswahl, Berufsvorbereitung und Berufsberatung im
Unterricht**
407 S., kart.
3-89 294-110-6 / 38,- DM

Dringenberg/Krause (Hrsg.)
**Jugendtheater –
Theater für alle**
332 S., kart.
3-89 294-018-5 / 38,- DM

Duhm (Hrsg.)/Huss
Förderung sprachlicher Kommunikation 4- bis 6jähriger Kinder
124 S. kart.
3-89 294-111-4 / 26,- DM

Eckhardt
Zeitgenössische Literatur im Deutschunterricht
212 S., kart.
3-89 294-112-2 / 28,- DM

Esser
Angst in Schule und Hochschule
176 S., kart.
3-89 294-113-0 / 18,- DM

Esser (Hrsg.)
Friedensarbeit nach der Raketenstationierung
206 S., kart.
3-89 294-047-9 / 19,80 DM

Fittkau (Hrsg.)
Pädagogisch-psychologische Hilfen für Erziehung, Unterricht und Beratung
2 Bde.
Bd. 1, SS. 1 – 310, kart.
3-89 294-020-7 / 28,- DM
Bd. 2, SS. 311 – 598, kart.
3-89 294-033-9 / 28,- DM

Fittkau/Müller-Wolf/
Schulz von Thun
**Kommunizieren lernen
(und umlernen)**
403 S., kart.
3-89 294-114-9 / 30,- DM

Fölsch
Lehrer '85
154 S., kart.
3-89 294-115-7 / 24,- DM

Foldenhauer
Medien, Sprache und Literatur im Deutschunterricht
162 S., kart.
3-89 294-116-5 / 28,- DM

Fritz
Satire und Karikatur
Fächerübergreifender Unterricht
252 S., kart.
3-89 294-117-3 / 30,- DM

Fuchs
Humanentwicklung und Lernen
320 S., kart.
3-89 294-013-4 / 49,80 DM

Fuhr u. a.
**Soziales Lernen –

Innere Differenzierung –
Kleingruppenunterricht**
296 S., kart.
3-89 294-118-1 / 30,- DM

Galinski/Lachauer (Hrsg.)
**Alltag im Nationalsozialismus
1933 – 1939**
316 S., kart.
3-89 294-024-0 / 20,- DM

Geipel
Industriegeographie als Einführung in die Arbeitswelt
325 S., kart.
3-89 294-120-3 / 39,80 DM

Gorf/Henning/Schönemeier
(Hrsg.)
**Unterricht Deutsch
5./6. Schuljahr**
371 S., kart.
3-89 294-121-1 / 34,- DM

Gukenbiehl (Hrsg.)
**Felder der Sozialisation
Sozialwissenschaftliche Beiträge**
388 S., kart.
3-89 294-124-6 / 35,- DM

Haarmann u. a. (Hrsg.)
Lernen und Lehren in der Grundschule
482 S., kart.
3-89 294-125-4 / 38,- DM

Hermann/Rupprecht
Lehrer werden
142 S., kart.
3-89 294-128-9 / 18,- DM

Husen
Schule in der Leistungsgesellschaft
146 S., kart.
3-89 294-129-7 / 20,- DM

Kluckhuhn
Rollenspiele in der Hauptschule
128 S., kart.
3-89 294-131-9 / 22,- DM

Kraft
Der Schulhof als Ort sozialen Verhaltens
208 S., kart.
3-89 294-132-7 / 32,- DM

Kraft
Feste und Geselligkeiten in der Schule
214 S., kart.
3-89 294-133-5 / 32,- DM

Kraft
Neue Schulhöfe
208 S., kart.
3-89 294-134-3 / 32,- DM

Martin
"Macht doch mal selber Literatur ...!"
99 S., kart.
3-89 294-016-9 / 11,80 DM

Meyer (Hrsg.)
Kinder und Jugendliche in seelischer Not
396 S., kart.
3-89 294-015-0 / 39,80 DM

Nentwig
Dichtung im Unterricht
400 S., kart.
3-89 294-136-0 / 38,- DM

Nentwig
Die moderne Kurzgeschichte im Unterricht
144 S., kart.
3-89 294-135-1 / 20,- DM

Odenbach
Die Übung im Unterricht
211 S., kart.
3-89 294-137-8 / 20,- DM

Otto
Didaktik der Ästhetischen Erziehung
480 S., kart.
3-89 294-138-6 / 42,- DM

Otto (Hrsg.)
Texte zur Ästhetischen Erziehung
240 S., kart.
3-89 294-139-4 / 28,- DM

Petillon
Der unbeliebte Schüler
252 S., kart.
3-89 294-140-8 / 32,- DM

Piel
Kleines Lehrbuch der Lernpsychologie
118 S., kart.
3-89 294-141-6 / 18,- DM

Psaar/Klein
Wer hat Angst vor der bösen Geiß
308 S., kart.
3-89 294-142-4 / 36,- DM

Pukies
Das Verstehen der Naturwissenschaften
184 S., kart.
3-89 294-143-2 / 20,- DM

Redaktion Wechselwirkung
(Hrsg.)
**Zwischen Auflehnung
und Karriere**
116 S., kart.
3-89 294-002-9 / 16,80 DM

Redeker
Zur Sache des Lernens
153 S., kart.
3-89 294-145-9 / 28,- DM

Retter/Nauck/Ohms
**Orientierungsstufe – Schule
zwischen den Fronten**
192 S., kart.
3-89 294-049-5 / 36,- DM

Schmidt (Hrsg.)
**Methoden des Mathematikunterrichts in Stichwörtern
und Beispielen – 7/8**
212 S., kart.
3-89 294-146-7 / 28,80 DM

Schmidt
**Methoden des Mathematikunterrichts in Stichwörtern
und Beispielen – 9/10**
250 S., kart.
3-89 294-022-3 / 29,80 DM

Schmitt
Kinder und Ausländer
304 S., kart.
3-89 294-147-5 / 34,- DM

Schott/Neeb/Wieberg
**Lehrstoffanalyse und
Unterrichtsplanung**
200 S., kart.
3-89 294-148-3 / 32,- DM

Schreiner (Hrsg.)
**Moralische Entwicklung
und Erziehung**
267 S., kart.
3-89 294-019-3 / 36,- DM

Schulz-Hageleit
**Geschichte: erfahren –
gespielt – begriffen**
359 S., kart.
3-89 294-150-5 / 38,- DM

Schwalm (Hrsg.)
**Texte zur Didaktik
der Geschichte**
328 S., kart.
3-89 294-151-3 / 35,- DM

Sieland/Sieber (Hrsg.)
**Klinische Psychologie für
Pädagogen**
288 S., kart.
3-89 294-152-1 / 33,- DM

Skinner/Corell
Denken und Lernen
164 S., kart.
3-89 294-153-X / 20,- DM

Staeck (Hrsg.)
Texte zur Didaktik der Biologie
308 S., Taschenbuch, kart.
3-89 294-154-8 / 22,- DM

Stanford
**Gruppenentwicklung im
Klassenraum und anderswo**
264 S., kart.
3-89 294-155-6 / 22,- DM

Stark u. a. (Hrsg.)
Beraten in der Schule?
286 S., kart.
3-89 294-156-4 / 36,- DM

Stübing
**Bewegung, Spiel und Sport
mit Kindern**
262 S., kart.
3-89 294-157-2 / 30,- DM

Trolldenier/Meißner (Hrsg.)
**Texte zur Schulpsychologie
und Bildungsberatung, Bd. 4**
342 S., kart.
3-89 294-031-2 / 59,80 DM

Ulrich
Der Witz im Deutschunterricht
252 S., Taschenbuch, kart.
3-89 294-159-9 / 22,- DM

Ulrich
Linguistik für den Deutschunterricht
306 S., kart.
3-89 294-158-0 / 30,- DM

Wagenschein
Die pädagogische Dimension der Physik
328 S., geb.
3-89 294-160-2 / 36,- DM

Wangerin (Hrsg.)
Jugend, Literatur und Identität
Anregungen für den Deutschunterricht der Sek. I + II
283 S., kart.
3-89 294-036-3 / 36,80 DM

Weber
Das Lehrerlesebuch
212 S., kart.
3-89 294-162-9 / 21,- DM

Zech
Neuere Tendenzen in der Mathematikdidaktik – mit Unterrichtsbeispielen
91 S., kart.
3-89 294-014-2 / 13,- DM

Ziechmann (Hrsg.)
Konkrete Didaktik des Sachunterrichts
290 S., kart.
3-89 294-032-0 / 38,- DM

Ziechmann/Bolscho/Kayser
Sachunterricht in der Diskussion
218 S., kart.
3-89 294-165-3 / 30,- DM

Ziechmann
Schülerorientierter Sachunterricht
153 S , kart.
3-89 294-164-5 / 20,- DM

Ziefuß
Methoden der Unterrichtsbeobachtung
240 S., kart.
3-89 294-166-1 / 34,- DM

Ziefuß u. a. (Hrsg.)
Arbeitslehre: Stand und Entwicklungstendenzen aus Lehrersicht
269 S., kart.
3-89 294-050-9 / 23,80 DM

In Vorbereitung:

Schmidt
Das Gymnasium im Aufwind
570 S., kart.
3-89 294-065-7 / 60,- DM

Hahner Verlagsgesellschaft mbH
Heidchenberg 11, 5100 Aachen-Hahn
Tel. (0 24 08) 55 05
Fax. (0 24 08) 58 89 27

Die Zeitung

Das Medienkundliche Handbuch
Die Zeitung
ist erheblich erweitert, auf den neusten Stand gebracht worden und in der 6. Auflage erschienen.

Für den journalistischen Nachwuchs, die Volontäre bei Zeitungsverlagen, gehört dieses Werk zur Standardlektüre.

Der Pädagoge findet in ausführlicher und zugleich übersichtlicher Darstellung:

- **Wesen und Funktion der Zeitung**
- **Geschichte des Zeitungswesens**
- **Pressefreiheit**
- **Zeitungsmarkt**
- **Rechtstellung und Organisation der Presse**
- **Organisatorischer Aufbau der Zeitungsverlage**
- **Redaktionelle Arbeit**
- **Technische Herstellung der Zeitung**
- **Textsorten**
- **Sprache der Zeitung**
- **Glossar**
- **Verzeichnis der Zeitungen in der Bundesrepublik Deutschland 1991**
  • **Westliches Bundesgebiet**
  • **Östliches Bundesgebiet**

Ein Buch für jeden, der sich medienkundliches Wissen über die Zeitung verschaffen will. Aber auch dem, der Fachbegriffe nachschlagen muß, der sich über die Zeitungslandschaft oder über Auflagenhöhen von Zeitungen informieren will, kann dieses Handbuch empfohlen werden.

Peter Brand, Volker Schulze
Medienkundliches Handbuch
Die Zeitung
Hahner Verlagsgesellschaft mbH, Aachen
200 Seiten, 36,00 DM, ISBN 3-89294-062-2

hv

Die Zeitung im Unterricht

Die 6. Auflage Medienkundliches Handbuch
Die Zeitung im Unterricht
wurde stark überarbeitet und erweitert.

Auf 581 Seiten zeigen Pädagogen an praktischen Beispielen, wie man in fast allen Unterrichtsfächern die Tageszeitung als aktuelles Lehr- und Lernmittel nutzen kann.

Lehrerinnen und Lehrer, die in den Fächern Religion, Deutsch, Erdkunde, Geschichte, Politik, Kunst / Visuelle Kommunikation, Musik, Mathematik, Biologie, Physik, Sport, Haushaltslehre, Technik, Wirtschaftslehre unterrichten, formulierten auf die eigene Klassen- oder Gruppensituation übertragbare Arbeitshilfen zur Gestaltung eines lebensnahen Unterrichts.

Dieses Handbuch sollte weder in der Schulbücherei noch in der persönlichen Fachbibliothek des Pädagogen fehlen.

In diese überarbeitete und erweiterte Auflage sind sechs neue Beiträge aufgenommen:

1. **Projekt „Zeitung in der Schule" an der Schule für Lernbehinderte**
   – Teamteachingmodell –

2. **Die Tageszeitung im Deutsch-Förderunterricht mit Seiteneinsteigern in der Hauptschule**
   – Zeitungsinhalte zum Erlernen von Deutsch als Fremdsprache

3. **Europa als Wirklichkeit und Aufgabe in der Tageszeitung**

4. **Die Tageszeitung im Leistungskurs Latein**

5. **Die Tageszeitung als Quelle für die Heimat- und Regionalgeschichte**

6. **Jugend, Schule und Zeitung**
   Ein Streifzug durch vier Jahrhunderte Pädagogik und Presse

---

Eva Brand, Peter Brand, Volker Schulze
Medienkundliches Handbuch
Die Zeitung im Unterricht
Hahner Verlagsgesellschaft mbH, Aachen-Hahn
581 Seiten, 60,00 DM, ISBN 3-89294-063-0

hv

Die Zeitungsanzeige

Das Medienkundliche Handbuch
Die Zeitungsanzeige
(3. Auflage) bietet im wesentlichen praktische pädagogische Arbeitshilfen für die Unterrichtsarbeit.

Der Anzeigenteil gehört neben dem Lokal- und Sportteil zu dem vielbeachteten Informationsangebot der Zeitung. Auch die Schülerinnen und Schüler interessieren sich sehr stark für Anzeigen. Wie man dieses Interesse bei jungen Menschen für einen lebenspraktischen und aktuellen Unterricht, für die pädagogische Arbeit in der Schule nutzen kann, zeigen Lehrerinnen und Lehrer an konkreten Beispielen auf. Den Deutschlehrer werden besonders interessieren die Beiträge

- Geschlechtsspezifische Rollenstereotype in Anzeigen
- Nichtfiktionale Texte: Stellenanzeigen (Analyse von Gebrauchstexten)
- Das Adjektiv in Bekanntschaftsanzeigen

Aber auch für den Unterricht in anderen Fächern sind interessante Vorschläge und Fallbeispiele von Pädagogen erarbeitet worden.

* **Praktischer Mathematikunterricht mit Zeitungsanzeigen**

* **Religion**
- Todesanzeigen
  Thema: Tod – Auferstehung
- Heirats- und Bekanntschaftsanzeigen
  Thema: Liebe, Ehe, Partnerschaft
- Stellenanzeigen
  Thema: Christliche Sichtweise von Arbeit
* **Geographie**
- Reiseanzeigen
- Anzeigen von Städten und Ländern zum Zweck der Werbung für Industrieansiedlungen
* **Gesellschaftslehre/Politik**
- Politische Anzeigen, Politisches in Anzeigen
- Bildungsangebote in Anzeigen
- Kleinanzeigen
- Beilagen
* **Fächerübergreifendes Thema**
- Informationsgehalt und Wirkmechanismen von Zeitungsbeilagen

Das Handbuch enthält auch alle wichtigen fachlichen Informationen über das Anzeigenwesen, so u. a. über

- das Anzeigengeschäft der Zeitungsverlage
- Werbekonzeptionen von Großunternehmen
- eine beispielhafte Imagewerbung
- die Planung einer Anzeigenserie aus der Praxis eines Grafik-Designers.

Eva Brand, Peter Brand, Volker Schulze
Medienkundliches Handbuch
Die Zeitungsanzeige
Hahner Verlagsgesellschaft mbH, Aachen-Hahn
400 Seiten, 54,00 DM, ISBN 3-89294-000-2

hv